교회 몰락의 시대에 신을 말한다

– 횔덜린을 통한 종교미학적 해석 –

교회 몰락의 시대에 신을 말한다

– 횔더린을 통한 종교미학적 해석 –

김대식

들어가는 말: 종교는 정신적 가치의 거래입니다!

밀란 쿤데라(M. Kundera)는 "작가들이 책을 쓰는 것은 아무도 자기에게 관심을 가져 주지 않기 때문이다. 자기 아내에게 이야기하면 그 자리에서 당장 귀를 막아 버리기 때문에 어쩔 수 없이 누군지도 모르는 세상 사람들에게 호소하는 것이다"(M. Kundera, 신형철 옮김, 지혜, 하문사, 1997. 일부 발췌)라고 말합니다. "아무도 관심을 가져 주지 않음"이라는 말이 철학적 용어로 들릴 만큼 심오한 것 같지만, 작가의 입장에서는 자존심이 무너지는 말입니다. 책을 쓰는 동기와 목적은 주체와 주체, 즉 상호주관적 텍스트가 되기를 바라는 것인데, 우리의 시대는 점차 그런 의지와 희망에서 멀어지고 있습니다. 그간 필자도 쿤데라가 토로한 것처럼 익명의 독자를 향해 글을 써왔습니다. 누가 읽을지도 잘 모르면서 나의 이야기를 하고 있었던 것입니다. 그 편린들이 여기에 모인 것입니다.

미루야마 겐지(丸山健二)도 밀란 쿤데라와 비슷한 작가적 심정을 느꼈던 것 같습니다. "창작이란 지금까지 어느 누구도 쓰지 않은 소설을 지향하며 정신의 깊은 곳을 비집고 들어가는 행위이다. 당연히 바닥모를 불안감이 따라다닌다."(丸山健二, 김난주 옮김, 소설가의 각오, 문학동네, 1999, 326) 이처럼 필자도 '까닭 모를 불안감'이 엄습해 옵니다. 과연 누가 이 글을 대면/비대면 할 것인가 하고 말입니다. 정신의 깊은 곳까지 내려가서 사람들과 만나고 서로 변화되기를 바라는 것이 필자의 심정입니다. 말이란 원래 그렇습니다. 인간에 의해서 통제되기도 하고 제어되지 못하기도 하는 성난 말(馬)처럼 말입니다.

뱉어야 할 말소리, 말·글·소리가 의지대로 되지 않을 때 필자의 정신적 유한성의 문제로 치부하고 맙니다. 물론 말·글·소리는 인간의 환경과 조건에 의해서 자유로울 수도 반대로 부자유로울 수도 있으니, 필자의 탓만은 아니라고 말해도 좋을 듯합니다. 그러나 필자는 정신의 조급증, 사태의 조망, 그것이 종교든 철학이든 문명이든 기술비판이든 관계없이 말·글·소리로 그려내야 하는 무슨 소명(vocatio)이 있는 듯이 생각해 왔다는 것입니다.

말·글·소리가 무위(無爲)의 상태가 아니라 작위(作爲)/인위(人爲)의 상태가 돼버린 지 오래되었습니다. 힘이 없는 수사(修辭)로 전락하였습니다. 종교적 수사는 말할 것도 없습니다. 종교적 수사나 철학적 사유가 자기계발의 수단이 되어 언어의 추락을 동반하다 보니 당연히 세계는 말·글·소리의 그림을 통해 깊은 정신의 사유 혹은 종교 영성의 초월로 형성될 수가 없습니다. 이를 극복하고 함께 사람들과 상호주관적으로 소통하며 삶을 진지하게 고민하자는 게 필자의 의지이자 의도입니다. 다만 여기에 쓰인 글들이 특정 종교의 어투가 많이 표현된 것은 필자의 실존적 동일성의 범주이기에 그렇습니다. 그렇다 하더라도 보편언어, 시민의 공통언어로 풀어보면서, 그것이 지향하는 바, 곧 특정언어를 넘은 우리의 삶의 공통된 사태나 현상의 문제를 짚으려고 했음을 간과하지 말아야 합니다. 종교는 인간의 삶에 절대적 축은 아니더라도 다양한 축의 한축을 형성하지만, 그 기능과 역할이 지대하기에 고유한 언어의 의미를 사회 소통적 언어로 풀어내는 것은 중요하다고 생각합니다. 이른바 해석학적 의미를 어떻게 공유할 것인가 하는 것입니다.

여기에 필자는 횔덜린(Johann C. F. Hölderlin, 1770-1843)이라는 시인의 시적 언어를 통해서 증폭시키고자 했던 것입니다. 시인의 언어도 결코 가볍지 않습니다. 하이데거(M. Heidegger)가 횔덜린의 시어를 통해서 후기의 철학을 펼친 것만 보아도 그가 차지하는 비중이 크다는 것을 짐작할 수 있습니다. 그럼에도 왜 횔덜린인가 하는 것은 시어란 개념의 내포와 함축을 통해서 사태나 세계를 설명하고 그려내려고 하기 때문입니다. 모든 언어가 그렇듯 개념어요 지칭어요 관계어입니다. 또 달리 필요언어입니다. 횔덜린의 언어는 여기에 덧붙인다면, 종교언어, 영혼의 언어라고 말해도 좋을 정도로 매우 종교적이라는 겁니다. 이는 그가 독일의 종교 문화의 영향 아래에 있었다는 방증일 뿐만 아니라 당대의 걸출한 철학 자들과 교분을 맺었던 것과 연관성이 있습니다. 횔덜린의 시대는 칸트(I. Kant) 이후 셸링(Friedrich W. J. Schelling), 헤겔(G. W. F. Hegel) 등으로 이어 지는 독일관념론의 정점에 있었습니다. 어쩌면 그의 언어도 바로 그러한 철학과 종교의 어느 경계선에서 고민하면서 배태된 신비로운 언어일지 도 모릅니다. 따라서 필자는 우리의 신앙언어나 삶의 언어 그리고 실천 적 지혜의 단초를 발견할 수 있다는 생각을 했습니다. 언어가 달라지면 삶이 달리 해석되고 조망되기 때문입니다. 필자는 이 언어를 통해서 성 서적 사유 그리고 일상적 삶에 대한 사유를 연결하면서 종교가 세계를 향해서 새롭게 거래를 해야 한다는 것입니다.

프랑스 철학자 장 뤽-낭시(Jean-Luc Nancy)의 생각을 기대어 보자면, 경전이 있든 없든 종교는 세계와 사유를 거래하면서 발전해왔습니다. 신 에 대한 진지하고도 신비한 사유를 삶으로 구현한 종교적 선구자들의 궤적은 때로 목의 숨을 끊으면서 면면히 이어져왔습니다. 그런데 신에 대한 사변적 사유든 경험적 사유든 지금 맥을 잇지 못하고 있는 게 현실 입니다. 그것은 사유의 종말과 그 초월적인 실천적 삶의 포기 혹은 유기 (遺棄)로 발생한 것입니다. 더욱이 종교가 자신의 말을 역사적 상황과 시 대적 사물성과 치열하게 싸우는 전선에서 패하고 있기 때문입니다.

종교는 말과의 만남이고, 마르틴 부버(M. Buber)가 말하듯이, 그것은 '나-그것'의 근원어가 아니라 '나-너'의 근원어입니다. 그럼에도 나-너, 나-당신의 초월자와의 만남에서 파생된 근원적 삶을 언어와 삶으로 구 현하지 못하고 있습니다. 그래서 종교의 말은 다시 세계와 거래를 해야 합니다. 태초(en arche)에 말이 있었습니다. 말은 시원적이고, 말은 만남이 고, 말은 사유입니다. 그래서 말은 초월(자)을 지시합니다. 정신으로 비약하게 합니다. 그게 종교와 철학의 말이어야 합니다.

　말은 해석을 기다리고 있습니다. 말은 시원을 품고 있기에 그 시원성을 풀어 밝혀주어야 합니다. 태곳적 삶, 순수(지향적)한 삶의 원형은 태초(arche)의 말(logos)을 분석하고 명료하게 인식해야만 삶이 변합니다. 그럼으로써 행위가 변합니다. 행동이 생깁니다. 말이란 그렇습니다. 언어(language)는 약속이지만, 말(logos)은 사유이고 행동입니다. 성서는 사람들로 하여금 그렇게 강제합니다.

　하이데거가 횔덜린의 시어들을 통해서 철학적 사유의 단초들을 발견하고 자신의 철학적 삶을 더 견고하게 했던 것은 다 아는 사실입니다. 시인의 언어는 인간으로 하여금 실존적인 현존재로서 새로운 삶을 창조적으로 살아가게 만드는 힘이 있다는 것을 간파한 것입니다. 필자는 하이데거의 존재론적 해석과 실존적 삶을 가능케 하는 언어적 힘에 동감합니다. 그런 지평에서 볼 때, 여기에 담긴 횔덜린의 시어들을 통한 성서 읽기는 바로 현존재의 실존적 삶을 추동시키는 동시에 신앙인의 삶도 일상인(das Man)의 삶을 살지 않도록 하기 위한 종교철학적 사유가 담겨 있는 것입니다.

　이 글은 횔덜린, 정확하게는 횔덜린의 번역(이 글은 장영태 교수님 번역본인 횔덜린 전집2권을 중심으로 성서를 해석한 결과입니다)이 있었기 때문에 가능했습니다. 이 글의 기초와 추동력 역할을 해 주신 장영태 교수님은 필자의 원고를 이렇게 평가해 주셨습니다.

"보내 준 김대식 박사의 원고를 일별해 보니 횔덜린을 종교미학적으로 해석한 아주 훌륭한 저술이라는 생각이 듭니다. 횔덜린의 문학과 철학이 함께 논의되는 적은 많지만, 그의 시를 종교, 특히 그리스도교와 연관해서 해석하는 것은 쉽지도 않고 논란이 많은 부분이랍니다. 횔덜린이 경건주의 신앙의 전통과 가문을 이어 받은 것은 사실이지만, 그가 거친

교육과정은 신교의 정통교리에 입각한 신학이었고, 목사 자격까지 받았습니다. 그러나 그는 한사코 직업으로서의 목사가 되기를 거부했고, 시인의 길을 걸었지요. 제도로서의 교회를 부정한 것입니다. 무교회주의라고나 할까 그런 가운데 신앙을 버리지는 않았던 것입니다. 오늘날 권력이 된 교회, 기관으로서의 교회에 대한 반성은 일찍이 횔덜린과 그의 동료들 간에 통했던, "우리들 안의 신의 나라"라는 암호에 씨앗이 뿌려졌다고 봅니다. 교회의 틀에서 벗어난 참 신앙의 지평을 열었다고 할 수 있겠지요. 김 박사의 저술은 그러한 횔덜린 사상의 핵심을 성서의 말씀과 연관해서 풀어내고 있는 것 같습니다. 참신한 해석의 시각이라고 생각됩니다."

이렇듯 독일문학의 비전문가인 필자가 횔덜린의 시를 통해서 성서를 해석하고자 한 것에 대해서 좋은 평가를 아끼지 않으신 장영태 교수님께 감사합니다. 무엇보다도 횔덜린이 무교회주의적인, 반교권적인 생각을 가지고 있다는 선생님의 견해는 그간 함석헌의 철학과 사상을 우려내는 데 집중했던 필자로서는 또 하나의 연구 과제를 찾은 듯하여 더 기쁩니다. 그리고 종문화사 임용호 대표님은 어려운 출판환경에서 이 글이 세상 빛을 보게 해 주셨다는 점에서 얼마나 고마운지 모르겠습니다.

말머리를 쓸 때마다 고마운 분들이 많이 생각납니다. 서울신학대학교의 대선배이신 오희천 교수님(하이데거 전공)과 종교학 전공 교수이신 이길용 선배님께 늘 감사합니다. 모두 달필이시라 필자가 배우는 게 많습니다. 열정적인 강의와 지도로 후학을 길러내시는 이용호 교수님께도 감사의 말씀을 드립니다. 함석헌평화연구소 황보윤식 소장님은 세계의 변혁을 위해 글과 활동으로 필자와 함께 인간의 절대 자유/자율적인 인간(anarchism)을 모색하며 치열하게 사시는 분입니다. 필자를 많이 도와주고 계시기에 그저 감사할 따름입니다.

또한 늘 학문과 교회 현실 사이의 경계에서 비판적 선교를 추구하시는 숭실대학교 조은식 교수님과 사유실험의 전초기지를 닦는 숭실대학교 철학과의 김선욱 교수님, 백도형 교수님, 박준상 교수님의 속 깊은 배려에 감사합니다. 그리고 경희대학교 후마니타스 칼리지에서 철학을 가르치시는 김인석 교수님의 아낌없는 지지와 조언에 감사합니다. 중국에서 종교학 공부를 하시고 지금은 한붉선당에서 활발하게 종교운동을 펼치고 계시는 이호재 선생님의 한결 같은 격려에도 감사합니다. 서강대학교 대학원 시절 잠깐 뵈었던 계기로 학자의 좋은 범형이 되어주셨던 이찬수 선배님께도 감사합니다. 연세가 드셨음에도 불구하고 여전히 필자를 위해서 기도해 주시고 마음을 써주시는 이찬옥 권사님께도 사의를 표합니다.

멀리 포항에서 목회를 하고 계시는 박정환 박사님(장로교 통합측 목사)은 대구가톨릭대학교에서 만나서 지금까지 학문적 도반으로 이어오고 있는 인연인데, 늘 감사합니다. 인문학과 경영학, 인공지능에 이르기까지 통섭적 학문을 전개하시면서 사유를 공유하고 계시는 박요섭 박사님(장로교 합동측 목사)께도 감사의 말씀을 드립니다. 숭실대학교에서 현상학으로 박사 학위를 받고 비앙갤러리도 운영하시면서 학문의 끈을 이어가시는 정은희 전도사님께도 감사한 마음을 전합니다. 필자의 친한 벗들이자 지지자요 버팀목인 신성대 목사, 박광수 목사(기독교교육학 박사), 신성열 박사(동양철학), 세 사람의 성실함이 빛이 발하기를 바랍니다. 그 외 대구가톨릭대학교 대학원 종교학과 학생들과 필자의 철학과 사상에 동조, 공감하면서 격려와 용기를 줄 뿐만 아니라 직심(直心)을 잃지 않고 살려는 여러 지인들에게도 진심어린 고마움을 표합니다.

마지막으로 이제까지 늘 하심(下心)을 하면서 평등한 가족을 이루기 위해 노력을 마다하지 않은 안식구 고운과 아들 김지원에게도 감사한 마음을 표합니다. "타인의 삶에 대해서 이러쿵저러쿵 트집을 잡기 위해서는 우선 자기 자신에 대해 정직하게 털어놓아야 한다. 그리고 자기의 체험이나 행동의 범주를 넘어서는 말을 해서는 안 된다. 설령 소설가라 해도 그 점은 마찬가지다."(丸山健二, 139) 그래서 일까요? 이 순간에 사태의 엄밀한 분석과 삶의 진중함 그리고 삶의 단순함과 소박함을 가르쳐 주신 두 분의 은사 전헌호 신부님과 김광명 교수님이 떠올려집니다. 더욱이 머리글을 마치려고 하니 미루야마 겐지의 일침이 필자의 발목을 잡는 것 같아서 다시 저를 되돌아보게 됩니다.

2020년 6월,
횔덜린의 시어로 우울한 이 시대를 극복하기를 바라는 마음을 담아,
저자 書.

CONTENTS

제4장 신의 현존을 기다리는 언어의 고통 / 신의 현존을 기다린다는 것

제1장

신을 현존을 말하는 고통
신의 현존을 말한다는 것

신의 현현으로서의 성스러운 물

독일의 시인 횔덜린은 〈데사우의 아말리에 태자빈께〉에서 이렇게 말합니다.

"고요한 거처로부터 신들은 때때로
짧은 시간 낯선 자들에게 연인들을 보내시네
이로써, 회상하며, 고귀한 모습을 보고
필멸하는 자의 가슴 기쁨 누리기를 바라시네."

(F. Hölderlin, 장영태 옮김, 횔덜린 시 전집2, 책세상, 2017, 31. 이하 전집 쪽수만 표기).

세례를 굳이 새롭게 정의를 내린다면 '고요한 거처로부터 내려오는 신의 현현'이라고 말할 수 있을지도 모르겠습니다. 종교는 그 종교가 내세우는 신앙을 받아들이고 공동체에 속해 온전한 헌신을 약속하기를 바라는 독특한 의례를 만들곤 합니다. 유대교의 세례나 그리스도교의 세례를 논하지 않더라도 이미 오래전에 대부분의 부족에서는 사람의 탄생에서부터 죽음에 이르기까지 다양한 의례를 치러왔습니다. 그것을 인류학자 반 게넙(Arnold Van Gennep)은 '통과의례'라고 말하기도 합니다. 물론 그리스도교의 세례예식에서 사람의 머리에다 물을 끼얹는다고 해서 뭐가 달라지는 것은 아닐지 모릅니다. 하지만 행위나 사건에다 의미 부여를 어떻게 하느냐에 따라서 신앙적 실천은 달라지게 마련입니다. 단순히 세례가 구원이나 소속감을 나타내는 징표만은 아닙니다. 그것은 횔덜린의 시구에 등장하는 것처럼, 신이 거처하는 고요한 장소로부터 흘러내리는 물, 태곳적의 생명력, 하나님의 머묾이라는

성스러운 재현입니다. 고요한 곳. 물로 세례성사가 행해진다는 것
은 고요한 곳, 알 수 없는 곳, 함부로 규정해서도 안 되는 곳, 순
수한 신의 거처로부터 내려지는 의식입니다.

　바울로가 말하는 세례란 단순히 물로 이루어진 세례가 아니라
바로 신의 거처로부터 흘러내린 것, 신의 거처 그곳에서 기원한
힘을 얻은 것인가를 문제 삼습니다. 세례가 요한으로부터 비롯되
었는가, 아니면 예수로부터 비롯되었는가를 묻는 것은 차별과 구
별이라기보다는 신적 기원, 즉 고요한 거처, 신의 머묾과 인간 위
에 머무는 힘과 정신의 동근원적 성격을 분명히 하기 위한 것이라
고 봅니다. 세례는 마치 낯선 자들에게 연인을 보내는 것과 같은
설렘, 기쁨, 웃음, 즐거움, 만남 등이 복합적으로 이루어지는 특
별한 사건입니다. 전례적인 차원에서, 세례는 사제나 성직자의 권
위 혹은 전통으로 그치는 것이 아니라 신이 보낸 낯선 정보가 세
례를 받는 사람에게 닿아서 새로운 신의 사랑과 그 자체를 경험
하는 것이기에 그 세례성사나 물의 메시지를 묻고 또 물어야 합
니다. 그래서 세례는 부모의 동의를 필요로 하는 유아세례보다는
물음을 던질 수 있는, 고요한 거처를 향한 의식을 떠올릴 수 있는
나이의 세례가 더 적합한 것인지도 모르겠습니다. 횔덜린의 시를
조금 더 읽어보겠습니다.

> "그처럼 그대는 루이지움 임원으로부터,
> 　거기 사방으로 대기가 소리도 없고
> 　그대의 지붕 에워싸고 붙임성 있는 나무들
> 　평화롭게 노니는 곳, 그 성스러운 문턱을 넘어오시네."(31)

　세례는 물음을 던지는 방향과 세례가 다가오는 그 근원적인 장

소가 일치하는 곳에서 일어나는 사건입니다. 공적인 공간, 특별한 장소인 성당이나 교회에서 행해지는 세례는 '받는다'라고 하지만 정작 그것은 '신이 오고 있는 환희'입니다. 오고 있는 환희란 소리도 없습니다. 교회 공동체 구성원에 의해서 함께 축하하는 자리에서 이루어지는 의례라고 생각하기 쉽지만, 소리도 없는 바람이 머물러 죄를 씻기고 마음을 정화하여 바로 예수와 접붙임이 되도록 만듭니다. 그러므로 세례를 받는다, 아니 내가 세례를 위해서 머리를 비롯하여 온몸을 세례 집전자를 향해서 내맡긴다는 것은 예수를 향해서 새로운 정신과 신앙으로 다짐하는 거룩한 내적 장소의 확인이기도 합니다. 세례를 통해서 예수와 연관된다는 의식을 가지는 것은 단순히 물로 인한 변화가 아니라 내적 장소의 변화를 의미하기 때문입니다. 세례가 신자의 외적인 어떤 표징처럼 보이지만 실상은 내면으로 들어오시는 하나님의 흔적, 물을 매개로 하여 움직이시는 하나님의 마음을 볼 수 있습니다. 세례를 받는 예비 신자는 세례를 받기 위해서 성당이나 교회의 문 앞에 서게 되는데, 원래 세례대가 교회의 출입문 앞에 있었던 것도 어찌 보면 성스러운 문턱, 성스러운 경계를 상징한다고 볼 수 있습니다. 세례를 받아야 하는 예비 신자는 세례를 통해서 비로소 성당이나 교회의 일원이 되어 성큼성큼 거룩한 공간 안으로 발걸음을 할 수 있는 자격이 있었으니까요. 세례는 하나님에 의해서 신자가 내면의 공간이 거룩하게 되었다는 징표이기 때문입니다. 하나님은 거룩한 문턱을 낮추고 죄인을 받아들이는 신비의 의례를 통해서 당신 자신의 사랑과 의로움을 나타내는 것입니다. 그런 의미에서 세례는 하나님의 마음이 신자의 마음으로 흘러들어가는 것임을 물이라는 매체를 통해서 보여주고 있습니다. 횔덜린은 또 이렇게 말합니다.

　"그대 신전의 환희로부터, 오 여사제요!
　우리에게로 오시네. 벌써 구름이 우리 머리를 숙이게 하고
　벌써 오래전 신적인 뇌우가
　우리들의 머리 위에서 거닐고 있을 때"(31)

　세례는 신의 오심이고 뇌우가 세계를 뒤흔드는 것처럼 신자의 머리 위를 거니는 것입니다. 머리를 숙이고 신이 그 위에 머무는 순간에 우리는 새로운 목소리로 말을 해야 합니다. 세례 받은 신자의 언어는 신적인 뇌우로 각인된 새로운 의식으로 자아내는 신적 목소리의 모방이 있어야 합니다. 속된 언어를 애써 지양하고 신적인 목소리를 지향하도록 틀 지워지는 의례가 세례라면, 언어의 신중함과 언어의 거룩함과 경건함 그리고 신앙적 언어의 선택은 단순히 형식이나 입발림이 되어서는 안 될 것입니다. 시인은 이렇게 읊습니다.

　"오 그대는 소중하였네. 여사제시요! 그때 그대는
　거기 정적 가운데 신적인 불꽃 지키셨으므로,
　그러나 오늘 더욱 소중하네, 그대
　세속적인 것 가운데 시간을 축복하여 기리시므로."(31)

　이 연에서 주목해야 하는 것은 세례란 소중한 존재감의 확인 예식이라는 점입니다. 신자로서의 소중함, 인간으로서의 소중함, 교회 공동체 구성원으로서의 소중함, 하나님의 사람으로서의 소중함, 예수와 맞닿아 있는 사람으로서의 소중함의 확인이라는 사실입니다. 따라서 세례를 받는 시간은 성스러운 시간, 구별된 시간,

모두에게 축복을 받는 시간입니다. 시인은 연이어 노래합니다.

> "왜냐면 순수한 자들 거닐고 있는 곳, 정신은
> 더 뚜렷하고, 확실한 빛이 나타나는 곳
> 삶이 밝아오는 형상들
> 활짝 열려 맑게 피어오르기 때문에"(31~32)

세례를 거슬러 더 근원적인 데서 오는 빛은 아무런 불순물이 섞이지 않은 순수한 존재로부터 분여된 것입니다. 세례를 받는다는 것은 예수의 정신을 분여하는 것입니다. 예수의 정신이 위에 현재하는 것이고, 우리가 신자로서 행동할 때 늘 그분의 빛 아래에서 빛으로 행동해야 한다는 것을 암시합니다. 빛으로서의 세례를 받을 때 불이 켜진 초를 받는 것도 그런 의미입니다. 빛된 삶을 살아야 할 책무를 더불어 받게 되었다는 것입니다. 세례가 단지 그리스도인으로서의 자격 획득과는 다른 것임이 여기서 드러납니다. 세례는 자격보다 책임이 더 과중합니다. 세례 받은 신자는 빛으로, 그리스도의 빛의 한 줄기로 삶을 살아야 한다는 막중한 의무가 머리 위에 얹어집니다. 그러나 부담감만 있지 않습니다. 다음 시구들이 이를 말해줍니다.

> "또한 어두운 구름 위에 말 없는 무지개 피듯
> 아름다운 무지개 피어나니, 그것은
> 다가오는 시대의 징후이며
> 한때 있었던 복된 나날의 회상이네."(32)

세례 받은 신자의 삶은 아름다운 무지개와 같은 삶을 살게 됩니다. 죄로부터 자유하고 하나님의 사람으로서의 확인이 공적으로 이루어질 때 자존감과 기쁨이 더할 것이고 그로 인해 더욱더 행복한 삶을 살려는 긍정적인 에너지가 생기기 때문입니다. 세례를 통해서 확인이 되는 것은 이미 나는 하나님의 백성이었구나, 하는 사실입니다. 다만 세례의 절차는 그 사실을 되짚고 공적으로 인정받는 것으로 본다면 세례는 하나님의 인정이요 교회 공동체의 인정이라는 동시적 사건이라고 볼 수 있습니다. 인정을 받은 이들의 삶이 형식과 틀로 인한 배타성과 우월성에 젖어 있으면 다양하게 펼쳐지는 아름다운 삶의 향연들을 외면하게 됩니다. 따라서 세례 받은 신자의 삶은 그 모든 존재자들에 대한 인정도 함께 포함할 때 아름다운 신자로서의 발걸음이 시작됩니다. 횔덜린은 마지막으로 이렇게 설파하면서 시문을 닫습니다.

"그대의 생명 그러하네. 성스러운 낯선 여인이여!
그대가 이탈리아의 부서진 기둥들 넘어서
속절없음을 보고, 폭풍의 시대로부터
새로운 초월을 눈여겨볼 때."(32)

세례를 받은 존재자는 공동체 내에서 더 이상 낯선 존재가 아닙니다. 하지만 여인과도 같이 연약함과 강함의 가능성, 유연함과 고착성이라는 이중적 가능성의 존재임을 간과하지 말아야 합니다. 그러기에 세례 받은 자는 이제 새로운 초월을 향해 나아가야 하는 존재자입니다. 세례를 받은 그리스도인은 낯선 여인처럼 슬며시 다가온 성령으로 인해 초월에로의 삶, 초월자를 향한 삶을 살아야 합니다. 이것이 세례를 받은 신자의 입문치고는 부드러운 은총에 대한 진중한 응답입니다.   (사도 19,1~7)

하나님을 사유하는 몸

사도 바울로가 고린토 지역에 만연된 성문화에 대해서 제발 몸의 사용에 대해서 신앙적으로 숙고해달라는 메시지는, 그만큼 교회 안에도 그와 같은 성에 대한 사유가 신중하지 못하다는 것을 반증합니다. 보통 성이라 함은 매우 포괄적인 의미로 사용되기는 합니다만, 우리 사회가 자신의 육체나 정신에 관련하여 매우 자유스러운 흐름으로 가고 있는 것이 사실입니다. 자신의 성적인 몸 사용에 대해서 교회가 강제하거나 그것을 비/반도덕적 이라고 규정짓는다 해서 사회가 귀를 기울이지 않습니다. 다만 자신의 몸 사용에 대한 책임성에 대해서는 분명히 자유와 연관 지어 생각하지 않을 수가 없다는 것입니다. 일단 사도 바울로가 말한 자유는 어디에도 얽매이지 않는 것을 뜻합니다. 이것은 매이지 않음, 해방, 넘어섧 등으로 표현을 할 수 있습니다. 사도 바울로는 성적인 몸 사용이 과연 자유와 직접적 관련성이 있는가를 묻고 있습니다. 일단 그의 논리대로라면 유익한 것은 아니다, 라는 것입니다. 방종적 성의 향유는 신앙과 척을 지는 것을 의미한다고 주장하고 싶은 것입니다. 대신 그의 논리는 몸이란 모름지기 주님을 섬기기 위한 도구임을 분명히 합니다. 물론 이것은 그리스도인의 제1차적 몸의 규정이나 다름이 없습니다. 성적인 몸이라 할지라도 신앙에 초점에 맞추며, 결국 신을 향한 승화로 이어져야 한다는 것은 아닐까 싶습니다. 몸의 성적 사용이 하나의 죽음이며 새로운 탄생과 관련이 있다는 조르주 바타이유(Georges Bataille)의 주장에 따른다면, 신을 향한 승화, 작은 종말론적 죽음의 맛봄이라고 해석할 수 있습니다.

　한 걸음 더 나아가서 사도 바울로는 몸이란 그리스도의 지체라고 말합니다. 횔덜린은 〈정신의 생성은 ...〉이라는 시에서 "정신의 생성은 인간들에게 숨겨져 있지 않다"(458)라고 선언합니다. 몸이 그리스도의 지체라면 몸의 사용은 그리스도의 외현이자 그리스도의 정신이 묻어나는 행위로 이어져야 마땅한 일입니다. 횔덜린의 표현대로 그리스도인의 성적인 몸 사용도 "정신의 생성"입니다. 조금 더 신앙적으로 표현합니다. 신앙의 생성이요 생명의 생성입니다. 그것은 남녀가 성적인 몸 사용을 하더라도 상호증여를 통한 정신의 승화요 하나님에게로 향한 승화로 보자면, 성이란 단순히 쾌락이나 배설적 욕구를 위한 수단이 아니라는 말입니다. 성적인 몸 사용 자체는 정신이 끊임없이 생성되는 사건이어야 하고, 그것을 인지하고 있는 사람이라면 주이상스나 오르가즘의 문제만이 아니라 바로 모든 인간들에게 풀어 밝혀진 성스러운 행위임에 틀림이 없습니다. 그렇기 때문에 그리스도인의 몸 사용은 비종교인과는 다른 의식을 가져야 마땅한 일입니다. 그리스도의 정신이 생성하는 사건으로 기억되지 않는다면, 성적인 몸 사용은 단순 쾌락을 위한 것에 지나지 않을 것이기 때문입니다.

　사도 바울로가 성적으로 몸을 사용하는 여인에 대해서 폄하를 하고, 그런 여성들과의 성적 몸의 사용을 신랄하게 비판하는 것은 성을 도구화하여 자신의 성을 판매하는 여인들을 비판하고자 하는 데 초점이 있지 않습니다. 논점은 정신의 드높임, 신앙의 드높임을 위해서 자신의 몸에 대한 성찰을 근원적으로 제고하라는 요청입니다. 횔덜린은 말합니다.

"그리고 인간들에게서 발견되는 삶이 그러하듯,

삶의 한낮, 삶의 아침은

정신의 드높은 시간들이 풍요로움인 것과 같다."(458)

적어도 우리가 그리스도인이 된다는 것은 자신의 정신을 하나님과 일치시키려고 하고, 그의 정신대로 살아보려고 하는 데 있습니다. 삶이 삶답게 되어야 한다는 것은 몸적 이성, 특히 니체가 말하는 큰 이성의 완전한 실현으로까지 나아가야 합니다. 삶이 대낮처럼 밝고 그로 인해서 정신이 고양되는 시간은 하나님 안에 있습니다. 성적 몸 사용의 무책임성과 난발로 인한 몸 쾌락의 극한에 있지 않습니다. "주님과 합하는 사람은 주님과 영적으로 하나가" 된다는 사도 바울로의 말은 성적 몸의 사용을 통한 남녀가 하나가 되려는 욕망보다 정신적 열망, 영적 열망이 우위에 있어야 된다는 말로 해석됩니다. 사도 바울로의 주장을 곡해하면 성적인 몸은 폄하하고 그리고 성적 몸을 도구화하는 여성들은 몹쓸 존재로 취급할 수 있습니다. 하지만 그의 생각은 거기에 머물지 않습니다.

그리스도인의 몸이란 궁극적으로 하나님과의 일치, 예수와의 일치에 초점을 맞추어야 한다는 것을 강조하고 있는 것입니다. 왜냐하면 몸의 지향성은 하나님을 향한 것이야 한다는 것, 몸조차도 예수를 향해 나아가는 정신의 고양, 정신적 오르가즘, 영성적 환희여야 한다는 것입니다. 그러므로 그리스도인의 경우 몸과 몸이 만나서 일어나는 서사, 즉 이야기는 달라야 합니다. 몸의 쾌락, 육체적 탐닉을 넘어선 이야기의 발생이 초월을 지향하는 것이 아니라면 성적 몸의 사용은 진부하고 추한 고깃덩어리의 만남 이외에 아무것도 아니라고 하는 것입니다. 사도 바울로는 그것을 '죄'라고 명명합니다. 성적 몸의 사용 그리고 그 성을 도구화해서 직업으로 하는 행위 자체가 죄라고 규정한다고 간단하게 답을 내리기에는 무리가 있습니다. 다만 자신의 몸을 어떻게 대우하느냐, 하는 것입니다. 횔덜린의 시 나머지를 읽겠습니다.

> "게다가 자연이 찬란하게 존재하는 것처럼 인간은 그러한 환희를 바라다본다.
> 인간이 한낮에게, 삶에게 자신을 맡기는 것처럼,
> 인간이 정신의 유대를 자신과 맺는 것처럼"(458)

인간에게 성이란 죄나 거래, 계약, 충동적 발산, 심지어 자녀 생산의 도구도 아닙니다. 성은 자신의 몸을 통한 신적 존재의 확인입니다. 그것이 몸이 거룩한 성전이라고 말하는 이유입니다. 몸은 텅 비어 있어서 내부의 각 기관에다 무엇인가를 채울 수 있는 것은 아니지만, 하나님의 머묾이라는 초월적 존재의 내재 가능의 공간이라고 볼 수 있습니다.

우리가 하잘 것 없다고 생각하는 몸조차도 하나님의 거처라고 하는 신앙적 사실은 내 안에서 끊임없는 정신과 영의 생성이 일어나고 있다는 것을 밝혀주고 있는 것입니다. 만일 하나님의 거처임에도 불구하고 몸을 단지 성적 도구로, 성적 만족과 쾌락을 위한 수단으로 여긴다면 그 안에서의 하나님의 의미, 하나님의 존재 터에 대한 망각이라는 것을 알아야 합니다. 몸과 몸이 사랑하여 이루어지는 성적 결합은 거룩한 터와 터의 만남이요 그 터의 확장입니다. 성적 몸의 사용이 몸을 통한 상호간의 말~걸음이라고 표현한다면, 말을 통해서 서로의 존재의 터, 존재의 장소에 내맡김으로써 진정한 하나님과의 일치를 경험하는 것이라고 볼 수 있습니다. 그래서 성적 몸 사용이라는 것이 그저 성적 결합을 의미하는 것이 아니라 하나님의 의식의 확장으로 연결되는 것입니다. 하나님에 대한 의식의 확장은 주어진 성전이라는 물리적 공간만이 아니라 몸과 몸이 만나서 일치를 하는 순간에 발생하는 이야기가 우리로 하여금 쉼 없이 하나님의 생명, 곧 정신의 생성으로 살고 있다는 것을 깨닫게 합니다.

몸의 지향성, 성적 몸이 겨냥하는 곳은 밝은 터입니다. 음흉하거나 감추어야 할 것이 아니라 대낮 같이 밝은 곳에서 자신을 드러내어 상대방에게 몸을 맡기는 존재 사건입니다. 밝은 곳을 향해 나아간다는 점 그리고 그 존재의 밝은 터에서 하나님을 경험한다는 측면에서 성(聖)과 성(性)은 질긴 인연을 가지고 있습니다. 이미 성적 몸에서 흐르는 성품, 성격, 인격, 체성(體性) 등은 하나님의 생명, 하나님의 목숨과 맞닿아 있으며, 그분을 통한 인간 현존재의 삶이 가능했다는 점에서 하나님의 몸이기도 합니다. 다시 말해서 인간의 몸 혹은 그리스도의 몸은 하나님의 것입니다. 하나님과의 유대, 자연과의 유대 그리고 인간과 인간의 정신적 유대를 가볍게 생각하지 말아야 할 것이 바로 성을 가능하게 하는 몸, 성의 표현으로서의 몸, 성의 환희로서의 몸, 성의 승화로서의 몸이라는 것을 잊지 말아야 합니다. 사도 바울로는 "하나님께서 값을 치르고 여러분의 몸을 사셨습니다"라고 공적 선언을 신앙적으로 더 부각시킵니다. 그러므로 이제 아무리 성적 대상으로서의 몸이라고 할지라도 더 이상 내 몸은 나의 것이 아니라 하나님의 것입니다. 예수라고 하는 존재의 죽음을 통해서 인간의 몸이라는 것이 더 성화될 수 있는 여지를 열어놓았고, 결코 가볍지 않은 육체를 지니고 사는 인간이라는 점을 깨우쳐 주었기 때문입니다. 남녀 간의 성의 교환이라도 좋습니다. 아니면 남녀 간의 성의 탐닉이라고 좋습니다. 몸을 가진 인간의 특수성 그리고 몸을 잘 사용하고픈 인간의 욕망이기도 하기에 몸의 상한선과 하한선은 경계 그을 줄은 알아야 하지 않을까요? 그 경계의 기준은 무엇입니까? 우리의 몸은 하나님의 영광을 나타내기 위한 거룩한 터라는 인식입니다. 즉, 하나님의 빛 가운데 있어서 최소한 몸을 통해서조차도 당신과의 유대, 당신과 맺은 사랑, 당신과의 거룩한 삶, 당신의 깊은 뜻과 정신이 만방에 알려지는 것이 몸이 지속하는 이유이며, 동시에 그 몸에서 파생되는 성적인 사유와 행위의 사건이 초월자(하나님) 의식의 멈추지 않는 생성의지요 하늘과 맞닿은 감각이라는 사실을 말입니다.   (1고린 6,12~20)

삶이 우리에게 묻는 질문

영원할 것 같은 시간이 멈추고 어느 날 나에게 주어진 종말이 다가온다는 것은 모두에게 정해진 삶의 이치입니다. 그때는 아무리 살고 싶어도 살 수 없으며 시간을 되돌려 또 한 번의 인생을 살려고 하여도 몸과 정신은 생을 마감하고 싶어 할 것입니다. 횔덜린은 〈삶의 연륜〉에서 이렇게 말합니다.

"너희들 에우프라트의 도시들이여!
너희들 팔미라의 골목들이여!
황량한 평원 가운데 너희들 기둥의 숲들이여.

너희들은 무엇이냐? 너희들 수관(樹冠). 너희들이

숨 쉬는 자들의 한계를 넘어갔을 때

천국적인 힘의 연기와

불길이 너희들로부터 걷어가 버렸다.

그러나 이제. 구름 아래 나는 앉아 있다.

잘 정돈된 참나무들 아래,

노루의 언덕에 나는 앉아 있다.

하여 축복의 정령들 나에게 낯설고도 죽은 듯

모습을 나타낸다.″(201)

삶은 우리에게 묻습니다. '너희들은 도대체 무엇이냐?' 한때는 우리가 '삶이란 무엇이냐?'고 물었지만, 이제 때가 오면 오히려 삶이 우리에게 너희들은 무엇이냐고 물을 때가 있을 것입니다.

치열하고 지독할 정도로 삶을 살아왔지만, 정작 삶 그 자체는 온데간데없고 남은 것은 종말을 맞이한 나의 몸과 정신밖에 없다는 것을 깨닫는 순간입니다. 나의 삶, 너의 삶은 없고 오로지 하나님의 삶이라고 하는 영원성만이 우리를 기다리고 있었구나, 하는 때늦은 깨달음이 생기는 것입니다. 그러므로 지금부터라도 우리는 물음을 달리 해야 할지 모릅니다. '삶이란 무엇인가?'가 아니라 '우리는 무엇인가?' 하고 말입니다. 그것은 고린토교회 신자들에게 바울로가 조심스럽게 경고하고 있는 물음이기도 합니다. 있는 듯이 살고 아닌 듯이 살라. 하는 듯이 살고 하지 않는 듯이 살라. 인생은 가정이 없지만 종말론적 의식을 가지고 살았던 원시 그리스도교 공동체가 삶을 대하는 태도가 어떠했는가를 눈살피면, 어떻게 살아야 할지 알게 됩니다. 우리가 −처럼, −인 듯이 살려면 동일하게 하나님이 지금 여기에 오신 것처럼, 하나님이 계신 듯이 살아야 합니다. 종말의 본뜻은 지금 여기에서 하나님이 계신 듯이 살고, 예수 그리스도가 온 듯이 사는 데 있습니다. 숨 쉬는 자들의 한계, 숨을 쉬는 존재자들은 숨을 쉬는 듯이 숨을 쉬는 것이 아니라 숨을 정말 쉬게 만드는 존재에 대한 의식, 즉 마치 ~처럼이라는 현존의식, 현존 감각이 없을 때는 종말의 실재는 사라지게 됩니다. 나의 삶의 한계, 나의 신앙의 한계에 직면해서 가변적인 인생을 뼈저리게 인식할 때, 종말의 실재, 종말의 의미는 영원을 뜻한다는 것을 알게 됩니다.

부부 생활을 비롯한 가정에서의 삶, 정서적, 감정적인 데에 기반을 둔 인간의 삶, 사적인 소유를 통하여 만족감을 누리는 개인의 삶, 그리고 사회 및 세계와의 관계적 삶은 종말이라고 하는 시간적 유한성 속에서 사라집니다. 세속적인 삶의 지평들은 하늘 나라를 위한 잠정적 기획들에 불과합니다. 이 땅에 하나님의 나라가 도래한다면 사실상의 모든 관계의 계산적 거래는 사라질 수밖에 없습니다. 이른바 인간적이고 이익을 위한 관심사는 신앙의 저편으로 물러가게 되어 있습니다. 그래서 신앙인의 종말론적 의식이 중요합니다. 종말론적 현존이 나를 향해 물어온다면, 사라질 것에 연연하지 마라, 영원하지 않을 것에 대해서는 놓아라고 말한다면 어떻게 대답을 할 것인가가 늘 준비되어 있어야 합니다. 횔덜린이 말하고 있듯이, 숨 쉬는 것들의 한계, 즉 숨을 쉬는 존재자가 지닌 한계를 넘어서려고 하는 불손함이 욕망을 불러일으켜 하나님과의 신앙적 삶을 그르칩니다. 그것은 하나님의 나라가 품고 있는 고유한 정신, 곧 하나님을 향해 나아가기 위해 시선을 위에 두고 자신의 마음을 고양시키고 상승시키려는 의지를 상실하게 되는 것입니다. ~처럼의 삶은 곧 하나님의 빛으로 자신의 내면을 돌아보면서 모든 신앙 외적인 요소를 거부하고 하나님을 향한 시선으로 살겠다는 신앙문법입니다.

가상(Schein)의 삶. 그것은 가정된 삶입니다. 삶의 옆자리에 하나님의 자리가 존재하 듯이, 모든 삶의 자리에는 하나님의 자리가 가장 우선하 듯이 사는 존재의식입니다. 있는 것을 없는 듯이, 아닌 것을 그런 것처럼 사는 삶이란 철저한 존재의 현존의식이나 감각이 없으면 불가능합니다. 그것을 달리 휠덜린의 어투로 표현하면 구름 아래에 앉아 있으면서 신앙과 삶을 좀 더 관조적으로 바라보는 태도입니다. 그러지 않고서는 ~처럼의 삶을 살 수 없습니다. 시적인 언어이지만, 신에게로까지 상승된 마음, 그런 눈을 가진 신앙인은 항상 자신의 옆자리 심지어 자신의 자리조차도 하나님이 머물고 계시다는 존재의식으로 충일합니다. 종말론적 삶은 예수가 다시 이 땅에 오시면 새 하늘과 새 땅이 열린다는 매우 간단한 도식을 가지고 있습니다. 하지만 사도 바울로는 그리스도인이 하늘로 시선을 두어야 한다는 것을 가르쳐 주고 있습니다. 가변적이고 사라질 대상에 눈을 두는 것은 그야말로 가짜입니다. 그리스도인은 거짓이 아닌 참 그 자체로 향해야 한다는 것입니다. ~처럼은 그렇게 상승된 신앙에서 나옵니다. 그렇지 않으면 늘 감정에 휘둘리고 관계에서 헤어 나오지 못하고 사물의 소유의 욕망에 시선을 빼앗겨 영원을 놓치기 때문입니다. 지금 우리가 그렇게 살아가고 있습니다. 최소한 태양으로까지는 아니라고 하더라도 그 근처에 미쳐야 삶을 비추고 삶을 삶답게 만들어 주는 그 원천을 알 수 있을 것입니다. 하나님의 근처, 그 언저리에 마음이 머물러 내 마음의 근원지가 어딘가를 알게 될 때 보이는 세상에 대한 사라짐, 즉 현상의 덧없음을 분명하게 꿰뚫어 보게 됩니다. 이렇듯이 종말은 삶의 덧없음의 허무함을 하나님에게로의 상승으로 완성하라는 사건입니다. 횔덜린은 마지막 문장에서 말합니다.

"축복의 정령들 나에게 낯설고도 죽은 듯
모습을 나타낸다."(201)

종말론적 사유나 신앙은 신에게로의 상승을 의미하는 것입니다. 더는 하강할 뜻이 없는 것처럼, 아니 좀 더 구체적인 말로는 추락할 생각이 없는 것처럼 사는 신앙의 자세입니다. 그러면 하나님과 하나님의 천사는 그와 같은 삶이 얼마나 위험천만한 삶이며 모험적인지 알면서도 그 신앙적 상승을 끝까지 지키실 것입니다. 물론 낯설고 때로는 침묵의 정령처럼 아무 말도 하지 않을 수 있습니다. 종말론적 삶이란 인간이 지닌 정서나 감정, 관계, 소유, 혈육, 사회적 의식까지도 흔들리게 만들기 때문에 어느 하나나를 안정적으로 만들어 주지 않습니다. 오히려 생계를 위협받고 생명의 죽음까지도 각오해야 할지도 모릅니다. 하지만 하나님은 그것이 삶이다, 그것이 진정한 삶의 연륜이다라고 말합니다. 우리가 사는 도시, 골목, 사막, 숲으로 이어진 이 세계에서 삶의 수관을 무상으로 쓸 수 있는 것은 아닙니다. 견뎌내야 하는 삶의 무게, 신앙의 무게를 회피할 수는 없습니다. 돌직구로 던져지는 질문, "너희는 무엇이냐?"고 삶이 묻는 물음에 답변할 수 있으려면, 지금 종말을 사는 듯이 살아야 합니다. 삶을 삶답게 하고 신앙을 신앙답게 하려면 하나님에게로의 무한한 상승, 하나님에게로의 쉼 없는 시선을 견지하지 않으면 그리스도인으로서의 존재론적 변화는 기대하기 어렵습니다. 종말론적 신앙의 완성은 "너희는 무엇이냐?"에 대한 자신 있는 대답을 할 수 있는 그리스도인의 존재 의식의 변화 여부에 달려 있습니다. 그것에 대한 답변이 준비되지 않은 상태에서 종말이 도래하여 새로운 세계가 열려서 그 세계의 새로운 백성이 되기를 바란다는 것은 어불성설입니다. 존재론적인 도약, 곧 그리스도인으로서의 자기 성숙과 성도(saints)로서의 자격, 그리고 영원을 지향하는 곧은 태도가 종말에 하나님 나라의 백성이 될 수 있느냐 없느냐가 결정이 됩니다. 오죽하면 사도 바울로가 삶의 모든 관계망과 주관적 감각까지도 의심의 영역 안에 놓고 신앙적으로 회의할 수 있어야 한다고 말을 했을까요?

오늘날 사람들은 삶이 버겁다고 합니다. 기실 힘겨운 것이 사실입니다. 그런데 유사 이래로 이렇게 풍족한 시대는 없었을 것입니다. 사람들은, 물론 그리스도인조차도 그래도 살기가 어렵다고 합니다. 왜 그럴까요? 사라질 것들에 대한 과잉된 욕망을 좇고 있기 때문입니다. 세계를 구성하는 잠정적인 요소와 조건들을 지나치게 집착하기 때문입니다. 그것에 대한 해결책은 무엇일까요? 삶의 연륜이 많은 사도 바울로가 말합니다. '종말론적 의식을 가지고 안 보이지만/ 없지만 마치 그리스도가 있는 듯이, 오고 있는 듯이 그의 현존을 느끼며 살라'는 것입니다. 그러면 정신이 버쩍 들지 않을까요?　　　　　　　　　　　　　　　(1고린 7,29~31)

———

음식, 신이 주는 환희

음식과 제물은 불가분의 관계입니다. 먹는 행위 자체가 하나의 거룩한 의례와도 같은 것이기에 그렇습니다. 그러므로 음식을 먹는다는 것이 그저 일상적 행위에 지나지 않는다는 생각은 먹는 행위를 낮잡아 본 것입니다. 다만 일상적 행위인 먹음이라는 행위가 신 앞에서 행해질 때, 그 먹을 음식은 사물성 혹은 물건처럼 인식되는 것입니다. 음식을 사물이나 물건으로 인식하는 것은 신과의 차별성을 두기 위해서라도 볼 수 있습니다. 신은 사물적 존재가 아닌 사물을 창조하고 다스리는 존재이기 때문입니다. 그러므로 신 앞에서 음식을 차려 놓고 예를 올리는 것이 마땅하다고 생각했을 것입니다. 사도 바울로는 그 먹는 행위나 음식에 대해 그리스 로마의 종교에 익숙한 사람들이 인식했던 것과 이스라엘 사람들이 인식했던 것이 다르다는 것을 말합니다. 하나님은 제물이라는 음식 사물성과는 별개의 존재, 즉 오직 한 분이신 하나님과 예수 그리스도를 통해서 만물이 창조되었다는 것을 강조합니다. 그러니 그것을 먹는다고 해서 더렵혀지는 것도 아니고 안 먹는다고 해서 손해날 것도 아니라는 것입니다. 게다가 바울로는 먹는 행위를 어떻게 인식하고 받아들이며 또 먹는 행위를 통해서 타자에게 어떻게 문화적 충격을 완화시킬 것이냐를 논하고 있습니다. 횔덜린의 〈마치 축제일에서처럼 … 〉은 이렇게 시작합니다.

"뜨거운 한밤으로부터 서늘하게 하는 번개 밤새도록 떨어져
내리고
멀리에서는 아직도 천둥소리 들리며
강물을 또다시 그 둑을 따라 흐르고
대지는 싱싱하게 푸르며
하늘에서부터 내린 기쁨의 빗방울로
포도 줄기 이슬 맺고 반짝이며

고요한 태양 아래 임원의 나무들 서 있는

이른 아침에, 한 농부 들판을 살피러 가는

축제일에서처럼"(43)

우리가 먹는 음식 그리고 빵과 포도주는 하늘에서부터 내려온 것이며 대지의 이슬을 머금은 것들입니다. 거기에는 강물의 생명과 빗방울의 즐거운 소리, 그리고 태양빛의 눈부심, 천둥번개의 요란한 잠 깨움마저도 모두 신의 음식과 인간의 음식이 되기 위한 것임을 잘 압니다. 그래서 우리는 음식을 먹을 때 감사의 기도를 드리는 것이고 그 음식이 사물성이 아니라 곧 자연의 생명의 일부라는 것을 인식합니다. 농부의 손끝에서 익어가는 곡식들이 내 안에 들어오면 그것은 사물이 아니라 생명입니다. 빵과 포도주를 영하는 신자가 그것을 그리스도의 살과 피로 받으면서 그것을 사물성으로 인식하지 않는 것은 중요한 신앙행위입니다. 동시에 그 빵과 포도주가 사물이 아니라 생명이 되기 위해서는 단순히 빵과 포도주라는 인식을 넘어서 거룩한 먹음 행위라는 일상의 성찬으로 승화시키는 식사에 대한 사유가 선행되어야 합니다. 다른 종교를 갖고 있는 사람들이 제물을 함부로 섭취하면 삶에 지대한 영향력을 끼친다는 생각을 갖게 되는 이유는, 바쳐진 그 음식을 사물성으로 인식하기 때문입니다. 하지만 그리스도교에서 먹는다는 행위 자체는 음식을 사물이나 물건을 대하듯 하는 식사와는 다릅니다. 횔덜린의 시 속으로 좀 더 들어가겠습니다.

"그와 같이 지금은 은혜의 천후 가운데 그들 서 있다.

그들 어떤 거장도 홀로 가르칠 수 없으나, 경이롭게도

도처에 현존하며 가벼운 포옹으로

힘차고 신처럼 아름다운 자연이 그들을 길러낸다.

그러므로 연륜의 시간에 자연이 하늘 가운데서나

초목들 사이 또는 백성들 사이에 잠자고 있는 듯 보일 때

시인들의 얼굴에도 슬픔이 어리고

그들 홀로 있는 듯 보이지만 그들은 항상 예감하고 있다.

자연 자신도 예감하면서 쉬고 있기 때문이다."(43)

예배, 이것을 달리 미사 혹은 감사성찬례 등으로 불립니다. 어찌 보면 모두 축제입니다. 축제가 되기 위해서 바쳐진 음식들은 신과 같은 존재인 자연에 의해서, 오랜 인고의 시간 안에서 길러집니다. 하늘과 대지가 음식의 가능태들을 포용하고 감싸 안으면서 무럭무럭 자라게 됩니다. 인간을 위해서 그리고 신을 위해서 길러집니다. 그들이 잠자고 있는 듯이 보이지만, 음식이 되고 신을 위해서 바쳐질 준비를 하는 자연의 모든 생명체들은 홀로 있는 것이 아니라 하나님과 자연의 품 안에서 온전한 생명으로 변화되고 있을 뿐입니다. 횔덜린은 또 이렇게 말합니다.

"그러나 이제 동이 튼다! 나는 기다렸고 이제 그것이 오는것을 보았다.

그리고 내가 보았던 것, 성스러운 것은 나의 말이 되어라.

왜냐하면 그 자신, 시간들보다 오래고

동양과 서양의 신들보다 더욱 높은 자

자연은 이제 무기의 소리와 함께 깨어나기 때문이다.

천공 높이에서부터 심연의 아래에 이르기까지

예전처럼 확고한 법칙에 따라 성스러운 혼돈으로부터 탄생되면서

감격 그 자체, 모든 것을 창조하는 자

다시금 스스로를 새롭게 느낀다."(43~44)

　신 앞에 드려지는 음식이나 사물 그리고 인간의 음식이 되는 것들은 모두 성스러운 것들이며 신의 말이 전달되는 매개체입니다. 신의 말은 인간의 음식을 통하여, 그리고 빵과 포도주를 통하여 말씀하십니다. 그래서 빵과 포도주는 보이는 하나님의 말씀이라고도 말할 수 있습니다. 그도 그럴 것이 모든 음식은 태곳적의 말씀이신 하나님으로부터 연원합니다. 그가 그것을 창조하고 끊임없이 자연을 깨어나게 합니다. 일상적인 음식을 통해서, 그리고 예배 중의 빵과 포도주를 통해서 우리는 초월적 존재를 새롭게 느끼게 됩니다. 음식을 통해서 전해오는 하나님의 신비를 우리가 느끼지 못한다면 코뮌, 코무니온(communion)은 의미가 없습니다. 음식을 통해서 우리는 하나님과 결합하고 자연과 연결되며 신자들 사이의 연대감을 느끼기 때문입니다. 삶을 새롭게 하고 신앙을 새롭게 하는 매체, 의례가 바로 음식의례, 음식을 섭취하는 행위 자체라는 것을 알게 됩니다.

　그럼에도 음식을 통해서 실족을 하는 경우도 있습니다. 코뮌이 무너지는 계기가 되기 때문입니다. 하나님과의 결합, 자연과의 연결을 중시하는 것은 신자로서 무례가 될 수는 없습니다. 하지만 음식을 나누고 빵과 포도주를 나누는 행위를 통해서 하나님으로부터 기원한다는 공동정신을 느끼지 못한다면 먹는 행위는 배를 채우는 수단에 불과합니다. 먹는 행위는 신앙행위에서 중요한 합목적적인 행위입니다. 신을 섬기기 위한 도구나 수단이 아니라 자

체가 목적입니다. 횔덜린은 이렇게 노래합니다.

> "그대는 그것을 묻는가? 노래 속에 그것들의 정신은 나부끼니
> 한낮의 태양과 따스한 대지로부터 그 노래 싹트고
> 공중에 떠도는 뇌우에서 그리고 또 다른 뇌우에서 자라나니
> 그 뇌우 시간의 깊숙이 오래 두고 예비 되어
> 더욱 뜻 깊고 더욱 잘 들릴 수 있도록
> 하늘과 땅 사이를, 백성들 가운데를 떠다니는 공동정신의 사념인 것,
> 조용히 시인의 영혼 안에 만족할 자리 찾는다." (44~45)

횔덜린이 말한 것을 토대로 생각해 보면, 음식은 하나님의 표징입니다. 그것은 사물이나 대상이 아닙니다. 이방종교가 간주하고 있는 사물성이나 대상성으로서의 도구나 수단이 아니라 하나님을 알리는 목적이라는 말입니다. 음식이 그 자체로 목적이 아니라 수단이나 도구로 전락하게 되면 음식이 갖고 있는 거룩함의 표징은 사라지게 됩니다. 음식을 함부로 대할 수밖에 없습니다. 음식은 하나님의 정신, 자연의 마음, 신자들의 신앙의식이 공통으로 만나는 지점입니다. 횔덜린의 말대로 공동정신이라고 말할 수 있습니다. 누구도 배제되거나 소외되는 식탁이 아니라 모두가 참여하는 공동정신의 표현이 식사가 되어야 합니다. 그렇다고 해서 지나치게 자아만을 생각하는 것도 하나님, 자연 그리고 신자와의 공통적 토대인 공동정신을 망각하는 것이나 다름이 없습니다. 음식으로 인해서 시험에 들거나 낙망하는 경우 그리고 문화적 충격에 빠지는 것은 바로 이와 같은 공동정신이 결여되어 있기 때문에 타자에 대한 배려, 상호 배려라는 것이 나타날 수가 없는 것입니다.

하루에 한 끼라도 식사를 하지 않는 경우는 없습니다. 식사가 서로 다를 수도 있습니다. 그런데 식사를 하면서 자아와 타자가 서로 만나 상처를 입히는 경우가 있습니다. 먹는 행위에 대한 견해가 다르기 때문입니다. 어떤 사람은 먹는 것 자체나 먹는 행위를 통해서도 신의 모습을 볼 수 있다고 하는 반면, 아무런 생각 없이 음식을 사물이나 수단으로 대하면서 자아를 위한 생명의 갈취로 끝나버리면 안 됩니다. 횔덜린의 시를 더 읽어보겠습니다.

"그 때문에 이제 지상의 아이들
위험 없이 천국의 불길을 마신다.
그러나 우리는 신의 뇌우 밑에서도
그대 시인들이여! 맨 머리로 서서
신의 빛살을 제 손을 붙들어
백성들에게 노래로 감싸서
천국의 증여를 건네줌이 마땅하리라.
우리의 마음 어린아이들처럼 오로지 순수할 뿐이고
우리의 손길 결백하기 때문이다. (...)

나 천상의 것들 바라보고자 다가갔으나
그들 스스로 나를 살아 있는 자들 가운데로,
잘못된 사제를 어둠 속으로 깊숙이 던져버리니
내 들을 수 있는 귀 가진 자들에게 경고의 노래 부르노라.
거기"(45~47)

혹자는 음식에 대해서 너무 골똘히 생각하는 것이 아니냐는 반문을 할 수도 있습니다. 그러나 음식이 건강이나 생명의 유지를 위한 사물이나 수단으로 전락하는 이때, 음식은 신의 빛살과 도 같은 것이어서 하늘의 마음과 정신 그리고 기운을 증여받는 것 같은 느낌을 가져야 합니다. 음식은 생명적 가치이자 종교성 을 품고 있는 인간에게 "신의 다가옴"입니다. 음식을 같이 나누고 말을 건네고 생각을 교환하는 것은 그것이 하나님의 자기 증여이 기 때문입니다. 음식을 함부로 생각하지 말아야 할 중요한 또 한 가지 이유는 음식을 대할 때, 우리는 모두 배고픈 어린아이가 됩 니다. 어린아이가 갖는 순수성은 음식 그 자체가 배를 달래주는 수단으로만 기능하는 것이 아니라 그 시간 자체가 목적이기도 합 니다. 음식을 위해서 그 자신이 존재한다는 사실을 명확하게 인식 하지 못하지만 거기에서 목적으로서의 생명 그 자체를 어렴풋하 게 알게 되는 순간입니다. 따라서 밥을 먹는 것도, 고기를 먹는 것 도 거기에서의 경고의 소리, 곧 음식을 사물이나 대상, 수단이나 도구로 여기지 말라는 엄중한 경고를 넘어서 하늘과 대지의 생명 을 통해서 하나님을 고스란히 느끼는 것임을 꼭 알아야 할 것입 니다.   (1고린 8,1~13)

———

복음, 공경 받는 종의 모습(재현)

대개 그리스도인은 '복음'하면 예수에 대한 기쁜 소식, 예수에 의한 구원의 소식을 떠올릴 것입니다. 비종교인에게 복음이라고 하면 그리스도인들끼리만 사용하는 특수한 용어라고 생각할 것 입니다. 복음(euangelion)은 희소식입니다. 그 말을 듣는 이들이 기 뻐해야 하고 즐거워해야 하는 전언입니다. 그것은 예수 자체가 기쁜 소식일 수 있으며, 달리 예수가 말한 하나님 나라의 이야기가 기쁜 소식이 될 수도 있습니다. 그렇게 기쁜 소식은 전하고 나누는 것이 마땅한 일일 것입니다. 사도 바울로는 그 일은 기꺼운 마음으로 그것도 무보수로 했다고 고백합니다. 그런데 오늘날 한국 교회가 그리스도교의 기쁜 소식이 수치스럽고 불명예스러운 소식으로 전락하고 있습니다. 왜 그럴까요? 그리스도교의 희소식, 더 본질적으로 예수의 희소식은 명예, 권력, 부유함과 관련이 없습니다. 되레 사도 바울로는 복음과 종을 연관 짓습니다. 복음을 위해서, 예수 자체, 예수의 희소식을 위해서 노예가 되는 것도 마다하지 않았다는 것입니다. 횔덜린은 〈사라져가라, 아름다운 태양이여 … 〉에서 이렇게 말문을 열고 있습니다.

> "사라져가라, 아름다운 태양이여, 그들 그대를
> 거의 눈여겨보지 않으며, 성스러운 그대를 알지 못했노라,
> 그대 그 힘들어 사는 자들의 위로
> 힘들이지 않고 말없이 떠올랐기 때문이다."(35)

노예는 주인을 위해서 형체를 간직해서는 안 됩니다. 주인의 그림자도 아니요 아예 주인을 나타내기 위해서 자신이 상실되는 존재일 뿐입니다.

예수를 위해서 존재상실 위험에 자신을 노출시키려고 한 바울로를 생각한다면, 오늘날 우리는 교회당이건 사회적 장이건 관계없이 그리스도인 자신을 자꾸 주인의 반열에 올려놓으려고 합니다. 섬기는 노예가 되고 싶어 하지 않습니다. 그런데 역설적이게도 헤겔의 논리에 의하면 주인보다 노예가 더 자유스러우며 자신의 노동활동과 주인의 인정을 통해서 주체의식을 더 확고하게 갖

는다는 사실입니다. 반면에 주인은 자신을 객관화시킬 대상이 없기 때문에 타자의 인정을 받기 위해 노력할 필요가 없습니다. 자신의 존재를 인정해 줄 준거의 대상이 사라지는 것입니다. 이처럼 종교인이 사회적으로 지탄의 대상이 되는 이유는 자기를 상실하면서 예수를 드높이려고 하지 않기 때문입니다. 자기 상실, 이것은 주체성의 상실이 아닙니다. 이기적 욕망, 권력, 명예, 부유함에 물들어 있는 본래적 자기가 아닌 자기가 모든 비종교인이 시야에 포착이 되고 있는 현실에서는 오히려 관심 없음, 그리스도교에 대한 접근성 상실, 주목의 대상이 되지 않음이 대명사가 되고 있습니다. 기쁜 소식에 따라서 사는 사람들의 거룩함의 표상을 읽어내고 있지 못하고 있습니다. 횔덜린은 또 이렇게 말합니다.

"그대 나에겐 다정히 가라앉고 또한 솟아오른다, 오 빛이여!
나의 눈은 그대를 알아본다. 찬란한 빛이여!
내 신성하고 조용히 공경을 깨우쳤음이니
디오티마, 나의 감각을 낮게 해주었기 때문이다."(35)

진정으로 기쁜 소식을 접한 사람들은 자신이 얼마나 자유로운 사람인지 깨닫습니다. 그리고 기쁜 소식, 좋은 소식의 전언에 민감하게 반응합니다. 그분의 말과 정신이 행여 허공으로 흩어지고 말까 봐, 사람들 사이 사이에 소리를 심고 감각을 일깨우는 사람이 됩니다. 빛이신 예수는 기쁜 소식의 전달자를 통하여 사람들 사이의 틈새를 열어 자신이 들어갈 공간을 확보합니다. 우리가 예수 의식의 공간 확보를 위해서 사람들의 의식과 감각을 새롭게 깨운 적이 있습니까? 예수의 전언을 알아들었던 사람들은 분명히 예수를 알아보게 되어 있습니다. 사도 바울로도 자신의 종교적 편견과 왜곡으로 예수를 인식했지만, 그의 신앙 감각이 새롭게 교정되는 순간에 지금까지의 자유가 다른 사람들을 구속하는 것이었구나, 하는 것을 깨달았습니다. 기쁜 소식의 감성적 목소리는 내가 설정한 신앙 감각이 아니라 예수에 의한 신앙 감각으로 되살아나도록 만듭니다.

그런데 그러한 올바른 신앙적 감성의 목소리는 내가 듣고 싶은 것을 들려주고, 또 그렇게 들리는 것만이 아니라 매우 거칠고 낯설게 들릴 수도 있습니다. 원래 목소리의 파장이나 빛의 파장이 그렇듯이 말입니다. 나와 비종교인 사이에 차 있는 공간의 공기, 그 공기를 흔드는 소리의 파장이 예수의 거룩한 전언으로 들리도록 하려면 적어도 내가 발하는 목소리의 파장과 타자가 발하는 목소리의 파장이 조화를 이루어야 합니다. 동시에 나의 신앙적 감성에서 우러나오는 목소리의 파장이 타자에게 종교적 강제나 강요처럼 들리는 것이 아니라 노예로서, 섬기는 자로서의 목소리의 파장인지를 늘 성찰해야 합니다. 신앙 감각은 주관성이라 서로 다를 수 있습니다. 그렇기 때문에 타자를 통해서 자신의 신앙적 감성의 목소리를 객관화하는 작업이 필요합니다. 그 객관화의 척도는 내가 자유인이지만 타자를 위해서 노예처럼 섬김의 소리의 파장을 일으키는가 아닌가 입니다. 횔덜린은 3연에서 이렇게 소리의 전언에 대한 반응을 풀고 있습니다.

"오, 그대 천국의 사자여! 내 얼마나 그대에게 귀 기울였나!
그대 디오티마여! 사랑하는 이여! 그대로 인해
나는 황금빛 한낮을 향해 반짝이며
생각에 젖어 눈길을 들었도다. 거기."(35)

기쁜 소식을 전해 듣고, 실제로 그 소식을 참되게 실증적으로 경험한 사람들은 비종교인에게 그리스도인이 되도록 감성의 목소리를 내기 시작합니다. 귀를 기울였던 내가 비종교인이 귀를 기울이도록 잠정적 자유를 내려놓고 그들의 부자유를 취하기도 합니다. 목적을 위해서 수단과 방법을 가리지 말라는 말이 아닙니다. 얻기 위해서 버리는 것, 예수의 삶을 자신의 삶처럼 살아가겠노라 하는 사람들을 얻기 위해서 자기를 상실하는 것, 기득권을 잠시 내려놓는 것, 자기를 유기하고 방기하는 것을 말하는 것입니다.

마음의 부자유 상태를 취한다는 것은 나의 신앙의 기득권의 상태로부터 벗어나서 그들의 처지와 특수한 신앙과 종교 이해를 존중하려는 자세를 말합니다. 기쁜 소식을 먼저 접했다고 해서 내가 완전히 신앙의 자유를 획득했다고 할 수 없습니다. 신앙의 자유는 예수에게, 그리고 이웃종교에게, 약자에게 종으로서의 섬김에서 비롯됩니다. 그것을 바탕으로 하지 않으면 기쁜 소식의 감성적 파장은 불편한 소음에 지나지 않을 것입니다. 예수로 인해서 시선을 달리하는 사람들은 바로, 그 기쁜 소식의 근원지, 거기에서 발화할 목소리를 찾고, 목소리의 내용을 찾습니다. 내가 기쁜 소식을 전하고 말하는 것이 바로 거기에서 비롯된 것인지 아니면 변형/왜곡된 지점과 나의 욕망에서 비롯되었는지를 잘 알아야 합니다. 반면에 신앙 감각에서 비롯되었다고 믿으며 기쁜 소식에 대한 감성의 목소리, 그 파장을 전달한다고 하면서 여전히 신앙의 기득권과 우월의식에서 타자에게 시선을 던진다면 그것은 오만이요 폭력이나 다름이 없습니다. 타자에게 자신의 신앙을 시각화하여 시선의 권력으로 내려다보는 것처럼 수치스러움과 반감을 불러일으키는 선교도 없기 때문입니다. 어디까지나 기쁜 소식을 전하는 그리스도인의 자세는 감성적 목소리의 겸양과 타자를 존중하려는 시선이 동시에 나의 마음에서 나오지 않으면 소용이 없습니다. 그래서 횔덜린은 읊고 있습니다.

"샘물들은 더욱 생기 있게 흘렀고, 어두운 대지의
만발한 꽃들 나를 사랑하며 향기를 내쉬었다.
또한 은빛 구름 너머로 미소 지으며
천공은 축복하며 허리를 굽혔도다."(35)

그리스도인은 하나님 나라를 위해서 겸손할 줄 아는 사람이어야 하지, 나의 향기만이 옳다고 목소리의 파장을 일방적으로 전달하려고 하지 말아야 합니다. 신앙적 향기는 '더불어 향기'여야 합니다. 더불어 향기를 발하려고 하는 전령자가 되어야 합니다. 우리는 지금까지 신앙의 향기란 그리스도를 믿음으로써 내게서 나는 향기라고 생각해 왔습니다. 하지만 신앙의 향기는 나한테서만 나는 것이 아닙니다. 비록 옅은 향기라고 하더라도 타자에게서도 나올 수 있고, 그 향기는 그 사람만이 품고 있는 독특한 향기일 수 있습니다. 또한 아예 향기가 없는 듯하지만 실상은 나의 감각이 그것을 다 간파하지 못해서일 뿐이지 그 어떤 사람에게도 신앙의 향기는 아주 오래전부터 시작되었고, 내가 맡지 못했던, 내가 알지 못했던 신앙의 향기를 가지고 있었음을 알아야 합니다. 다만 나의 신앙 감각과 신앙 감성에 의한 목소리의 파장이 나와 타자가 같이 가지고 있던 공통된 기쁜 소식 그 자체이신 예수의 신앙을 촉발시킨 것입니다. 그러므로 이제부터라도 신앙의 향기를 더불어 뿜어낼 수 있도록 해야 합니다.

바울로는 "다 같이 복음의 축복을 나누려고 하는 것"이라고 말합니다. 나의 신앙의 향기만 강하게 내면 타자의 신앙의 향기는 약할 수밖에 없습니다. 타자의 신앙의 향기를 존중하려면 내 신앙의 향기를 조금 약하게 뿜어내면 됩니다. 그러면 다 같이 기쁜 소식의 신앙적 감성의 목소리의 파장을 조절하면서 동시에 다양한 신앙의 향기를 발할 수 있는 교회 공동체와 사회; 그리고 신앙에 의한 자유가 넘치는 세계가 될 것입니다. 마지막으로 사도 바울로의 신앙적 감성과 목소리의 파장을 다시 느껴보겠습니다. "내가 복음을 전한다 해서 그것이 나에게 자랑거리가 될 수는 없습니다. 그것은 내가 마땅히 해야 할 일이기 때문입니다. 만일 내가 복음을 전하지 않는다면 나에게 화가 미칠 것입니다. 나는 어느 누구에게도 매여 있지 않는 자유인이지만 되도록 많은 사람을 얻으려고 스스로 모든 사람의 종이 되었습니다. 나는 복음을 전하기 위해서는 무슨 일이라도 하고 있습니다. 그리하여 그들과 다 같이 복음의 축복을 나누려는 것입니다." (1고린 9,16~23)

희미해져가는 복음의 빛

오늘날처럼 복음대로 산다는 것이 힘겨운 때가 있었을까요? 예수 이후 신앙의 참맛을 알고 부단히 그 삶을 위해서 경주해 온 사람들이 많이 있었기에 지금의 그리스도교가 존재하는 것이겠지요. 그리스도교라고 하는 종교가 존속해야 한다는 사명감이 아니었습니다. 그냥 그런 삶을 사는 사람들의 모임이 생겨났고 또 그 삶이 의미가 있다는 것을 사람들이 알기 시작했습니다. 종교의 성격을 띠고 그 공동체를 이끌어 나갈 사람도 필요했습니다. 그리고 줄기차게 예수와 같은 삶, 예수와 닮은꼴의 삶을 살기 위해 내달렸습니다. 사람들은 알고 있습니다. 신앙대로 산다는 것은 숨을 헐떡이며 다른 사람보다 더 많은 초월적인 대기의 공기를 들이마셔야 한다는 사실을 말입니다. 그런데 버겁습니다. 초월적인 대기의 공기는 달리기 선수를 하는 사람이든, 권투를 하는 사람이든 쉼 호흡 하나에 승패가 갈리니 말입니다. 그럼에도 선수들이 원하는 것은 월계관입니다. 땀방울 하나하나, 숨을 가다듬고 목표를 향해 내달렸던 흔적을 보상받는 자랑스러운 월계관은 한 순간에 노고를 잊게 해줍니다. 그러나 그뿐입니다. 시들은 월계관은 또 다른 시들지 않은 월계관을 욕망하고 그것을 목표로 삼아 대기의 공기를 자신의 몸 안으로 끌어 모읍니다. 반면에 복음을 위해서 경주를 하는 사람들은 어떤가요? 목표는 어디에 있습니까? 같은 대기 아래에서 똑같은 공기를 통해서 숨을 고르지만, 복음을 위해서 달리기를 하고, 권투를 하는 신앙인의 목표는 가시적인 월계관이 아닙니다. 그 월계관은 결코 땅의 것이 아니기 때문입니다. 횔덜린은 〈봄〉에서 이렇게 노래합니다.

"태양은 빛나고 들은 한창 피어난다.
날들은 꽃 가득하여 부드럽게 다가온다.
게다가 저녁이 피어난다. 또한 밝은 날들이
하늘로부터 아래로 향해 온다. 거기 날들은 일어선다.

세월은 자신의 때와 더불어 나타난다.
축제가 예비되는 때 현란함 같이.
인간들의 활동이 목표를 새롭게 하여 시작된다.

그처럼 세상에서의 징후들, 기적들 많기도 하다."(455)

복음은 위에서 아래로 내리쬐는 태양빛과도 같습니다. 그러니 복음을 위해 산다는 것은 태양의 빛 아래에서 노출되는 찬란한 광경과 풍광들이 하늘 위에서 내려오는 힘에 의해서 산다는 것을 나누는 것입니다. 하늘 위에서 내려오는 복음은 인간의 언어로 전달되기는 하여도, 그로 인한 우리의 신앙의식과 신에 대한 인식은 모든 사람들과 함께 피어나야 하는 꽃이요 열매입니다. 같은 대기 아래에서 같은 공기로 숨을 쉬지만, 복음을 전하는 사람들, 복음을 통해서 호흡하는 사람들은 초월적인 대기의 공기로 쉼 호흡을 하는 사람들입니다. 그래서 비종교인들의 날들과는 달리, 복음을 통한 나날들은 매일매일 새롭게 다가옵니다. 초월적인 대기의 공기로 호흡을 하는 그리스도인은 날들이 수평적으로 다가오는 게 아닙니다. 하늘로부터 아래로 내려오는 나날들입니다. 그것은 수직적 시간입니다. 그래서 그리스도인의 복음 알림, 복음적 삶, 복음적 언어는 씌어진 말들을 그냥 앵무새처럼 말하는 것이 아니라, 하늘에서 오는 초월적 대기의 공기, 즉 성령에 의해서 새롭게 쓰는 말, 또 써야 하는 말입니다. 오늘날 사람들이 그리스도교에 대해서 비난하는 것도 바로 하늘에서 오는 복음과 복음적 언어를 자신이 스스로 새롭게 쓰는, 자신의 신앙적 운명을 새롭게 쓰는 것을 발견할 수 없기 때문입니다. 경주를 하는 것처럼 있는 힘을 다해서, 권투를 하는 사람처럼 사력을 다해서 하지 않는다 해도, 비종교인은 우리가 얼마나 설렁설렁 살고 있는지 너무나 잘 압니다. 횔덜린이 말하듯이, 바로 '거기서 날들이 일어서는 것'을 날마다 새롭게 볼 수가 없다는 것을 말입니다. 복음을 위해서 달리고, 복음적 언어로 심장을 두근거리게 하고 복음을 살면, 우리가 살고 있는 바로 거기서 새로운 날들이 다가옵니다. 아니 사람들이 우리가 사는 것을 보고 새로운 날들이 거기서 일어서 있다는 것을, 우뚝 솟아서 이것이 바로 진정한 삶이다, 이것이 예수가 말한 초월의 삶이다라는 것을 보게 될 것입니다. '날(day)을 서 있게 하라'는 명령은 새로운 복음의 목표이기도 합니다. 나날들이 죽어 있고 그날이 그날 같다는 냉소적, 허무적 언어와 삶의 태도는 하늘로부터 비롯되는 복음이라면 날들을 초월적인 대기의 공기로 호흡하게 함으로써 나날들을 신앙적 운명으로 살도록 만들어 줄 것입니다.

그러기 위해서는 먼저 희미해져 가는 복음의 빛을 회복해야 합니다. 복음의 빛은 모두에게 열려 있습니다. 그리스도인들이 마치 복음이란 특정한 대상, 민족, 인종, 국가에게만 한정된 듯이 선민의식을 가지고 말을 하곤 합니다. 하지만 사도 바울로는 말합니다. "우리가 전하는 복음이 가려졌다면 그것은 멸망하는 자들에게나 가려졌을 것입니다." 복음은 보편적이라는 말입니다. 누구도 소외되거나 배제됨이 없이 만인들에게 복음의 빛이 골고루, 불평부당하게 비춥니다. 복음의 빛이 비추고 있음에도 불구하고 여전히 어둠이 있고, 그 어둠 속에 있는 것은 복음적이지 않은 요인들이 마음을 가리고 있기 때문입니다. 복음이 나타나는 곳에는 반드시 복음을 말하는 자기 자신과 함께 나타나야 합니다. 그런데 복음적 언어, 복음적 삶, 복음적 시간, 복음적 표정이 전부 다 다르게 나타나면서 복음 자신의 본질이 아니게 되는 것을 볼 수 있습니다. 하늘로부터 내려오는 복음은 자기 자신을 어떻게 현시하는가, 그것으로 느끼고 보지 못하면 마음이 밝아질 수 없습니다.

사도 바울로가 말한 것처럼, "하나님의 형상이신 그리스도의 영광스러운 복음의 빛을 보지 못하"는 것입니다. 복음의 때는 복음으로 인해서 인간의 삶이 새로운 축제가 될 때 자기 자신이 무엇이다라고 규정짓지 않는다 하여도 곧 그분의 현시라는 것을 알게 될 것입니다.

복음을 전하는 이들은 복음의 주체나 복음을 미리 알아서 주도권을 잡은 권력자나 난해한 구절을 풀어내는 해석학자가 아닙니다. 복음과 연관성을 가진 또 다른 언어는 "종"입니다. 즉, 복음을 전하는 이들은 종입니다. 예수를 위해서 일하는 종, 교회를 위해서 일하는 종, 신자들을 위해서 일하는 종입니다. 그러나 오해하지 말아야 할 일이 있습니다. 종이라 하면 교회당에서 성직 수임을 받은 이들에게만 해당되는 듯이 생각합니다. 그도 그럴 것이 신앙언어의 왜곡에서 비롯되었기 때문입니다. 교회당에서 일하는 목사들이나 신부들 스스로 종으로 칭했으니 말입니다. 하지만 바울로가 말하는 것을 가만히 들여다보면 기실 복음을 전하는 이들 모두가 종입니다. 성직자들만 예수를 위해서 일하는 것이 아니요, 교회와 신자들을 위해서 일하는 것이 아니기 때문입니다. 그리스도인이라면 모두가 예수를 위해서, 그리고 공동체를 위해서 서로 종이 되어야 마땅한 일입니다. 그렇게 놓고 본다면 우리의 신앙 목표는 좀 더 분명해진 것 같습니다. 예수가 인류의 구원을 위해서 종이 된 것처럼 우리도 모두 종이 되는 것입니다. 복음은 종으로서 서로 겸손하게 섬기라는 것, 그것이 하늘로부터 내려온 초월적인 대기의 공기로 호흡하는 그리스도인의 신앙적 운명이라는 것입니다.

그렇게 종으로서의 그리스도인 안에는 하나님에 의한 당신의 빛이 드러나게 마련입니다. 하나님은 종으로서의 복음적 삶을 살려고 하는 이들에게 어둠이 아니라 빛을 주시려고 하십니다. 설사 삶에 드리워진 어둠이 깊더라도 저 끝 어둠 속에서 빛이 비추도록 해주실 것입니다. 복음적인 삶, 복음적인 언어, 복음적인 사유를 하려고 부단히 노력하는 사람에게는 하나님의 빛이 그 내면을 비추고 그것이 종으로서의 삶을 사는 사람의 복음적인 징후라는 것을 깨닫게 하십니다. 다른 것이 기적이 아니라 복음적인 징후들을 감각적으로 느끼면서 그리스도의 얼굴에서 빛나는 광채를 삶에서부터 발견하는 것이 기적입니다. 날이 다가오고 날이 서는 것은 그와 같은 민감한 복음의 감각에서 비롯됩니다. 사람들이 하나님을 보기 어렵다고 하고, 교회적 삶에 대한 회의를 토로합니다. 그럴수록 스스로 신앙적 운명에 대해서 점검을 해봐야 합니다. 나는 복음의 감각을 가지고 살고 있는가 하고 말입니다. 복음의 감각으로 하늘을 보고, 땅을 보고, 사람을 보면 짙게 깔린 어둠 속에서 빛으로 새 날을 열고 계신, 새 날을 세우고 계신 하나님을 뵐 수 있을 것입니다. 그러나 잊지 마십시오. 복음의 영광의 광채는 종으로서 사는 우리 자신의 삶 안에서 빛이 난다는 사실을 말입니다.   (1고린 9,24~27; 2고린 4,3~6)

————

그 사람이 특별한 이유

사람은 인생을 단 한 번 삽니다. 당연한 이치입니다. 그리스도교와 달리 불교에서는 윤회를 이야기하기 때문에 삶과 생명의 순환굴레를 벗어나기 위해서 열반에 이르도록 해야 한다고 가르칩니다. 자연의 이치로 보면 논리적으로나 생물학적으로 보나 틀린 이론은 아닌 듯합니다. 그런데 예수는 인간이 죽었는데도 살았다는 모순적인 신앙 담론을 끊임없이 들려주고 있습니다. 베드로가 보낸 첫 번째 편지에서도 그렇게 기록을 하고 있습니다. 학계에서는 이 서신을 무지렁이 베드로가 썼다고 보고 있지는 않습니다. 가탁서신 혹은 대필이었을 수도 있습니다. 여하튼 서신의 발신자는 수신자들에게 "그리스도께서는 몸으로는 죽으셨지만 영적으로는 다시 사셨습니다"라고 전하고 있습니다. 그도 예수는 인간의 죄를 위해서 죽었으며 그 죽음으로 죄가 용서되었을 뿐만 아니라 하나님께 가까이 다가갈 수 있게 되었다고 고백하고 있습니다. 여기서 잠시 휠덜린의 시 〈삶의 행로〉를 언급하겠습니다.

> "그때 역시 보다 위대해지려 했으나 사랑은
> 우리 모두를 지상으로 끌어내리고 고뇌가 더욱 강하게
> 휘어잡네. 그러나 우리 인생의 활, 떠나왔던 곳으로
> 되돌아감은 부질없는 일이 아니네."(58)

하나님의 사랑은 하늘에만 있는 것이 아니라 땅에서도 존재하도록 만들었습니다. 하늘에만 있을 법한 사랑은 이제 그리스도의 삶과 죽음을 통해서 지상에서도 가능하게 되었습니다. 사랑은 신들의 영역에만 있는 것이 아니고 결코 신들만이 지니고 있는 속성이나 성품이 아닙니다. 사랑을 형이상학이라고 한다면, 그 형이상학적 욕망은 인류의 역사 이래로 지속적으로 용솟음쳤던 감정이라고 볼 수 있습니다. 그런데 그 사랑이라는 것이 단지 인간의 욕망인 것이냐 아니면 하늘로부터 기원하는 좀 더 성스럽고 고귀한 신의 사랑인 것이냐가 관건이었습니다. 인간의 고민이었던 사랑

이라는 감정과 행위는 결국 하나님으로부터 비롯되었다는 것을 깨닫게 해준 사건이 그리스도의 죽음이라는 사실이었습니다. 그리스도가 죽음으로써 사랑은 보편적 인류애라는 것을 알게 해주었습니다. 보편적인 인간들이 서로 사랑하는 것의 최고의 가치는 사랑하는 사람을 위해서 자신의 목숨을 내어놓고 그 사랑의 근원인 신에게로 안내해 주는 것임을 그리스도의 죽음을 통해서 확증한 것입니다. 인간이 죄인이라고 하는 것은 다른 데 있는 것이 아닙니다. 바로 신으로부터 내리는 사랑, 인간을 위한 사랑의 죽음, 인간은 그 죽음을 통해서 서로 사랑할 수 있는 존재가 되었다는 사실을 깨닫지 못하고 외면하는 것입니다. 거기에 계산이나 수치화된 관계가 있을 수가 없습니다. 적어도 교회 공동체가 그리스도의 사랑으로 모인 신앙의 무리라면 말입니다. 그러니 횔덜린이 말한 것처럼, 인간은 고뇌할 수밖에 없습니다. 나는 그리스도의 사랑을 알게 되었고, 그렇다면 그 사랑이 보편적 인류애로 확장되도록 행위해야 할 텐데 정작 그 사랑조차도 계산을 하고 있으니 말입니다. 계산하지 않는 사랑, 아낌없이 주려고 하는 사랑은 다시 원래 왔던 곳으로 돌아가는 무, 아니 다시 유의 가능성으로 가더라도 지상에 남아 있는 사랑은 변하지 않을 것입니다. 그리스도처럼 후회가 없는 죽음을 맞이할 수 있는 것입니다. 횔덜린은 말합니다.

> "위를 향하거나 아래로 내려오거나 말없는 자연
> 생성의 한낮을 곰곰이 생각하는 성스러운 밤에
> 가장 믿을 수 없는 명부에서조차
> 하나의 곧바름이, 하나의 법칙이 지배하지 않는가?"(58)

그리스도는 죽었지만 우리의 마음이나 정신으로는 살아 있습니다. 지금도 살아 있고 앞으로도 살아 있을 것입니다. 진정한 부활은 그와 같은 정신적인 삶, 그리스도의 정신이 살아 숨 쉬는 곳에서는 그가 살고 있다는 것을 의미합니다. 어쩌면 부활의 대원칙과 법칙은 생성하는 삶 그리고 어두컴컴한 삶의 끝에서도 그리스도의 정신, 바꿔 말하면 그리스도의 영을 놓치지 않는 것인지도 모릅니다. 그리스도가 죽음으로부터 살았으니 우리도 죽은 후에 부활할 것이다라는 신앙적 고백보다 더 중요한 것은 내가 살아 있는 동안 그리스도의 정신이 나를 휘어 감고 있어야 합니다. 그리스도의 정신이 살아 있는 한 그리스도는 나를 통해서 살고 있는 것입니다. 그것이 비종교인에게는 하나의 변할 수 없는 가시적인 그리스도교 신앙의 법칙임을 알게 해주어야 합니다. 거기에 베드로 서신의 송신자는 세례를 언급합니다. 그리스도인의 신앙적 의례, 세례성사는 세례를 받고 그리고 세례를 받은 그리스도인의 삶을 통해서 그리스도가 살아 있음을 나타내 보여주는 표지입니다.

서신의 발신자가 말한 것처럼, 세례는 하나님께 깨끗한 양심으로 살겠다고 하는 서약입니다. 양심적 인간은 도덕과 윤리학에서 논하는 단골 이론이 아닙니다. 그것은 그리스도교의 신앙적 실천 법칙이요 규칙입니다. 세례를 받은 그리스도인 안에 그리스도가 살아 있다는 표식과 표지는 그가 정말 양심적 인간인가에 달려 있다는 말입니다. 이것을 통해서 비종교인 혹은 타자는 부활이란 바로 그와 같은 삶의 외형적 모습에서 있고 없음 혹은 가능성과 불가능성을 보게 됩니다. 예수가 부활을 했다, 그로 인해 우리도 부활의 희망을 가질 수 있다, 그리고 실제로 부활이란 존재한다는 것을 실증적으로 보여주는 것은 좀 더 철저한 양심적 인간의 삶의 자세로 사는가를 통해서 입니다. 사람들은 부활을 보고 싶어 합니다. 다시 살고 싶어 합니다. 죽었어도 살아서 영원히 살고 싶어 합니다. 그런데 살아 있는 실존이 말할 수 있고 보여줄 수 있는 부활이란 세례 받은 그리스도인이 양심적으로 사는가가 부활이 실제로 존재합니다. 부활신앙이란 저렇게 삶이 달라지는 것을 말하는 것이구나를 보여주지 않는다면 아무런 소용이 없습니다. 휠덜린이 우리에게 깨우침을 줍니다.

> "이를 나는 배워 아네. 너희들 천상적인 것들
> 너희들 삼라만상을 보존하는 자들 결코 인간의 거장처럼
> 조심스럽게 나를 평탄한 길로
> 인도하지 않았음을 내 알고 있네."(58)

그리스도인의 삶이 평이할 것 같으면 아무런 매력을 주지 못할 것입니다. 신앙 때문에 고뇌나 고민, 갈등과 긴장을 한다는 것은 최소한 그리스도인 안에 움직이는 그리스도의 정신이 있기 때문에 가능한 일입니다. 그것은 구속되어 있으되 자유롭게 하는 고통입니다. 그리스도인이 되어서 순탄하게 되기를 바라는 것은 욕심입니다. 신앙적 욕심이라는 말로 표현하기에는 적절치 않으나 신앙을 갖는다고 해서 타자나 세계를 고려하지 않는 사적인 욕심마저도 신앙적 만족감으로 성취될 것이라는 것은 바라지 않는 것이 좋습니다. 그리스도인이 된다는 것은 권리보다 의무가 더 많습니다. 베드로 서신의 발신자가 말하고 있는 것도 그것입니다. 양심이 구원받은 표지이고 세례 받은 자와 비종교인의 내외적 차이라는 것입니다. 부활을 꿈꾸고 살아가는 이 순간에도 아직 오지 않은 부활을 염원하는 것은 신앙인이라면 당연할 것입니다. 하지

만 살아 있는 지금 이 순간에 우리가 부활한 그리스도를 생각하며 그를 신앙의 바탕에 둔다면 우리 자신이 부활한 그리스도의 정신(Spirit: Geist)으로 살면서 양심대로 행동하는 것이 부활을 앞당겨 사는 것이고 부활이 현존하는 것입니다.

하늘에서 내려온 자는 다시 하늘로 올라갑니다. 이것이 1세기 그리스도인의 종교관이자 세계관이었습니다. 삶과 현실을 초월하려고 하는 사람은 여기에 살고 있으나 살고 있지 않은 사람처럼 살게 됩니다. 초월은 매양 지금의 한계를 넘어서려는 노력입니다. 되지 않을 것 같고 하고 싶지 않지만 신앙인이기에 남다른 삶을 살려고 하는 것이 아닐까요? 횔덜린은 이렇게 조언합니다.

"인간은 모든 것을 시험해야 하리라. 천국적인 자들 말하나니
힘차게 길러져 인간은 비로소 모든 것에 감사함을 배우고
제 가고자 하는 곳을 떠나는
자유를 이해하게 되는 법이네."(58)

인간이기에 초월로 나아간다는 것이 얼마나 고통스러운 일인지 잘 압니다. 부활도 초월이고 양심도 초월의 영역 안에 있습니다. 하늘 나라를 바라는 그리스도인은 그와 같은 초월의 고통조차도 감사로 받아들이고 우리가 궁극적으로 참여하고자 하는 부활, 절대적 자유를 향해 살아야 할 것입니다. 부활하고자 하는 자는 그리스도처럼 이 지상에 사랑을 심고 타자를 위해서 목숨조차도 자유롭게 방기하는 삶을 기꺼운 일로 받아들여야 합니다. 이 모든 것이 세례 받은 이들 안에 있는 그리스도의 정신의 외면화와 맞닿아 있습니다. 더불어 세례 받은 이들의 부활에 대한 염원은 초월, 즉 절대적 자유를 향해서 몸부림치는 지상적 삶에서부터 시작되

는 것임을 외면하지 말아야 할 것입니다.　　　　(1베드 3,18~22)

———

믿음, 하나님의 인정

　그리스도교에서 믿음이라는 말처럼 애매모호하여 해석의 여지
가 많은 것도 없을 것입니다. 게다가 그 무엇보다도 자기중심적인
언어이기도 합니다. 그만큼 그리스도인은 믿음을 약방의 감초처
럼 여기면서 입에 달고 사는 말입니다. 그런데 믿음의 개념과 실
상을 들이파보면 이것처럼 어려운 것도 없습니다. 왜냐하면 성서
에 나와 있는 대로, 하나님께 올바르다고 인정을 받는 원인이 되
는 신앙 자세이기 때문입니다. 그것을 한자어로 '의인'(義認, jus-
tification)이라고 합니다. 히브리인이나 그리스도인에게 있어서 믿
음의 사표 역할을 하는 사람이 바로 아브라함입니다. 아브라함은
자신의 믿음으로 인해서 하나님으로부터 올바른 사람이라고 인
정을 받았습니다. 이것은 도대체 무엇을 의미하는 것일까요? 횔덜
린의 시로 넘어가 보겠습니다. 그는 〈나는 나날이 다른 길을 가노
라 ... 〉라는 시의 제목처럼 우리에게 신앙적으로 시사해 주는 바
가 있습니다. 우선 제1연과 제2연에서 이렇게 말합니다.

　　"나는 나날이 다른 길을 가노라. 때로는
　　숲속에 있는 초원으로, 때로는 샘으로,
　　장미들 피어나는 낭떠러지로,
　　가서 언덕에서 대지를 바라다보노라, 그러나
　　아무 곳에서도 그대 착한 이여, 빛 가운데 어디서고 그대를

찾지 못한다. 또한 공중으로 말[言語]들 나로부터 사라져버린다.
그 경건한 말들, 전에 그대 곁에서 내가"(33)

믿음은 횔덜린의 말을 빌린다면, 나날이 다른 길을 가기로 마음
먹는 것이라고 말할 수 있습니다. 종교를 갖고 있지 않은 사람들
은 매일 똑같은 길을 가도록 허락된 것은 아니지만, 신앙에 따라
사는 사람들이 아니니 굳이 자신의 삶을 성찰하며 하나님의 빛에
의해서 밝혀진 길을 가지 않아도 비난할 것은 못됩니다. 그렇다고
그들에게 면죄부를 주려고 하는 것은 아닙니다. 반면에 그리스도
인은 다르게 살아야 합니다. "때로는"이라는 부사어가 주는 의미
는 시간성 안에서 주어진 길들과 삶의 장들이 새롭게 등장한다는
것을 뜻합니다. 그때 다른 길은 낯설고 생소한 길입니다. 남들이
가지 않았던, 아니 설령 시간성 안에서 주어진 다양한 삶의 길이
있더라도 그저 내게 익숙한 길로만 가면 그만일 것입니다. 하지만
결국 내가 시간 속에서 맞닥뜨린 삶과 그 장들이 매번 달라지게
되면 그때그때마다 나는 하나님을 신뢰할 수 있는가 하는 문제에
봉착합니다. 삶이 달라지고 장이 달라진다고 하더라도, 인생의 길
이 완전히 달라진다고 하더라도 절대적으로 신뢰를 하라는 것이
하나님의 생각입니다.

이와는 달리, 마치 내가 하나님인 양 나의 길, 나의 삶의 장에
대해서 낯섦, 어려움, 혼란, 불이익, 부정적 상황이 초래할 때마다
등장시키는 하나님에 대한 신뢰는 올바른 믿음이 아닙니다. 그것
으로 '너는 올바른 사람이다'라고 인정받기에는 턱없이 얕은 꼼
수에 지나지 않습니다. 자신의 이익을 위해서 하나님의 존재를 인
식하고 그를 나날이 달라지는 나의 삶의 장으로 끄잡아 들이려

는 것이 믿음이 아니라는 말입니다. 믿음은 그때그때 벌어지는 어떤 상황에서도 경건한 말들이 사라진다고 하더라도 하나님을 신뢰할 수 있어야 합니다. 경건한 말을 한다고 한들 하나님의 신뢰를 저버린 사람들에게는 그 말은 그저 허공에 흩어지는 소음에 지나지 않습니다. 게다가 어떤 장소에서도 자신조차 인식할 수 없는 경우가 있습니다. 나를 인식하고 나의 몸을 가눈다는 것 그 자체도 어려울 정도로 구차한 삶의 단계에서도 하나님을 신뢰하는 것, 그것이 믿음입니다. 사도 바울로는 그 실증적인 사례를 구약에서 등장하는 믿음의 조상 아브라함에게서 찾습니다. 그의 관점에 의하면 "아브라함은 절망 속에서도 희망을 잃지 않고 믿어서" 그리 된 것입니다. 때와 때 사이, 말과 말 사이, 나와 타자 사이에서 벌어지는 난감함과 어색함, 풀리지 않는 흐름이라고 할지라도 하나님의 존재와 그의 개입을 인정할 때, 하나님도 나를 인정하십니다. 횔덜린은 3연에서 이렇게 말을 이어갑니다.

"그렇다. 그대는 멀리 있도다. 복된 얼굴이여!
또한 그대 생명의 화음 나에게 사라져
더 이상 들리지 않는다. 그리고 아! 어디에 너희 마법적인 노래들
있는가, 한때"(33)

아브라함이 처음에 들었던 목소리는 자신의 목소리를 낮추고 광야에서 들려오는 초월자의 목소리에 귀를 기울였던 소리였습니다. 존재의 목소리를 듣기 위해서는 고요 속에 있어야 합니다. 목소리가 들리는 방향과 그 처음을 알아차리기 위해서는 온갖 신앙적 감각들을 다 동원해야 합니다. 그런데 간혹 우리가 관심을 기울이는 감각들이 신앙감각과는 전혀 다른 것들입니다. 식별

할 수 있고 가능한 한 순수한 감각으로 신의 목소리를 받아들이려고 애를 쓰기보다는 그 목소리조차도 수단으로 여기기 때문입니다. 믿음은 아브라함처럼 자신의 목소리가 아니라 초월자의 목소리에 순종하는 것입니다. 그것이 아니라면 최소한 자신의 목소리라도 신앙의 목소리를 낼 수 있어야 합니다. 신앙의 목소리는 마법적인 노래와도 같습니다. 다른 사람들을 매료시키고 자신의 신앙에 동의해 줄 수 있고, 자신의 신앙적 사유에 장단을 맞춰줄 수 있는 목소리는 질러대는 목소리가 아닙니다. 그것은 그냥 사라져버리는 허망한 목소리에 지나지 않습니다. 교회 공동체가 감히 믿음의 공동체라고 하려면 그와 같은 목소리들의 조화가 있어서, 목소리의 화음들 속에 현존하시는 하나님을 느낄 수 있어야 합니다. 믿음의 목소리는 다양한 목소리를 낼 수 있어야 하고 동시에 그 목소리들을 믿음의 차원으로 승화시킬 수 있어야 합니다. 목소리는 주의나 주장이 아니라 하나님의 현존의 목소리이기 때문입니다. 내 목소리가 아니라 하나님의 현존에 의한 목소리가 되면 나 자신의 성찰에 의한 신앙의 목소리가 나올 뿐만 아니라 타자를 배려하는 목소리가 흘러나오게 됩니다. 그것이 올바른 신앙인의 태도입니다. 횔덜린은 또 이렇게 말을 건넵니다.

"천상적인 자들의 평온으로 나의 마음을 달래주었던 노래들은?
얼마나 오래인가! 오! 얼마나! 젊은이
나이 들었고, 그때 나에게 미소 짓던
대지조차도 달라져버렸다.
영원히 잘 있으라! 영혼은 작별하고 매일
그대에게로 돌아가노라, 또한 눈은

그대 때문에 울음을 운다, 하여 다시 밝아져

그대 지체하는 곳 건너다보고자."(33~34)

믿음은 하나님의 약속을 위한 가능태입니다. 믿음을 가진 사람들은 하나님의 약속이 현실이 되는 그곳으로 이미 향해서 가고 있는 것입니다. 하나님의 약속은 믿음의 사람, 올바른 사람이라고 인정하는 것입니다. 부차적으로 따라오는 복은 나중입니다. 무엇보다도 믿음을 보이기 위한 나의 신앙적 태도는 무엇이었는가? 그리고 믿음이 있다고 하는 나의 표현은 무엇인가? 나의 믿음이라는 것이 단순히 의심이라고 하는 개념의 반대 개념을 의미하는 것인가? 이와 같은 물음 속에서 제기되는 의문을 단박에 해소시키는 말은 삶과 죽음 그리고 있음과 없음을 내 의지가 아니라 하나님의 의지에 따라서 순응하고 받아들이는 것, 그 하나님에 대한 신뢰에 기반을 둔다는 것, 그것이 믿음이라는 것입니다.

믿음으로 이루어진 하나님의 약속은 무슨 계약문서가 아닙니다. 매일 우리의 삶이 하나님에게로 돌아가는 것, 매일 우리의 의식이 하나님을 지향하는 것, 그것들 속에서 현존하시는 분에 대한 미세한 감각들이 하나님의 약속을 이루는 동기가 됩니다. 다시 처음으로 돌아가서 물어보면, 믿음이란 무엇입니까? 믿음은 하나님으로부터 올바른 사람이라고 인정받는 가능태입니다. 현실태는 올바른 사람입니다. 그렇다면 믿음은 올바른 사람, 즉 의로운 사람이 될 수 있는 무한 가능태라고 볼 수 있습니다. 믿음의 수많은 요소들이 아브라함을 통하여 나타났지만, 중요한 것은 그 역시도 나날이 다른 길을 갔더라는 것입니다. 그러나 그 다른 길에서, 즉 길과 길 사이에서, 걸음과 걸음 사이에서 매번 다양한 변수들이 존재함에도 불구하고, 그 변수들이 아니라 하나님을 떠올렸다는 데에 있습니다. 횔덜린의 마지막 문장에서 타자 때문에 눈물을 흘리고 나서 눈이 밝아지니 지체하던 곳을 바라다보았다는 말이 인상적입니다. 인간은 삶의 수많은 간격과 우연성과 관계들에서 존재와 비존재를 왔다 갔다 합니다. 믿음, 즉 하나님의 현존의식을 가지고 바라보기가 너무 벅찹니다. 아차, 하는 순간 우리는 자신의 눈가에 맺혀 있는 눈물방울만 닦고 있을 뿐이지, 그 다음에 타자가 지체하고 있는, 타자가 믿음 앞에서 멈칫거리는 너머, 바로 그 지점을 같이 보지 못합니다. 믿음은 그래서 초점도, 관점도, 시선도 중요합니다. 그리스도를 잘 믿는다는 것도 달리 보면, 우리가 예수를 바라보는 시각과 감정 그리고 관계와 밀접한 관련이 있습니다. 지체하지 않고 그 지체하도록 만든 것, 믿음을 지체하도록 만드는 나의 신앙적 관점은 문제가 없는지, 그래서 올곧고 올바로 살아가도록 만드는 이에 대한 인식조차도 지체되고 있는 것은 아닌지 자신을 돌아다봐야 할 것입니다. 지금 이 순간에도 우리는 무엇을 믿고 있습니까? 혹시 신앙이 노쇠한 자신의 욕심이나 욕망은 아닐는지요.   (로마 4,13~25)

———

우리를 붙드는 십자가

횔덜린은 〈엠페도클레스〉라는 시에서 이렇게 입을 열고 있습니다.

"생명을 그대는 찾으며, 찾고 있도다. 또한 대지 깊숙이에서 그대에게 신적인 불길이 솟아오르고 반짝인다.

그리고 그대 전율케 하는 열망 가운데

에트나의 불 속으로 자신을 던진다."(48)

그리스도교의 상징인 십자가는 인류의 구원이고 생명이라고 말합니다. 한낱 나무 조각에 지나지 않을 십자가가 무엇이 대단하다고 그간 2천 년의 역사와 함께 해왔을까요? 사도 바울로가 말한 것처럼 십자가란 어떤 사람에게는 그저 치욕이고 모욕이자 죽음이며 불구덩이에 뛰어든 불나방의 자살과도 같은 어리석음의 상징일지 모릅니다. 그런데 믿음을 지닌 그리스도인에게는 십자가란 왜 없지 않고 있는 것일까?, 왜 우리에게 있어야만 하는 것일까?, 하고 묻는 존재론적 지향성을 갖는 징표입니다. 횔덜린이 읊었던 것처럼, 십자가가 생명이라는 사실을 알고 찾고 또 찾으며 찾았던 것, 그것이었습니다. 사도 바울로의 말이 시사하듯이, "구원받을 하나님의 힘"이었던 것입니다. 그런데 왜 찾고 또 찾아야 하는 것일까요? 당연한 것을 찾지 않아도 인정하고 받아들이면 될 것을 찾는 수고를 해야 하는 까닭은 무엇인가요?

엠페도클레스는 고대 그리스철학자입니다. 그는 만물의 시원이 물, 불, 공기, 흙의 4원소가 합쳐지거나 흩어지면서 존재들이 생겨나고 사라진다고 주장했습니다. 원소 자체는 그대로 있으면서 통합과 분리, 즉 사랑과 다툼(미움)을 통해 세계를 만들어 간다는 것입니다. 횔덜린은 바로 저 대지의 밑바닥에서 꿈틀거리는 "신적인 불길"을 보았습니다. 삶의 시원이고 대지의 근원인 신적인 불길이 용솟음치는 그곳으로 인간은 자신의 몸을 내던집니다. 마찬가지로 십자가는 생각하고 숙고하는 철학이기 전에 우리가 찾으며 내

던져야 하는 신적인 불길과도 같습니다. 신앙의 근원이고 삶의 원천인 십자가이기 때문에 찾고 또 찾으며, 묻고 또 물어야 합니다.

탁월한 독일철학자 마르틴 하이데거(M. Heidegger)는 원천을 이렇게 풀어 밝힙니다. "源~泉/ Ur-Sprung: 스스로~근원을 솟구치게 함(Das Sich-den-Grund-erspringen)." 십자가는 그리스도인에게 있어서 근원적으로 솟구치게 만드는 힘이 있습니다. 신앙의 근원을 묻고 삶의 원천을 묻는다는 것은 다시 고유의 근원을 솟구치게 만드는 십자가를 붙든다는 것을 의미합니다. 붙드는 것은 내가 십자가를 붙드는 것이 아니라 근원으로 십자가가 나를 붙드는 것입니다. 십자가는 나에게 붙어 있으며 나를 근원적으로 들어 올리는 힘, 솟구쳐 올리는 힘입니다. 십자가는 자신을 높이 솟구쳐 오르면서 인류의 삶을 솟구쳐 오르게 하고, 역사를 솟구쳐 오르게 하고, 기분을 솟구쳐 오르게 하고, 사유를 솟구쳐 오르게 하고, 신앙을 솟구쳐 오르게 합니다. 그것은 내가 솟구쳐 오르는 것이 아닙니다. 십자가 자신이 솟구쳐 오르면서 그것을 바라보고 믿는 이들을 솟구쳐 오르게 하는 것입니다. 그래서 사도 바울로는 어리석어 보이는 것이 오히려 지혜로운 것이라고 말하고 있는 것입니다. 그것은 우리를 열어주고 밝혀주고 근거를 지워주는 신앙의 상징이요 사건입니다. 횔덜린은 2연에서 이렇게 말합니다.

"그렇게 여왕의 오만은 진주를
포도주 안에서 녹였었다. 그녀는 그렇게 하고 싶었을 것!
오 시인이여, 그대는 그대의 재산만을
끓어오르는 잔 속에다 제물로 바치지 않으리라!"(48)

어리석은 사람은 중요한 물질이나 사건을 다소 엉뚱하게 바라보곤 합니다. 하나님을 오해하여 가학증 환자로 몰아붙일 수 있습니다. 자신의 시각으로 보면 하나님은 십자가 위에서 죽어가는 예수를 보고 있었으니 그렇게 해석할 수도 있을 것입니다. 그것은 십자가에 녹아 있는 하나님의 지혜로운 경륜을 보지 못해서 그렇습니다. 십자가는 예수의 죽음을 통해서 하나님을 알게 만드는 구원의 장소입니다. 시인에게 잔은 자신의 지혜로운 언어를 죽이는 지옥과도 같은 불구덩이이듯이, 십자가는 죄악의 근본과 본질을 묻고 또 물으면서 결코 구원의 원천으로부터 벗어나지 않게 하려는 하나님의 지혜입니다.

십자가는 어리석음을 물어야 하는 대상이 아니라, 구원과 생명을 물어야 하는 원천입니다. 그렇기 때문에 십자가는 무겁습니다. 무겁다는 것이 단순히 무게(Gewicht)가 많이 나간다는 뜻이 아니라, 십자가에 본래의 신앙의 무게, 삶의 무게를 되돌려준다는 의미입니다. 가볍게 여기고 대하던 십자가와 십자가의 언어를 다시 무게감이 있는 신앙으로 복귀시킨다는 것입니다. 게다가 무게를 되돌려준다는 것은 십자가 위에서 위대한 사건이 발생된다는 것일 뿐만 아니라 십자가가 얼마나 중요한지(Wichtigkeit), 무슨 의미가 있는지(Bedeutung)를 다시 상기시킨다는 뜻입니다. 십자가는 구원 사건이 이루어짐이며 하나님의 지혜가 나타남입니다. 구원의 이루어짐과 하나님의 나타남은 인류를 도약(Sprung)하게 합니다. 이로써 십자가가 왜 중요한지, 왜 여전히 신앙의 폐물이 되어서는 안 되는지 이해할 수 있습니다. 횔덜린은 마지막 연에서 이렇게 글자를 나열합니다.

"허나 그대는 나에게 성스럽다. 그대를

앗아간 과감한 살해자 대지의 힘이 그러하듯!

또한 사랑이 나를 붙들지 않는다면 나는

심연 속으로 영웅을 뒤따라가고 싶도다."(48)

그는 대지의 힘을 찬양하듯이 말하고 있고 그 대지의 힘은 성스러운 존재를 빼앗아 가려고 합니다. 성스러운 존재는 대지의 힘에 묶여 있습니다. 하지만 사랑이 그 대지의 힘에 영원히 빨려 들어가지 못하게 합니다. 십자가가 대지 위에 서 있는 순간 대지는 십자가의 모든 존재를 사라지게 하려고 할 것입니다. 그러나 사랑이 그를 붙들어 묶어 매고, 인간 현존재도 거기에 함께 있도록 함으로써 하나님의 힘으로 묶여졌던 것들이 풀려지게 됩니다. 대지 위에 고정된 십자가는 단지 예수의 죽음만이 아니라 인간 현존재의 죽음을 내포하고 있기 때문입니다. 그래서 십자가는 구원의 공명(共鳴, Einklang), 죽음의 공명입니다. 십자가는 예수와 인간 현존재의 맞울림이 있는 곳입니다. 거기에는 예수의 울림만이 있는 것이 아닙니다. 예수의 구원의 울림 안에 인간 현존재의 구원의 울림이 있습니다. 따라서 십자가의 울림이 큰 만큼 인간 현존재의 구원의 울림 또한 크기 마련입니다. 그래야 대지 속으로 빨려들어가지 않고 구원을 위해 하늘로 솟구쳐 오를 수 있습니다. 대지는 죽음을 현실화하려고 끄잡아 내립니다. 하지만 대지와 하늘의 경계에 있는 십자가는 하나님의 힘으로 솟구쳐 오르려고 합니다. 하나님의 사랑만이 그렇게 십자가를 붙들 수 있고, 사랑만이 대지 속으로 가라앉는 인간 현존재를 붙들 수 있습니다.

사랑이 십자가를 붙드는(greifen) 것은 인간 현존재를 배제함이 없이 전부 포함시키는 것(begreifen)입니다. 그것은 동시에 우리를 부르신 하나님의 뜻을 파악하고(greifen) 이해(Begriff)하는 것입니다. 십자가는 그렇게 예수를 붙들고 인간 현존재를 구원합니다. 인간 현존재가 십자가를 붙들지 않으면 배제되는 것처럼 보이나, 사랑이 십자가를 붙들면 누구든 구원에서 소외되는 일이 없습니다. 더군다나 사랑에 의해서 십자가를 붙드는 사람은 하나님이 자신을 부르신 것을 깨닫게 됩니다. 붙드는 것은 결국 잡게 만든 이를 생각하지 않을 수가 없습니다. 십자가를 붙드는 것이 어리석음이라고 비아냥거릴 수 있습니다. 한낱 나무에 지나지 않으며 고통과 죽음의 상징이라고 조소할 수도 있습니다. 그러나 정작 십자가를 붙들지 않으면 이해할 수 없으며, 예수의 고통과 죽음의 개념(Begriff)조차도 모순덩어리인 것처럼 느껴질 것입니다. 하지만 십자가를 붙드는 사람에게는 하나님의 지혜 안에 있습니다. 그것은 '왜'(warum)라는 물음 너머에서 하나님만의 방식(Weise)인 지혜(Weisheit)이기 때문입니다. 구원의 방법(Weise)인 '어떻게'(wie)를 넘어서서 왜?까지도 물음의 영역 안에 넣지 않고 무조건적인 구원을 감행했다는 것이 하나님의 지혜입니다. 더군다나 가장 저주스러운 방식, 가장 어리석다는 방법에 대해서 적대자의 물음을 극복하고 하나님 자신의 지혜가 십자가가 되었다는 것(십자가를 통해서 나타났다는 것)은 그리스도교의 위대한 복음이 아닐 수 없습니다.

십자가 사건은 하나님이 하신 일입니다. 그러니 약해보인다고 생각할 수밖에 없습니다. 하지만 그것은 사람이 생각하는 것만큼 약하지 않습니다. 약하다(schwach)는 것을 병약(krank)해 보이는 것처럼 착각, 오해할 수 있습니다. 하지만 하나님의 약함은 오히려 미약(Liebestrank), 즉 십자가를 반하게 만드는 약함입니다. 그런 의미에서 하나님의 약함은 사람의 힘보다 강합니다. 약해보이는 십자가가 하나님과 인간 현존재의 시초의 관계로 되묶어놓기 때문입니다.   (1고린 1,18~25)

고통의 자비

매일 삶을 살다보면 나의 삶이 축소되는 것은 아닐까 하는 의문이 들기도 합니다. 어린 나이일 때에는 삶이 무척 커 보이고, 그 삶을 다 살아내려면 많은 노력과 시간이 필요하다는 생각을 하게 됩니다. 그런데 나이가 점점 먹어갈수록 삶의 반경은 작아지고 삶에서 오는 무게와 고통은 더 심해집니다. 삶의 짐이 무거워질수록 세계와 타자에 대한 죄와 잘못은 더 많아집니다. 본질은 퇴색되고 하늘을 향한 마음은 자꾸 현실로 향하게 됩니다. 횔덜린은 〈신들〉이라는 시에서 말합니다.

"그대 말없는 천공(天空)이여! 그대는 언제나
고통 중의 내 영혼 지켜주노라, 또한
헬리오스여! 그대의 빛살 앞에서
나의 격분한 가슴 용감성으로 세련되도다."(51)

우리의 신앙과 삶은 동전의 양면입니다. 결코 서로 분리될 수가 없습니다. 그렇다면 본능적인 욕망, 즉 몸이 원하는 삶의 방식은 신앙과 삶에서 행복이기보다는 고통입니다. 욕망, 즉 주이상스는 끝내 만족될 수가 없기 때문입니다. 만족될 수 없는 욕망을 추구하는 인간의 영혼을 지켜주기 위해서 하늘은 고통을 스스로 감내

하였습니다. 우리가 이겨내고 극복하기 위해서 고통을 자처해야 함에도 불구하고 고통은 하늘의 몫으로 돌린 것이 우리의 신앙과 삶의 결과입니다.

하늘의 진노는 하늘 자신의 고통입니다. 진노하고 싶어서가 아닙니다. 진노가 하늘의 성정이어서도 아닙니다. 하늘의 진노가 아니면 그 진노는 고스란히 인간의 몫이 되기 때문입니다. 그래서 하늘은 진노의 고통을 자신의 고통으로 끌어안고 인간을 죽음이 아닌 삶과 생명으로 구원한 것입니다. 하늘의 고통과 하늘 자신의 진노는 그리스도를 살게 하였을 뿐만 아니라 인간을 살게 하였습니다. 하늘의 은총과 그 빛은 인간으로 하여금 죄의 고통으로부터 벗어나게 하였습니다. 하늘은 그리스도의 생명과 인간의 생명을 동일하게 생각했습니다. 하늘의 빛살은 인간이 지닌 고통과 죄의 격심함을 상쇄하고 두루두루 사랑과 은총을 비추었다는 것을 잘 알아야 합니다. 그럼에도 우리는 죄의 격함, 그로 인한 분격을 승화시키지 못합니다. 모든 죄와 죄책 그리고 잘못은 고스란히 하늘에게 지우고 우리는 하늘의 은총으로 자유로워졌다고, 해방이 되었다고 선언을 해버립니다. 횔덜린이 말하듯이, "나의 격분한 가슴 용감성으로 세련되도다"라는 의미를 현실화시키지 못하는 것입니다.

하늘이 은총의 세련됨으로 인간을 구원하였다면, 인간도 신앙적 결단에 의한 세련됨이 있어야 마땅합니다. 신앙의 세련됨, 세련된 신앙의 구체적인 표현은 그리스도와 인간을 동급으로 간주했다는 사실인데, 그렇다면 동급의 구원과 생명을 부여받은 우리는 어떤 세련됨이 있어야 하는 것일까요? 사도 바울로는 하나님의 은총의 극치를 '하늘에서 그리스도와 우리를 한자리에 앉게 해주었다'고 표현합니다. 하늘에서는 그리스도가 더 큰 자리를 앉아야 하는 게 마땅한 일이거늘, 하나님은 인간도 동등한 자리, 큰 자리에 앉게 해주었다는 것입니다. 하나님은 자신의 진노의 고통을 끌어안은 것은 물론이거니와 인간에 대한 진노를 거두시고 그리스도와 동등한 자리에 있게 하였습니다.

삶에서 자리에 대한 다툼은 비일비재하게 일어납니다. 자리는 생존의 다툼이 일어나는 투쟁의 장소이기 때문입니다. 그러나 신앙에서 자리는 단순한 위치나 지위가 아닙니다. 그것은 세련되고 고상한 신앙인에게 주어지는 영예요 영광의 상징입니다. 신앙적으로 죄를 극복하고 자신의 삶을 잘 가다듬으며 훌륭한 신앙인으로서 전혀 어색한 데가 없는 것, 그것이 신앙적 세련됨입니다. 우리가 그렇게 세련된 신앙인으로 등극할 수 있었던 데에는 분명히 하나님의 은총과 자비가 있었습니다. 욕망으로 성취되는 자리, 여전히 그리스도인은 경쟁을 하듯이, 세속적인 방식으로 신앙의 영예로운 자리를 탐합니다. 하지만 신앙인에게 준비된 자리는 오직 하나님의 은총과 자비에 의해서 마련된 것임을 명심해야 합니다. 우리의 노력과 열심 그리고 가시적인 신앙적 패턴에 의해서 형성된 자리가 아닙니다. 하나님이 우리의 영혼을 지키고 하늘의 은총의 빛이 만방에 비추어 이루어진 자리라는 사실을 생각한다면, 우리가 지금 누리는 구원의 은총은 매우 값비싼 가치입니다. 횔덜린은 또 이렇게 노래합니다.

"그대들 선한 신들이여! 그대들을 알지 못하는 자 불쌍하도다.
그의 거친 가슴 안에 불화 결코 쉬지 않고
그의 세계는 밤이며, 어떤

기쁨도 어떤 노래도 그에게 번성하지 않도다."(51)

　피천득의 『인연』이라는 수필집에 보면, 〈기도〉라는 글에 이런 말이 등장합니다. "빵에 잼을 많이 발라 주세요" 하고 기도하는 프랑스 아이가 있더랍니다. "예수의 이름으로 비옵나이다" 하고 우리는 기도의 끝을 맺습니다. 어찌 "부자가 되게 해 주십시오" 하는 기도를 드릴 수 있겠습니까." 하나님을 모르는 인간의 군상을 나무라는 듯한 글입니다. 욕망에 따라서 살려고 하는 사람에게는 하나님의 자비나 구원의 선물이 크게 보일 리가 없습니다. 그런 사람들은 하나님 따위가 인간의 삶에 풍요를 가져다주었다고 생각하지 않습니다. 사람들은 삶의 어두운 터널들만 봅니다. 터널 끝 그리고 짙은 어두움이 드리워진 밤 끝에는 반드시 밝은 태양이 떠오를 것이라고 믿지 않습니다. 어두운 동굴 안에 있으면 어두움조차도 어두움이라고 말할 수 없습니다. 어두움이 전부라고 생각합니다. 어두움은 빛이 없으면 어두움을 어두움이라고 규정할 수 없습니다. 반대로 빛을 빛이라고 규정할 수 있는 것은 어두움 때문이기도 합니다. 다시 말해서 빛은 자신을 알기 위해서 어두움이 필요할 따름입니다. 어두움이 빛의 거울이라는 말입니다. 그렇다고 해서 어두움이 빛을 이긴 것이 아닙니다. 결코 어두움은 빛을 이긴 적이 없습니다. 오히려 어두움은 빛에 종속되어 있습니다. 욕망의 어두움 속에 있을 때는 하나님의 은총과 하나님의 기쁨과 하나님의 자비와 하나님의 선물을 인식할 수 없습니다. 하나님을 모르면 인식의 세계조차도 밤에 불과합니다. 투명하지 않으니 하나님을 빛으로 본다는 것이 불가능할 수도 있습니다. 횔덜린은 말합니다.

"오로지 그대들만이, 영원한 청춘으로

그대들을 사랑하는 가슴 안에 어린아이의 감각을

기르시고, 근심과 방황 속에서

정령이 비탄으로 지내는 것 결코 그냥 두지 않으시도다."(51)

하늘은 우리 안에 어린아이의 감각을 심어놓았습니다. 그것을 사도 바울로는 "우리는 하나님의 작품"이라고 말하고 있습니다. 하늘의 구원 행위로 인간은 다시 순수한 마음을 회복할 수 있게 되었습니다. 어린아이의 감각은 꾸밈없음과 솔직함입니다. 아이들이 선한 게 괜히 선한 게 아닙니다. 말을 꾸미지 않기 때문입니다. 구원이 고통스러운데, 그것을 자비로운 고통으로 부를 수밖에 없는 것은, 우리도 꾸미지 말아야 하기 때문입니다. 다시 말로 죄를 짓거나 말로 지은 죄에서 벗어나기 위해서 거짓 행동으로 꾸미기 때문에 죄의 굴레에서 영원히 벗어날 수가 없습니다. 말로 꾸미는 것은 우리가 창조의 작품이 아니라는 뜻입니다. 하나님의 작품은 모방이 아닙니다. 그의 작품은 무로부터의 창조(creatio ex nihilo)입니다. 태초의 말은 순수한 무에서 오로지 신에 의해서만 발설이 되었습니다. 말은 꾸밈이 아니라 그야말로 그 자체로 창조였습니다. 말, 즉 로고스가 이상으로 있다가 신이 발언을 하는 순간 현실이 되었습니다. 말은 순수한 가능태였습니다. 무엇이 될 줄 알고 있으면서도 아직 나타나지 않은 것이었으니, 말은 하나님만이 가진 영역이었습니다. 어린아이가 말을 하는 것이 신비로운 이유도 신의 영역 안에 있던 말소리를 내기 때문입니다. 꾸미지 않은 말, 말의 감각, 소리의 감각을 표현하기 시작하면서 우리는 태초의 타락을 갱신하고 하나님의 영역 안에 있음을 확인하게 됩니다.

구원은 그렇게 예수 그리스도를 통해서 어린아이의 감각을 회복하는 하나님의 위대한 작품 행위입니다. 그러니 삶에 대해서 근심하고 방황할 이유가 없습니다. 비탄에 잠길 필요가 없습니다. 우리는 어린아이의 감각을 내 안에서 기르고 있는 이의 발견, 즉 구원자를 찾기만 하면 됩니다. 만일 모든 사람들이 하나님이 심어 놓은 어린아이의 감각을 재발견한다면, 개인의 구원뿐만 아니라 세계의 구원까지도 가능할 수 있을 것입니다. 그럼에도 그러지 못하는 것은 여전히 우리가 하나님에 의한 어린아이의 순수한 감각을 찾지 못하고, 말과 행동을 꾸미기에 바쁘기 때문입니다.

구원은 고통스럽습니다. 아니 구원을 유지하는 것은 더욱 고통스럽습니다. 하나님의 자비로운 고통은 바로 이것입니다. 모든 사람들이 어린아이의 감각을 가지고 하나님의 솔직한 말, 꾸미지 않은 말, 진정성이 있는 말, 사랑하는 말, 상호의존적인 말로 태초의 근원적인 말을 하기를 바라는 것입니다. 그뿐만 아니라 그것이 곧 하나님의 작품으로서의 새로운 인간으로 태어나서 살아가는 길이라는 것을 깨닫기를 바라는 것입니다. 그래서 '구원은 자비이면서 동시에 고통입니다.' 구원의 선물 증여자와 구원을 받은 자의 유지와 보존의 긴장 관계 때문에 말입니다. (에페 2,1~10)

———

신앙의 산고(産苦)

신앙적 삶을 산다는 것이 편한 일이었으면 하는 생각이 들 때가 있습니다. 그래서인지 신앙이 거추장스러워져 더는 무엇을 믿는다는 관념이나 삶을 이어가기 싫을 때가 있습니다. 그때란 다름아닌 신앙 때문에 고통과 순종을 감내해야 할 순간이나 시기가 아닌가 싶습니다. 차라리 신앙이 없다면 고통과 순종이라는 것이 아무런 의미가 없으니, 회피를 하면 그만이니 말입니다. 하지만 그리스도인이 되어 하나님을 믿고 예수를 따르기로 작정한 이상 고통과 순종을 대하는 태도는 신앙이 있느냐 없느냐의 척도가 되기도 합니다. 그럼에도 어느 상황에서는 오히려 신앙이 있는 사람에게는 고통도 없어야 하고 하나님께 순종하지 않아도 신앙이 없는 사람보다도 더 평탄하고 순조로워야 하지 않을까 하는 생각도 가져봅니다. 그런데 신앙을 갖고 생활한다는 것이 그렇지 않다는 것을 깨닫게 됩니다. 왜냐하면 고통이란 신앙이 있고 없고를 떠나서 삶을 살아가는 모든 사람들의 일반적인 경험이고, 누군가에게 순종한다는 것은 다반사로 일어나는 것이 내가 속한 사회 혹은 국가에서의 나 자신의 모습이기 때문입니다. 다만 신앙인의 고통과 순종의 의미 그리고 그 의미의 지향성이 누구인가 혹은 어디인가 하는 것이 다를 뿐입니다.

성서에서는 그리스도가 대사제가 된 것이 스스로 그렇게 된 것이 아니라고 말합니다. 영광스러운 자리를 차지하게 된 것은 그조차도 하나님이 마련해 주신 자리일 뿐입니다. "너는 내 아들, 내가 오늘 너를 낳았다"라는 선언은 그가 만인의 그리스도요 인류의 구세주가 된 결정적 사건으로서, 그것은 하나님의 낳으심, 하나님의 산고를 통해서 나은 덕택이라고 말하는 것입니다. 횔덜린은 〈고향〉이라는 시를 통해서 그것을 이렇게 드러냅니다.

"사공은 잔잔한 강어귀로 기쁨에 차 돌아오네.
거둠이 있어 먼 섬들로부터.

그렇게 나 또한 고향에 가리. 고통만큼
많은 재화들 거두어들였다면.

너희들 정다운 해변, 한때 날 길러준 너희들
사랑의 고통을 씻어줄 것인가. 아! 너희
내 젊은 날의 숲들 내가 돌아가면
다시 한 번 평온을 나에게 주리라 약속하는가?"(54)

고통과 돌아감. 결국 사공이 고향으로 돌아갈 수 있었던 것
은 바다가 길러준 고통 덕택이었다는 고백입니다. 만선의 낳음은
바다가 사공에게 그만큼을 낳아 주지 않는 이상 돌아갈 마음을
갖게 할 수 없을 것입니다. 거기에는 고통이 수반되는 과정이 촘
촘히 박혀 있습니다. 파도와 사투를 벌여야 하고 시시때때로 변
하는 날씨와도 싸워야 하는 고통스러운 경험은 사공으로 하여금
바다가 낳아준 또 다른 기쁨을 안고 돌아오는 원인입니다. 마찬
가지로 그리스도의 영광스러운 자리는 하나님의 낳아주신 고통
으로 이루어진 결과입니다. 그리스도가 영광스러운 대사제가 될
수 있었던 것은 고통을 겪고 그로써 하나님에 대한 순종이 확인
되는 경험이 없이는 불가능하였습니다.
　당연히 그리스도인의 고통과 순종이라는 경험도 신앙의 고향인
하나님께로 돌아갈 신앙의 필연적 과정이 아니면 신앙인으로서의
의미 또한 없을 것입니다. 다시 말해서 고통과 순종은 하나님이
그리스도를 낳았듯이 그래서 그리스도가 스스로 자신의 하나님
에 대한 신앙적 지향성을 입증하였듯이, 그리스도인도 그리해야
한다는 사실입니다.　하지만 왜 내게 고통이 있어야 합니까? 왜

내게 가혹하고 무심할 정도로 순종을 요구하십니까?라는 물음을 던지는 것이 그리스도인의 일반적인 태도입니다. 성서는 그에 대한 해답을 제시합니다. 하나님이 그리스도를 낳으신 고통과 그리스도가 하나님께 순종으로 증명한 신앙의 고통이 바로 그리스도인이 어떤 신앙적 삶을 살아야 하는가를 일러준다는 것입니다. 그래도 다행스러운 것은 시인의 표현처럼 나에게 평온을 느끼게 해줄 "젊은 날의 숲"이 존재한다는 사실입니다. 고통을 당하면서, 고통스러운 상황에 처하면서 순종의 삶을 살아야 하는 신앙인을 품어 줄 존재는 우리가 그토록 원하는 하나님의 품입니다. 한때 순수하고 청아한 마음으로 있었던 날 만났고 거주했던 곳, 그 신앙의 자리인 하나님의 품, 그곳이 그리스도인에게 있어 젊은 날의 숲이라고 말할 수 있을 것입니다. 삶을 살다가 우연히 다가온 고통은 그렇게 다시 젊은 날의 숲을 떠올리게 될 것이고, 그 순간에 고통 또한 사랑의 고통으로 인식하게 됩니다. 그 고통을 이겨냄으로써 하나님이 그리스도를 낳으신 것처럼 나를 늘 새롭게 낳으신다는 믿음을 가진다면 고통조차도 사랑의 고통으로 받아들이게 된다는 말입니다. 하나님이 나를 낳으시지 않으면 나는 매일 새로울 수가 없습니다. 매순간 당신이 산고의 진통을 겪으면서도 나를 낳으신다는 것이야말로 사랑이 갖고 있는 고통의 본질입니다. 나를 신앙적으로 새롭게 낳으시려는 고통을 깨닫게 된다면, 지금 내가 겪는 고통쯤은 내가 삶에서 새로운 존재로 태어나기 위한 신앙적 과정이요 경험이구나 하는 믿음이 생깁니다.

이때에 고통을 거부하는 부정적인 자세, 고통에 대한 회의적인 마음, 고통을 겪으면서 생기는 허무적인 생각들이 하나님이 나를 새롭게 낳으시려고 하는 과정이요 경험이구나 하고 받아들이면서 그리스도의 순종과 일치시키게 됩니다. 횔덜린은 또 이렇게 말합니다.

> "내 물결의 유희를 바라다보던 시원한 시냇가,
> 미끄러져가는 배들을 바라다보던 강가
> 그곳에 내 곧 가리니, 한때 나를 보호해준
> 너희들 친근한 산들, 고향의
>
> 숭고한 튼튼한 경계, 어머니의 집,
> 사랑하는 형제자매들의 포옹
> 내 곧 반겨 맞으리니, 또한 너희들 나를 에워싸
> 마치 붕대로 감싸듯 내 마음 낫게 하리."(54)

삶의 고통을 충분히 맛본 그리스도인은 신앙의 고향으로 돌아갈 마음으로 설렙니다. 아니 삶의 고통이 끝난 것은 아니지만, 그래서 어느 때고 다시 삶의 고통이 나를 괴롭게 할지 알 수 없지만, 그래도 신앙의 고향을 그리게 됩니다. 고통을 겪은 나를 보호해 줄 숭고한 존재, 그분은 어머니와도 같은 존재입니다. 거친 풍랑과 맞서 싸우며 온갖 예측불허의 고통을 겪은 신앙인을 따뜻하게 포옹해 줄 존재 그리고 그와 같은 고통 속에서 생긴 상처들을 싸매 줄 존재, 그분은 하나님이십니다. 그럼에도 횔덜린은 이렇게 덧붙입니다.

> "너희들 충실히 머무는 자들이여! 그러나 내 아노니, 알고 있나니,
> 사랑의 고통 그리 쉽게 낫지 않음을.
> 유한한 자들이 위안하며 부르는 어떤 자장가도

나의 가슴으로부터 울리지 않으리."(54~55)

2009년 노벨문학상을 수상한 헤르타 뮐러(Herta Müller)의 작품 〈숨그네〉는 2차 세계대전이 끝난 직후 루마니아에서 소련 강제수용소로 이송된 17살 독일 소년의 삶을 밀도 있고 섬세하게 그려낸 작품으로 평가받았습니다. 거기에는 이런 내용이 등장합니다. "수용소에는 수건 종류가 많았다. 삶은 이 수건에서 저 수건으로 흘러갔다. 발싸개에서 세수수건으로, 빵 보자기로, 명아주 베개 싸개로, 방문판매용 보자기로, 드물게는 손수건으로까지. ... 나는 거기 있는 사람이 나라는 게, 내가 그녀의 아들이 아니라는 게 고통스러웠다. ... 나는 손수건이야말로 수용소에서 나를 보살펴준 단한 사람이었다고 한 점 부끄러움 없이 말할 수 있다." 수용소에서의 단면을 묘사한 것이지만 그 속에서의 삶의 고통을 엿볼 수 있는 대목입니다. 소설 속의 어린 인물이 미처 예측하지 못한 고통을 어떻게 받아들이고 인식했는가에 대한 묘사는 자못 흥미롭습니다. 살아가면서 그러한 고통은 쉬 낫지 않을 것입니다. 어쩌면 치유되기도 어려울 수 있습니다. 오죽하면 횔덜린이 말했다시피, 위안을 주는 자장가조차도 가슴을 울리지 않을까요. 설령 그렇다 하더라도 고통을 성스러운 고뇌로 볼 수는 없는 것일까요? 횔덜린은 마지막에 이렇게 울림을 줍니다.

"천상의 불길을 우리에게 건네준 이들,
그 신들은 성스러운 고뇌를 또한 우리에게 안겨주었기 때문,
그 때문에 고통은 여전한 것, 나는 대지의 아들로
사랑하도록 지어져 또한 고통하는 듯 하노라."(55)

인간이 겪는 고통 역시 신이 우리에게 안겨준 성스러운 고뇌라는 것이 횔덜린의 생각입니다. 과거에도, 현재에도, 그리고 미래에도 고통이 있을 수밖에 없는 것은 내가 하나님의 고통으로 새롭게 태어날 존재이기 때문입니다. 늘 새롭게 태어나 좀 더 완전한 그리스도인의 모습을 갖추기 위해서 우리는 고통과 그 고통을 받아들이는 과정과 경험을 체득해야 합니다. 그것이 그리스도의 완전입니다. 그리스도의 완전에 가깝게 다가가기 위해서 모든 고통의 과정과 경험을 성스러운 고뇌로 승화시킬 수 있는 그리스도인이 되어야 합니다. 그리스도가 하나님의 아들이었지만 고난을 통해서 순종을 배우셨고, 그로 말미암아 완전하게 되었습니다. 그리스도의 완전은 고통과 순종이라는 신앙적 체험을 통해서만 가능하다는 것을 알게 해줍니다. 더욱 중요한 것은 그와 같은 성스러운 고뇌를 자신의 몸으로 체득한 그리스도가 종내는 인류를 구원하는 존재가 되었다는 것입니다. 그렇기 때문에 그는 하나님과 인간의 중보자입니다. 고뇌의 궁극은 구원입니다. 따라서 지금 고통스러운 것은 하나님이 내 안에서 새롭게 탄생하기 위한 신호라는 것을 알아차려야 할 것입니다. 그래서 고통은 내가 겪는 것도, 외부에서 주어지는 것도 아닌 하나님 자신의 고통이라고 말할 수 있습니다. 인간이 처한 유한한 삶의 고통스러운 산도를 빠져나오는 매순간은 하나님의 결심이기도 하다는 것입니다. 그런 의미에서 대지에서 살아가는 인간에게 삶이 있는 한 고통이 있고, 고통이 있는 한 사랑의 구원이 있는 법입니다. 그것이 사랑하고 사랑받기 위해서 태어난 운명과도 같은 인간의 상태입니다.

고통은 그렇게 하나님이 예수를 통해 나를 치열한 삶으로(혹은 삶이 있는 이쪽으로) 불러세우는(Herstellung) 동시에 하나님을 향한 신앙으로 열어세우는(Aufstellung) 일상의 삶입니다. 그것이 예수가 겪은 고통을 신앙과 일상의 눈으로 봐야 할 지점입니다.

(히브 5,5~10)

그리스도인의 이별의식

옛말에 회자정리(會者定離)라는 말이 있습니다. 하지만 사람들은 서로 헤어질 것을 알면서 왜 만나는 것일까요? 사람이 누군가를 만난다는 것도 우연이라고 하기에는 쉬운 일이 아니듯이 헤어지는 것도 맘처럼 되지 않습니다. 필자는 신약성서에서 "여러분은 그리스도 예수께서 지니셨던 마음을 여러분의 마음으로 간직하십시오"라는 구절을 매우 좋아합니다. 실상 그리하지 못하지만 왠지 이 말을 대하면 나의 신앙의 좌표가 되어 흔들리지 않는 신앙인이 될 것 같은 생각이 들기 때문입니다. 어쩌면 필자에게 있어 예수와의 만남은 그와 같은 매력적인 삶을 살고자 하는 욕망이나 의지가 있었기에 가능했던 것인지 모르겠습니다. 그런데 그리스도인으로서의 이별이라는 것도 똑같은 방식으로 이루어집니다. 교회를 떠나는 것이 이별이 아니라 예수의 마음을 간직하지 못하는 것이 이별의식이라는 말입니다. 이는 예수와 반대로 사는 것을 의미합니다. 횔덜린은 〈이별〉이라는 시에서 이렇게 읊조립니다.

"우리는 헤어지려 했는가? 그리함이 좋고 현명하다고 생각했는가? 그렇다면 어찌하여 우리의 헤어짐이 마치 살인이나 되듯이 우리를 놀라게 했던가?

아! 우리는 우리 자신을 거의 알지 못하니
우리 마음 가운데 하나의 신 지배하기 때문이다.

그 신을 배반했던가? 아, 우리에게 맨 처음 모든 것을,
감각과 생명을 지어준 그, 우리들 사랑의
영감에 찬 수호신인 그에게
내가 하나의 배신을 저지를 수는 없노라."(61)

　　예수가 인류의 구원자로 추앙을 받고 많은 사람들에게 소개가
되는 이유는 그가 적어도 자신의 것, 신과 같은 지위를 다 내려놓
고 우리와 똑같은 신분이 되었다는 데에 있습니다. 사람들과의 처
음 만남은 그렇게 참 인간으로서의 표본으로 자신의 모습을 드러
내었습니다. 그 안에 하나님이 지배하고 있었지만, 그 권위나 힘
보다도 더 중요하게 여긴 것은 인간과의 만남, 즉 구원을 위한 만
남을 위해서 자신의 욕망과 이별을 했다는 점입니다. 그러므로 그
리스도인도 다른 그 무엇보다 자신의 내면에 있는 신의 지배를
어떻게 느끼고 있는지 생각해봐야 합니다. 그리스도인의 마음에
신이 지배한다면 내려놓음부터 배워야 합니다. 신의 지배와 상충
되는 것들이 있다면 그것들과 이별하는 것이 신앙생활의 급선무
입니다. 우리에게 맨 처음이 되어 주었던 존재, 생명이 되어 주었
던 존재를 통해서 새로운 삶을 살아갈 수 있었다면, 나의 마음은
이미 하나님이 지배한다는 것을 잊지 말아야 합니다. 다시 말해서
이별을 해야 할 것은 신의 지배와 반대되는 마음이요, 새롭게 만
나야 하는 것은 낮춤과 순종입니다. 그것을 반대로 여기는 것은
신앙의 배신이요 예수와의 이별을 감행하는 것이나 다름이 없습

니다. 횔덜린은 말합니다.

"그러나 인간의 감각은 다른 과오를 생각하고
다른 무자비한 봉사와 다른 권리를 행하니
일상의 관습은 나날이
우리의 영혼을 앗아가도다.

그렇다! 내 이전부터 알 수 있는 터. 모두를
뿌리 깊은 마음이 신들과 인간들을 갈라놓은 때로부터,
사랑하는 자들의 마음 피로 갚음하고자
죽어가야만 하도다."(61)

지금 우리의 삶은 정신이나 영혼과는 다른 방향으로 전개되고
있습니다. 영혼은 갈기갈기 찢기고 정신은 퇴보하고 있으며, 사유
는 멈춰 있는 듯합니다. 사람들은 자신의 영혼마저 버리면서 더
맑은 영혼을 간직하기 위해서 고군분투하지 않습니다. 자신이 마
치 신이 된 것인 양 삶의 등급을 함부로 매기고 습관적으로, 무
의식적으로 이미 정해진 삶의 틀을 무비판적으로 답습합니다. 그
것이 하나님과 인간을 갈라놓는 결정적인 삶의 방식이라는 것을
잘 모릅니다. 예수는 인류의 구원을 위해서 자신의 영혼과 거룩한
신분과도 이별을 하고, 인간을 하나님과 새롭게 만나도록 했습니
다. 하지만 인간은 그와 반대로 하나님과는 이별을 하고, 습관
적인 삶과는 지속적으로 관계 맺으면서 영혼이 죽어가는 줄을 모
르고 있습니다. 결코 예수는 하나님과 동일해지려고 하지 않았습
니다. 오히려 죽음을 통해서 인간이 지닌 고통과 삶의 질곡을 짊
어지고 더 적극적으로 하나님의 지배와 구원의지에 노예의 순종

으로 본을 보여주었습니다.

많은 사람들이 지위나 명예의 욕망, 신분의 상승, 물질적 부의 추구를 통해 이 사회에서 신과 같은 권위나 권력을 얻고자 합니다. 신앙의 이별과 참된 신앙의 만남이 무엇인지 아직도 모르는 것입니다. 예수는 우리가 생각하는 것과는 반대 논리를 말하고 행동했습니다. 횔덜린이 말한 이 말이 고스란히 그의 삶이 되었다는 것을 증명이라도 하는 듯합니다.

"나로 하여금 침묵하게 하라! 오 지금부터 결코
이 죽음에 이르는 것 보이지 않도록 하라, 하여
평화 가운데 고독으로 숨어들어
비로소 이별이 우리의 것이 되도록!

그대 손수 나에게 잔을 건네주어라, 하여 그 구원의
성스러운 독약 가득한 잔, 레테의 음료 담긴 잔을
내 그대와 함께 마시어, 모든
증오와 사랑 다 잊히도록!"(62)

진정한 신앙의 이별은 무엇인가요? 예수는 인간의 구원을 위하여 하나님의 지배 아래 있으면서 인간의 한계까지도 감내하였습니다. 증오와 욕망적 사랑까지도 다 잊고 오로지 죽음으로 지극한 겸손을 보여주었습니다. 이처럼 신의 자리나 신의 지배 영역에는 증오와 욕망적 사랑이 들어설 곳이 없습니다. 사람들이 습관적으로 생각하는 곳에는 신앙의 진정한 모습이 보이지 않습니다. 거기에는 다만 신과 같은 자리를 탐하고, 자신의 한계를 넘어선 자리에 욕망의 마음만이 꿈틀대고 있기 때문입니다. 그러므로 묵묵한 침묵으로 자신이 만나야 할 신앙의 자리, 자신이 만나야 할 존재가 누구인가를 확인하는 것이 이별 연습을 하는 것이고 그 이별 의식을 통해 예수와 같은 삶의 방식을 닮아나가야 합니다. 횔덜린은 또 이렇게 노래합니다.

"내 사라져가련다. 어쩌면 내 오랜 시간 후 어느 날
디오티마여! 그대를 보게 되리. 그러나 그때는
소망은 피 흘려 스러지고 복된 자들처럼
평화롭게. 우리 낯설지만,

평온한 대화가 우리를 이곳저곳으로 인도해가리라,
생각하며, 머뭇거리며, 그러나 이제 잊은 자들을
여기 이별의 장소가 붙들어 잡고,
우리들 가운데 가슴은 따뜻해지리라."(62)

예수가 이 세상에서 추구할 수 있었던 삶의 방식과 결정적으로 이별하게 되는 장소는 바로 십자가였습니다. 십자가는 구원의 장소이지만, 동시에 결별과 고별의 장소입니다. 구원을 위해서는 반드시 버려야 하는 것이 있습니다. 죄는 물론이거니와 하나님의 지배 아래 있지 못하도록 하는 모든 것들과는 단호하게 상별(相別)을 해야 합니다. 세계와의 대화, 하나님과의 대화, 그리고 인간과의 대화는 그렇게 이루어집니다. 언어만이 대화가 아닙니다. 십자가가 상징하고 있는 이별의 조건, 이별의 요소들과 선을 긋는 것조차도 신앙의 이별 텍스트로 읽힐 수 있습니다. 비종교인에게 있어 십자가란 한갓 예수가 수난을 당한 장소로만 읽힐지도 모릅니다. 하지만 그리스도인에게는 십자가야말로 세상에서 추구하는 삶의 요소나 방식을 포함한 모든 것들과의 이별을 뜻한다는 측면에서 구원의 예수, 하나님의 자비와 만나는 장소입니다. 하나님은 십자가에서 자신을 죽음으로 보여준 예수의 순종을 통하여 현양하시고 만방에 이름을 드높이십니다. 그러므로 습관적인 신앙의 포기나 나의 세속적 가치와의 이별은 자연스럽게 나의 새로운 신앙의 이름, 신앙의 명명과 만나게 됩니다. 이름을 드높이는 것은 실제의 나의 이름이 아니라 신앙의 명명으로서 하나님의 알림이요 십자가를 통하여 지금까지 잊혀졌던 새로운 가치들을 상기시키는 것입니다. 그것은 평화요 사랑이요 겸손으로서 하나님의 보이심, 하나님의 나타나심입니다.

십자가의 장소는 신앙의 만남과 이별, 관계의 단절과 청산이 교차되는 사건이 발생하는 곳입니다. 그래서 횔덜린은 마지막에 이렇게 노래합니다.

"놀라워하며 나 그대를 보고, 목소리와 감미로운 노래,
옛 시절에서부터 울리는 듯 나는 현금의 탄주 들으며,
자유로워져 바람 가운데서
우리들의 정신은 불꽃 안으로 날아오르리라."(62~63)

십자가의 정신은 만남과 이별, 이별과 만남의 대극점을 통하여 예수는 주님이시며, 하나님은 자비로우신 분이라는 것을 드러냅니다. 그러나 신앙은 만남과 사귐만 있지 않습니다. 하나님과의 만남과 사귐을 위해서는 버려야 할 것도 있습니다. 신앙적 삶에서 비우는 것, 포기하는 것, 놓아버리는 것이 결단코 삶의 부정적인 이별이 아니라 하나님을 품고 예수의 생명을 얻기 위한 신앙인의 실존적 결단이라는 것을 알아야 합니다.

예수가 신앙에 하등의 가치가 없다고 여기는 것을 버렸듯이, 예수가 세계의 것을 조금도 자신의 것으로 여기지 않았듯이, 그 마음과 의지를 뒤따라 배우는 신앙의 노래, 신앙의 목소리가 하나님의 영의 바람을 타고 바로 그곳 십자가에서, 우리의 마음속에서 끊임없이 울려 퍼져야 할 것입니다.   (필립 2,5~11)

부활의 실재

독일의 신학자 디이트리히 본회퍼(D. Bonhoeffer)는 『나를 따르라』(Nachfolge)라는 저서에서 이렇게 말합니다. "'그리스도와 함께' 사람이 되신 힘에 의하여 모든 인간은 말하자면 존재한다는 것이다. 예수는 전 인간성을 지니고 있고 그러므로 그의 생명과 그의 죽음 그리고 그의 부활은 모든 인간에게서 타당한 실재적 사건인 것이다." 예수의 실존은 우리와 동일한 사람이었다는 것, 그래서 그가 경험한 죽음과 부활은 모든 인간에게 보편적인 사건이라는 것입니다. 그리스도인의 실존은 그가 말한 바와 같이, "그리스도와 같이, 그리스도 안에 그리고 그리스도는 우리 안에 있다"는 것을 의미합니다. 예수와 함께 했던 제자들은 그를 통해서 하나님을 경험하였고, 동일한 신앙실존이 교회의 역사 안에서 예수에 대한 신앙경험으로 나타났습니다. 오늘날 누구라도 같은 신앙적 경험 안에 있다고 고백할 수 있는 것은 그리스도는 항상 우리와 함께, 우리 안에 존재한다고 하는 믿음 때문입니다. 그로 인해서 비록 부활의 현재적 사건을 목도한 것은 아니지만, 그 부활이 언젠가 실재적 사건이 될 것이라고 확신하게 되는 것입니다.

그리스도의 실존과 우리의 실존이 다르지 않다는 것을 말하는 것입니다. 그리스도의 몸을 지닌 우리 자신과 그리스도의 몸으로서 지속되는 교회라면, 우리 모두는 그리스도의 실존과 함께 하는 존재이기에 말입니다.

따라서 부활은 그리스도 안에서 우리 자신을 찾는 것입니다. 우리가 어디에 있으며 그리고 미래에 어디로 가야 하는가, 궁극적으로 어떤 존재로 변화될 것인가는 그리스도 안에서 발견해야 합니다. 우리와 같은 몸을 지닌 그리스도의 부활 경험은 미래의 우리 자신의 모습이기도 합니다. 제자들에게 나타나심, 곧 그리스도의 현존은 아직-오지-않은 우리의 다시 나타남을 예시하는 것이라고 볼 수 있습니다. 횔덜린의 〈이별〉이라는 시를 잠깐 살펴보겠습니다.

"내가 굴욕과 함께 죽는다면, 나의 영혼이
불순한 자들을 앙갚음하지 못한다면, 내가
수호신의 적들로부터 패하여
비겁한 무덤으로 내려간다면,

그때는 나를 잊어달라, 오 그때는 그대
착한 가슴이여! 나의 이름을 더 이상 추락에서 구하지 말라.
그때는 나에게 사랑스러웠던 그대
이 전에 얼굴을 붉히지 말라!"(296)

그리스도인의 부활 실존이란 굴욕과 함께 죽어간 그리스도의 실존을 극복하는 일입니다. 굴욕이라면 구원은 없습니다. 굴욕은 죽음을 망각하게 되는 것이고 그리스도의 죽음을 가볍게 여기게 만들기 때문입니다. 부활 사건의 가능태인 십자가의 죽음은 굴욕이나 수치의 사건이 아닙니다. 그리스도인이 기억해야 할 사건들 중에 가장 중요한 사건으로서 그리스도의 현존을 강하게 느끼는 사건입니다. 지금 여기에서의 그리스도의 현존은 십자가의 사건 뿐만 아니라 부활의 사건을 통하여 더 부각됩니다. 그런데 부활이 잊혀지는 사건이 되는 것은 무슨 연유일까요? 부활이라는 언어가 갖는 낯섦은 둘째치고라도 그리스도인에게 있어서 부활의 사건이 지닌 의미가 퇴색되고 있습니다. 가물거리는 부활, 기대가 없는 부활, 부활의 현존으로서의 예수조차도 망각되는 현실이 더 안타깝게 보입니다. 부활은 그리스도인의 실존적 사건으로서 예수의 인간 실존을 더 높고 더 멀리 들어 올린 것이라고 볼 수 있습니다. 다시 산다는 믿음도 중요하지만 과거 그리스도인이 생각했던 것처럼 그리스도의 실존을 자신의 동일한 실존으로 받아들이는 것이 중요합니다. 물론 자칫 부활이라는 것도 이익과 욕망에서 비롯되는 과잉의 확신이 될 수도 있습니다. 그러나 본회퍼가 말한 것처럼, 인간으로서의 그리스도의 실존, 즉 전 인간으로서의 그리스도의 실존을 나의 실존으로 받아들인다면 부활도 역시 나의 실존과 현실이 되는 것입니다.

그러기 위해서는 횔덜린의 시어에서 등장하는 것처럼, 예수의 죽음이 "비겁한 무덤으로 내려"간 것으로 보지 말아야 합니다. 무덤은 부활을 위한 주검이어야 하지 죽음을 구걸하는 비겁함의 상징이 되어서는 안 됩니다. 비겁한 무덤은 부활을 품고 있는 것이 아닙니다. 예수에게 죽음을 두려워하고 그 공포심으로 인류의 구원을 주저하는 비겁함은 조금도 보이지 않습니다. 무덤은 생명이고 용기이고 사랑이며 당당히 일어섬이기 때문입니다. 거기에는 그리스도의 실존을 어떻게 아로 새길 것인가와도 밀접한 연관이 있습니다. 만일 비겁하게 무덤을 향해 걸어 들어갔다면, 그야말로 그리스도의 죽음은 비굴함과 굴복 그리고 비겁함의 대명사가 되었을 것입니다. 또한 그의 이름은 고양되고 각인되어 오늘날까지 이어지지 않았을 것입니다. 그리스도의 실존은 추락하는 이름이 아닙니다. 횔덜린은 매우 간결하게 표현합니다. "나의 이름을 더이상 추락에서 구하지 말라." 그리스도의 이름과 추락은 동의어가 아닙니다. 그의 죽음은 자신의 이름값도 못하고 추락하는 것처럼 보일 수 있습니다. 하지만 그리스도라는 이름은 추락이 아니라 부활을 통한 현양이고 고양입니다. 그리스도의 죽음이 설령 추락이라고 할지라도, 부활은 추락이 아니라 다시 올림, 다시 일어섬, 다시 기억함을 통한 영원히 각명(刻銘)되어야 할 구원의 그리스도입니다. 횔덜린은 또 이렇게 말합니다.

> "그러나 내가 그걸 모르는 건가? 슬프도다! 그대
> 사랑스러운 수호의 정령이여! 그대로부터 멀리 떨어져
> 내 심장의 현들을 갈가리 찢으며 곧
> 죽음의 모든 망령들 유희하리라.
>
> 그처럼 오 대담한 청춘의 머릿단이여!
> 내일의 나보다 차라리 오늘 너를 빛바래게 하라.
>
> 고독한 갈림길에서
> 고통이 나를, 나를 살해자가
> 내동댕이치는 이곳에서"(296)

부활의 빈 무덤은 그리스도의 부재로 인해서 죽음의 망령들이

춤을 추도록 하는 장소가 아닙니다. 부활의 빈 무덤은 죽음의 망령들이 빛을 잃고 죽음이 부재하다는 것을 역설하는 장소입니다. 물론 3일이라는 시간조차도 빈 무덤 속에서는 길게 느껴지겠지만, 이미 그리스도의 실존적 죽음 안에서 시간은 부재한 것이니 그 기다림에는 지금 당장 죽음이 길게 드리워진 검은 빛은 소멸됩니다. 죽게 만든 자나 거반 죽도록 그에게 고통을 준 자나 모두 사흘이라는 시간 이후에 자신의 끊임없는 추문이 존재합니다. 그러므로 부활은 예수의 실존과 함께 하는 그리스도인과 함께 바로 거기에 있습니다.

십자가의 고통은 실재적 사건으로 인식하면서 정작 그것을 예수의 실존과는 별개로 나의 사건으로 받아들이지 않으려고 합니다. 반면에, 부활의 사건은 나의 실존으로 믿으려고 하는 것은 고통의 십자가를 나의 실존과 예수의 실존이 만나는 장소로 여기지 않기 때문입니다. 부활의 사건 안에는 나의 실존이 참여하고 반드시 그곳에 내가 있을 것이라는 믿음이 작용하기에 더욱 그렇습니다. 그러할진대 부활은 예수 실존과 나의 실존이 만나는 사건임에 틀림이 없습니다. 다시 말해서 부활의 빈 무덤에서 나를 찾는다는 것입니다.

사도 바울로는 우리를 살리신 사건, 즉 부활을 하나님의 일로 고백합니다. 예수의 부활 사건은 하나님의 개입에 의해서 이루어진 것입니다. 하나님은 자기의 아들을 소외시키는 대신에 인류의 생명을 재고하겠다는 의지를 예수 부활을 통해서 나타내었습니다. 심지어 하나님은 자신이 무능하고 잔인하다는 비난을 감수하면서까지 가장 아끼는 아들을 죽음으로 내몰았습니다. 하지만 그는 인류를 사랑하는 방식과 자신의 능력을 부활이라는 예기치 않은 사건으로 자기 자신의 정당성을 보여주었습니다. 죽음의 망령들이 아들의 죽음을 기뻐할 것을 뻔히 알면서도 사지로 내몰았지만, 그렇다고 끝까지 죽음의 망령이 기뻐하도록 내버려두지 않았습니다. 부활은 죽음의 망령을 슬프게 만들었고 죽음을 찬미하는 그들의 노래는 자신들을 위한 장송곡이 되도록 하였습니다.

그뿐만 아니라 시인의 말처럼 그들의 얼굴빛은 흑색으로 바래도록 하였습니다. 예수의 죽음은 인류를 잿빛으로 만드는 줄 알았습니다. 아니 좀 더 극단적으로 말해서 하나님 자신의 빛이 사라지는 줄 알았습니다. 예수의 죽음을 보고 세계의 살해자들이 인류를 영원히 고통의 늪으로 빠지게 해서 도저히 헤어 나오지 못하는 게 아닌가 절망하도록 만들었습니다. 하지만 하나님은 부활의 아침을 통해서 오히려 인류의 죄를 밝은 희망 아래 노출시키면서 영원히 살 수 있는 가능성을 열어놓았습니다. 죄로 인해서 완전히 내동댕이쳐진 인류를 가만히 두지 않고 예수를 믿기만 하면 구원을 얻을 수 있다는 희망을 인간에게 주신 실재적 사건, 그것이 부활입니다. 부활은 하나님이 인류를 얼마나 사랑하시는가를 스스로 증명해 보이신 사건입니다. 부활은 하나님이 우리 안에 그리고 예수가 우리와 함께 하고 있다는 것을 여실히 보여주는 사건입니다. 그럼으로써 인류는 그러한 은총과 자비의 사건인 부활을 통해 하나님의 마음을 더 가깝게 느끼게 되었고, 예수를 더 살갑게 만나는 계기가 되었다면 과언은 아닐 것입니다. 부활은 그렇게 우리의 비탄을 거두고 영원히 그리스도인의 신앙을 지키는 위대한 사건으로 속절없이(알지 못하는 사이) 성큼 다가왔습니다. 이제 그 부활을 우리가 몸으로 살아내 보여야 할 때가 되었습니다.

(1고린 15,1~11/ 사도 10,34~43)

제2장

신의 언어를 사유하는 고통
신의 언어를 사유한다는 것

신의 시원에 대한 사유

도대체 인간은 어디서 왔을까요? 진부한 질문 같습니다. 그런데 선뜻 대답을 할 수가 없습니다. 하물며 이와 같은 물음은 또 어떤가요? 그리스도는 어디서 왔을까요? 나의 시원(arche)에 대한 해답을 찾기도 어려운데, 그리스도교 개조(開祖)인 그리스도의 시원을 어떻게 해명할 수 있을까요? 1세기 그리스도인의 고민도 마찬가지였을 것입니다. 그리스도는 어떤 존재였을까요? 가장 일반적인 논증방법은 현재로부터 무한히 소급하여 우리의 사유나 추론 혹은 상상이 멈추는 지점이 아닐까 싶습니다. 그리스도교는 신앙의 대상인 그리스도가 이 세상이 존재하기 전부터 있었노라고 증언하고 있습니다. 말(logos)로서 존재한 그는 침묵과 소리 없는 사유의 언어로 있었을 것입니다. 그 자체로 사유를 하고 말을 지어낸 존재, 그 말로 이 세상을 창조한 존재, 그 말은 곧 시원을 의미했습니다. 말을 뱉는 순간 세상이 존재하였고, 말은 소리를 담고 말이 직접 이 세상의 소리의 근원이 되었습니다. 그러므로 말은 생명을 창조한 모체였고 신과 인간 그리고 모든 피조세계가 의사소통을 하는 매개체로 작용할 수 있었습니다. 말은 그래서 처음, 즉 아르케였습니다. 말이 없이 어떤 것도 지시하거나 관념화할 수 없습니다. 지시의 대상이 존재하기 위해서는 말이 붙어주어야 합니다. 명명되는 말은 항상 대상의 근원입니다. 횔덜린은 〈그녀의 회복〉이라는 시를 통해서 이렇게 전합니다.

"보라! 자연이여, 그대의 가장 사랑스러운 것 고통하며 잠자고

있다. 한데

모두를 낮게 하는 자여, 그대 머뭇거리고 있는가? 아니면

천공의 부드러운 바람들,

아침햇살의 원천들 더 이상 없는 것인가?"(59)

세상이 온통 잠들어 있었을 때 마치 손에 만져질 듯한 세상이 존재하기에 이르렀습니다. 말이 세상을 존재하도록 하였기 때문입니다. 말이 존재하고 말로서 깨닫도록 하고 그 말이 육체를 입은 존재가 바로 예수라는 그리스도인의 고백은 예수의 현존을 늘 말로서 보기 때문입니다. 말은 예수를 그렇게 보여줍니다. 말, 즉 로고스를 간과하지 말아야 합니다. 말은 자신의 인격을 보여주고 끝없는 심연의 바닥까지 내려가서 드러내는 마음 바탕이 되는 것이니, 말은 하나님이고 그 하나님을 닮았기 때문입니다. 1세기 그리스도인은 말을 만졌다, 보았다, 들었다라고 표현합니다. 말은 가장 사랑스러운 매개체이자 시원입니다. 말 자체가 깨어나지 못하면 이성, 이법, 논리, 판단, 사유 등의 인간 작용이 불가능해집니다. 그러므로 인간인 내가 나로서 존재하기 위해서는 말인 예수 그리스도와 끊임없이 사귀어야 합니다. 말은 신의 언어이기에 신을 닮아서 그와 사귀면 사귈수록 내 언어는 시원을 향하게 됩니다. 시원의 존재와 맞닿아 있으면 내 말은 구원, 사랑, 인간의 고통에 대한 연민을 말하게 되어 있습니다. 하지만 머뭇거립니다. 말이 나의 말이 아니라 신의 말이기 때문입니다. 아니 신의 말을 함부로 말할 수가 없다는 신중론이 맞을지도 모릅니다. 그것도 아니라면 아예 말이 하나님의 말이라는 것을 망각하기 때문입니다. 말은 시원을 품고 있는 말로서 바람이요 아침햇살의 원천

입니다. 아침햇살을 아침햇살이라고 지시하는 기호는 신의 말이 갖고 있는 차별성에서 기인합니다. 아침햇살을 맞이하는 것은 정오의 햇빛이나 저녁 무렵의 석양과는 다릅니다. 꼭 맞는 말은 다른 언어와의 구분과 구별에서 비롯되는 것인데, 신은 자신의 시원의 말로서 다양한 구원 현상, 세계의 변화 모습을 설명하기를 원했습니다. 이것이 신의 언어가 달라 보이는 이유입니다. 횔덜린은 말합니다.

> "대지의 모든 꽃들, 임원의 황금빛
> 즐거운 열매들, 이 모든 것들이
> 그대 신들이여, 그대가 그대의 것으로 낳은
> 이 생명을 낫게 하지 않는가?
>
> 아! 벌써 숨 쉬고 성스러운 삶의 열락을
> 그들 매혹하는 말 가운데 다시 울리고 있다. 옛날처럼
> 또한 벌써 화사한 청춘 가운데
> 그대의 꽃, 옛날처럼 그대를 비추고 있다."(59)

시원적인 하나님의 말을 듣는 경험을 한 사람은 충만한 기쁨을 맛보게 됩니다. 예수는 말로서 우리에게 기쁨을 줍니다. 말은 우리의 내면을 비출 뿐만 아니라 대지의 모든 생명들을 비추기에 어둠이 존재하지 않습니다. 인간의 말에는 밝음과 어둠이 존재하지만, 시원으로서의 말에는 어둠이 존재하지 않고 오로지 밝은 빛만이 존재합니다. 성서에서 "하나님은 빛"이라고 선언하고 있는 것은 '하나님은 말로서 세계를 비추고 있다'는 표현으로 바꿀 수가 있습니다. 빛이신 하나님이 세계를 비추고 있다는 것은, 인간

의 삶은 성스러운 삶이라는 것을 말해줍니다. 말 속에는 성스러운 삶을 품고 있어서 시원으로서의 말만 사용하려고 노력만 한다면, 세계는 말을 사용하는 인간에 의해서 달라질 것입니다. 그러나 말은 시원성을 잃어버렸습니다. 항상 그리스도와의 사귐에 자신을 노출시키지 않고, 말의 모방에 의한 거짓-말로 그리스도와 사귀고 사람들과 사귀기 때문입니다. 횔덜린이 말하고 있듯이 말은 매혹적입니다. 그 매혹적인 시원은 시원을 향하려고 하는 인간에게만 매혹적인 말로서 다가오는 법입니다. 시원을 생각하지 않는 사람은 말을 함부로 합니다. 말이 가벼워집니다. 말로서 사람에게 상처를 주고 죽이기도 합니다. 그럴 때 그리스도인은 이 말을 기억해야 합니다. "만일 우리가 어둠 속에서 살아가면서 하나님과 사귀고 있다고 말한다면 우리는 거짓말을 하는 것이고 진리를 좇아서 사는 것이 아닙니다." 대낮처럼 밝은 빛에 자신을 노출시킬 용기가 많아야 하는데, 세상은 그 빛과 사귐에 있지 않고 도리어 빛을 수단으로 이용하려고만 합니다. 말이 매혹적으로 다가올 리 없고 말이 내뿜는 시원으로서의 빛으로 서로 감싸주고 마음을 헤아려주는 것을 깨닫지 못합니다. 그저 말은 상품의 도구, 자본 생산의 도구로 전락하고 맙니다. 철학자 프란시스 베이컨(F. Bacon)은 인간이 지닌 마음속의 오류나 편견을 네 가지로 분류했습니다. 시장의 우상(die idola forti; Trugbilder der Marktes: 언어에 의한 부정확한 지식이나 언어를 잘못 사용함으로써 생기는 오류), 종족의 우상(die idola tribus; Trugbilder der Stammes: 맹목적 신앙이나 습관에 빠지는 편견), 동굴의 우상(die idola Specus; Trugbilder der Höhle: 개인의 특수한 환경, 성격, 취향, 교육, 관점에서 비롯된 편견), 극장의 우상(die idola theatri; Trugbilder der Theaters: 역사, 전통, 권위, 사상을 반성이나 비판 없이 수용하는 데서 생기는 편견)이 그것입니다. 이 중에서 신앙인이 가장 많이 범하기 쉬운 것이 시장의 우상이라 볼 수 있습니다.

시원적이고 매혹적인 말, 빛으로서의 말, 그리고 이것들과 동격인 그리스도와 사귀고자 한다면 그의 영원한 말 아래에서 살아야 합니다. 즉, 성스러운 사귐을 가볍게 여기지 말아야 합니다. 그와의 사귐을 진중하게 생각한다면 자신의 죄성을 부인하지 않을 것이고, 자신을 속이는 일도 없을 것이고 시원적인 말의 행동으로서의 진리를 저버리는 일도 없을 것입니다. 그러므로 하나님께 나의 죄를 고백한다는 것은 시원의 말을 밝은 빛 가운데서 되뇌는 것이고 시원으로 거슬러 올라가 그 시원의 언어를 절대적으로 나의 말로 삼겠다는 결단이요 결심입니다. 시원성을 회복하지 못하고 시원성을 망각하기 때문에 시원성으로 향하려고 하는 마음 가짐도 생기지 않는 것입니다. 시원은 고사하고 현실에 나타난 시원성과 시원적 말의 고향이 바로 그리스도에게서 시작되었다는 것을 잘 인식하지 못하기 때문입니다. 그리스도를 시원적인 말과 등치시키는 것이 마치 1세기의 예수가 고상한 언어만 사용하고 속되고 상스러운 언어는 완전히 배제하였다는 것을 뜻하지 않습니다.

다만 시원, 태초의 말을 자꾸 떠올리고 강조하는 것은 시원적인, 순수한, 밝은, 깨끗한이라는 형용사가 우리 신앙의 모토가 되어야 한다는 것을 상기시키기 위해서 입니다. 바로 예수는 그와 같은 시원적인 것을 위해서 자신의 목숨을 내놓았습니다. 인간과 세상의 죄는 시원을 거스르는 것이고 오염이고 불의입니다. 결국 우리가 죄를 짓는다는 것은 그리스도의 시원성, 즉 그의 정체성이나 그의 존재가 바로 애초에 신이었다는 것을 시인하지 않는 것을 의미하지 않습니다. 시원이란 거의 주변의 어떤 것으로부터 영향을 받지 않은 상태, 즉 물질이나 질료의 공통본성(common nature)보다 더 완전한 긍정적 실재이자 특수한 개별체인 '이것임'(thisness; Diesheit, haecceitas)이라고 말할 수 있을 것입니다. 횔덜린은 이렇게 끝을 맺습니다.

"내 언젠가 나이 들면, 보라, 내 그대에게,
나날이 나를 회춘케 하며, 모든 것을 변화시키는 그대에게,
그대 불꽃이 타버린 재를 드리리라.
그리고 나는 다른 이로 소생하리라."(59~60)

예수는 우리 자신이 다른 존재가 되도록 하기 위해서 자신을 제물로 바쳤습니다. 다시 말해서 우리가 보편적인 죄인이 아니라 특수한, 개별적인 의인이 되도록 하기 위해서 예수는 죽음을 당했다는 말입니다. 중세철학자 둔스 스코투스(John Duns Scotus)의 논리를 살짝 인용, 각색한다면, 개개의 모든 사물에는 각각의 보편적인 '무엇임'(whatness, quidditas)이 존재하듯이, 인간 안에는 보편적인 죄가 존재하는 것입니다. 반면에 우리 각자의 구원은 시원성의 회복, 환원 불가능한 특수한 것(haecceitas)이라고 볼 수 있습니다. 프랑스 철학자 질 들뢰즈(G. Deleuze)는 '이것임'에 지금과 여기가 포함되어 있다고 주장했습니다. 일회적인 예수의 죽음은 인간의 보편적인 죄, 보편적인 죄의 세계를 구원했습니다. 이 환원 불가능한 사건으로서의 특수한 예수의 죽음은 시원적인 그때 거기와 현재의 지금 여기가 만나는 사건입니다. 그로써 우리는 특별한 용서를 받았고, 지금도 여기에서 그리스도의 끊임없는 사랑의 변론을 받고 있는지도 모릅니다. 예수는 자신의 죽음으로 인류의 구원을 보았고 온몸으로 인간의 죄에 대한 변론을 하였습

니다. 그리고 마침내 그의 죽음으로 인간은 새로운 존재로 태어났습니다. 그렇다면 다시 죄의 무엇이 되겠습니까? 아니면 유일하고 특수한 구원의 이것이 되겠습니까?　　　　　　　　　(1요한 1,1~2,2)

사랑만 받으면 되는 것일까?

구원을 받았다고 하는 그리스도인들은 왜 사랑하는 데 멈칫거리는 것일까요? 주춤대면서 사랑이라는 형이상학적 가치와 행동을 구현하는 데 자꾸 지연을 시키는 것 같은 느낌을 지우기가 어렵습니다. 과거에는 사랑의 형식적인 시늉을 하거나나 흉내라도 내는 것 같았는데, 이제는 그 가식조차도 보기가 쉽지 않습니다. 그리스도에 대한 감동은 사그라지고 구원에 대한 기억들은 희미해지는 현실을 감안할 때, 결코 일반적인 그리스도인들에게만 책망할 일은 아닌듯 합니다. 높은 기대 수준을 요구하는 성직자들의 행태들이 사랑의 형이상학을 반감시키기 때문입니다. 횔덜린은 〈라인강-이작 폰 징클레어에게 바침〉이라는 시에서 이렇게 말합니다.

"그 목소리는 강 중에서 가장 고귀한 강
자유로 태어난 라인강의 목소리였다.
저 위에서 형제인 테씬 강과 로다누스 강과
헤어져 제 길을 떠나고자 했고, 참을 수 없이
그 위풍당당한 영혼이 아시아를 향해 그를 몰아댔을 때,
그의 희망은 다른 것이었다.

허나 운명 앞에서 소망이란

어리석은 것.

그럴지라도 신들의 아들들이야말로

눈먼 자들 중 가장 눈먼 자들이다. 인간도

제 집을 알고 동물도

어디에 집 지어야 할지 알건만

그들의 미숙한 영혼에는

어디를 향해야 할지 모르는 결함 있는 탓이다."(215)

　소리를 내는 곳을 향해 눈을 돌리고 구원이 하나님으로부터 온다는 사실을 알게 되었을 때는 그 목소리가 얼마나 거룩한 것인가를 깨닫게 됩니다. 더욱이 그 소리는 평범한 목소리가 아니라 저 깊숙한 영혼을 뒤흔들고 심연으로부터 증폭되는 신의 사랑을 다시 세상에 환원시켜야 할 것 같은 울림으로 다가옵니다. 강물이 흘러가는 소리가 생명을 흔들어 깨우듯이 하늘로부터 들려오는 구원의 목소리는 바로 우리에게 베푸신 사랑입니다. 목소리의 나타남은 단순히 인간의 고막을 향해 전달되는 울림이 아니라 바로 하나님이 인간을 얼마나 많이 사랑하는가를 가늠케 하도록 합니다. 또한 소리는 하늘로부터 인간을 향해, 그리고 인간의 마음에서 세상을 향해 나아갈 때 소리의 형이상학을 통해서 모든 인간과 자연이 영으로, 정신적으로 연결되어 있는 자녀라는 사실을 새삼 느끼게 됩니다. 소리는 그래서 자유입니다. 영혼은 자유이자 하나님의 자유로운 구원 의지의 떨림입니다. 그 떨림이 자유롭게 인간의 마음에 전달되면 사람들은 자신이 하나님의 자녀로 불리고 있다는 것을 간파하게 됩니다. 그렇다면 왜 세상에 있는 사람들은 감히 자신을 하나님의 자녀라고 말하지 못하고, 또 그에 대한 대우에 별로 큰 반응을 하지 않는 것일까요? 소리에 대한 예민한 감각, 열린 감각, 자유로움의 감각을 점점 잃고 있기 때문입니다. 특히 하늘의 소리는 영혼의 자유로움을 위해서 발언되는 것이다, 라는 생각을 가진다면 목소리에 대한 궁금증을 해소하기 위해서라도 그 목소리의 거처, 근원지를 찾아 나설 것입니다. 다시 말해서 하늘의 소리는 인간의 사랑을 위해서 오고 있다는 것을 알지 못하면 하나님의 자녀가 될 수 없습니다.

하늘의 소리는 자유입니다. 영혼의 자유, 육체의 자유입니다. 그것을 위해서 소리는 몸이 되고 몸은 다시 하늘을 위해서 제물이 되었던 것입니다. 그것이 사랑인데, 그 사랑을 알지 못하면 하나님을 알지 못합니다. 소리를 타고, 사랑을 안고 오는데도 불구하고 우리가 정말 하나님을 사랑이나 하는 것일까 하는 의심을 품게 됩니다. 소리와 의심은 정확한 파장을 인식하고 하나님을 똑바로 알기 위해서 입니다. 소리를 의심할 수 있어야 종교가 건강해질 수 있습니다. 반대로 소리가 종교 안에 가득 울려퍼지도록 하려면, 하늘에서 내려오는 소리가 하나님의 소리라는 믿음이 전제되어야 합니다. 그렇게 함으로써 소리를 공유하고 소리는 구원의 소리라고 인식하는 이들에게는 하나님의 자녀라고 인정을 받게 됩니다. 종교가 거룩한 소리, 자유의 소리, 구원의 소리가 공허하게 공간을 울리면 그리스도인은 아무런 구원 감각도 느끼거나 고백을 할 수 없습니다. 오늘날 교회의 공간만이 사랑의 소리로 가득차서 울리는 것이 아니라, 구원의 목소리가 사방을 두루 울려퍼지면 그 소리가 그리스도의 나타남이라고 믿을 것입니다. 하지만 하늘의 소리가 내려오기도 전에 우리가 먼저 많은 소리로 공해를 일으키고 있습니다. 귓가에 들려오는 소리는 그리스도의 소리가 아니라 세상의 온갖 잡다한 소리일 뿐입니다. 그 소리가 섞여 들어오면 공동체는 와해되고 불신으로 가득 차게 됩니다. 소리를 타고 오는 그리스도의 모습을 보지 못해서 입니다.

　서신의 발신자는 소리를 들으면 그리스도의 참모습을 볼 수 있다고 했습니다. 왜냐하면 그 소리를 신뢰하는 이들은 곧장 예수를 닮아나가고 모방적 신앙을 견지하기 때문입니다. 공동체가 닮음도 없고 모방도 없다면 그리스도인으로서의 삶이 구현되지 않을 수도 있습니다. 횔덜린이 말했다시피 신들의 아들들, 즉 그리스도인은 신앙의 눈이 멀어져버렸는지도 모릅니다. 오히려 신앙인으로 자부하는 이들은 예수의 소리, 하나님의 소리를 듣기에 태만하여 귀도 멀고 눈도 안 보입니다. 오늘날 그리스도인이 신앙의 감각을 예민하고 민첩하게 못하고 있어서 소리에 의한 삶의 좌표가 무엇인지 모릅니다. 미숙한 영혼은 그와 같은 결함을 가지고 있습니다. 신앙의 좌표를 읽지 못해서 가야 할 길을 모르니 신앙은 미로를 헤매고 표류하는 배에 올라탄 선원과도 같습니다. 그러면 어떻게 해야 신앙의 방향을 제대로 볼 수 있을까요? 무엇을 해야 신앙의 결핍을 인식하고 자신의 신앙을 올바로 정립하려고 노력할까요? 서신의 발신자는 신앙의 순결을 권면합니다. 그리스도가 순결했던 것처럼 우리도 순결해야 한다는 것입니다. 때문지 않음, 가식이 없음, 진정성이 있음, 사람을 도구로 여기지 않음, 신앙을 목적으로 생각함 같은 삶을 기반으로 하여 살려고 하는 사람이 필요합니다. 횔덜린이 "순수한 원천의 것은 하나의 수수께끼"(216)라고 강한 어조로 말하고 있는 것도 바로 지금 우리의 삶이 지독하게 오염되어 있어서 그리스도인의 신앙과 삶이 하나도 신비스럽지 않기 때문입니다.

그러니 궁금할 이유도 없고, 신앙의 수수께끼를 알아 볼 생각도 하지 않습니다. 관심 바깥의 신앙이 되어 버린 그리스도인의 순수성, 순결은 도대체 어디서 찾아볼 수 있을까요? 휠덜린은 계속해서 조소 섞인 말로 이야기합니다.

> "노래 역시 그 정체를 밝힐 수 없다. 왜냐하면
> 그대 시작했던 대로 그대 머물 것이기 때문이다.
> 필연과 길들임이 그렇게
> 큰 효험을 발한다 하더라도 보다 큰 힘
> 그대의 탄생이 가지고 있고
> 갓 태어나는 자를 만나는
> 빛살이 지니고 있다.
> 그러나 어디에
> 평생을 자유롭게 머물고
> 마음의 소망을
> 제 홀로 충족시키며
> 마치 라인 강처럼 복된 높이에서부터
> 그리고 성스러운 품으로부터
> 그처럼 행복하게 태어난 자 있는가?"(216)

인간의 노래, 신의 노래가 맞닿아 훌륭하고 아름다운 화음을 만들어 내려면 서로가 공유하는 법이 있어야 합니다. 화성법 같은 것입니다. 이른바 '신앙의 화성법'입니다. 그런데 변하지 않으려고 하는 것이 또한 법이기도 합니다. 처음부터 끝까지 변하지 않고 일관되게 법칙대로 신앙을 노래하려면 하나님의 법에 첫 음을

놓아야 합니다. 첫 음을 잡지 못하면 노래가 엉망이 되면서 불협
화음으로 사람들의 감성을 불편하게 만들 듯이, 신앙의 첫 음, 신
앙의 첫 돌을 어떻게 놓느냐에 따라서 그 돌을 보고 신앙의 주춧
돌로 삼는 사람들이 생기도록 하지 않는다면 신앙의 새로운 탄생
은 기대하기 어렵습니다. 예수는 과거의 찌들어 버리고 고질적인
신앙의 법칙을 타파하고 신앙의 새로운 탄생을 위해서 자신의 목
숨을 버렸습니다. 자신의 음, 자신의 소리를 버리면서 인류가 스
스로 자신의 소리를 주체적으로 찾기를 바랐습니다. 자신의 소리,
자신의 신앙의 첫 음을 잃어버린 존재자들은 예수가 남긴 첫 음
을 신앙의 중심음(Hauptton)으로 삼기를 원했습니다. 이제 우리가
버려진 소리, 버려진 첫 소리, 버려진 주춧돌을 주워서 자신의 신
앙의 중심음으로 확정할 때가 되었습니다. 물론 나의 음성, 나의
소리가 절대음은 아닙니다. 상대음입니다.

　그러므로 모든 존재자들은 자신과 타자의 소리가 어떤 소리,
어떤 음에서 비롯되었는가를 깨달아야 합니다. 만일 예수라고 하
는 중심음으로부터 시작되었다는 것을 알게 된다면, 타자의 음,
타자의 소리를 같이 들으면서 모두가 조화를 이루는 신앙의 음
성을 내야 할 것입니다. 신앙의 음성이 예수로부터 기원하지 않
으면 틀린 소리가 됩니다. 그것을 신앙적인 언어로 죄라고 말합
니다. 우리가 내는 신앙의 음성이 때로는 다른 것이 아니라 완전
히 틀릴 때가 있습니다. 그런데도 여전히 그저 다르다고만 말하면
서 고집을 내세웁니다. 사실 신앙의 중심음도 없으면서 그런 말을
하는 것입니다. 서신의 발신자는 말합니다. 신앙의 음성을 예수와
같이 동일하게 내려고 하지 않는다면, 사실 예수라는 중심음을
잘 모르면서 큰소리만 내려고 하는 것이라고 말입니다. 그러므로

종교 공동체 안에서 자신이 구성원이라고 말할 수 있으려면 자신의 신앙적 음성이 예수를 속이고, 자신을 속이는 일이 되면 안 됩니다. 정말 의롭고 올바른 신앙인은 그리스도처럼 되려고 할 때 동일하게 평가받을 수 있기 때문입니다. 그런 의미에서 횔덜린의 다음의 문장을 다시 한 번 음미해볼 필요가 있습니다.

"그러나 어디에
평생을 자유롭게 머물고
마음의 소망을
제 홀로 충족시키며
마치 라인 강처럼 복된 높이에서부터
그리고 성스러운 품으로부터
그처럼 행복하게 태어난 자 있는가?"( )

　예수는 단독자가 되어 자신의 자유로운 음성과 하나님으로부터 얻은 마음의 간절한 바람을 일생 동안 독특한(sui generis) 언어적 수사와 행동을 통해서 성취하려고 했습니다. 그는 늘 하늘에서부터 기원하는 신앙의 음성을 높은 데에서 들려주려고 하였습니다. 그뿐만 아니라 그 자신이 그 높은 데에서 들려오는 하늘의 음성을 귀담아(모아) 들으려고 부단히 애를 썼습니다. 그랬기에 그는 하나님의 품, 하나님의 자리에서 흘러나오는 음성을 거의 흡사하게, 아니 똑같이 말할 수 있었던 복된 구원자가 아니었을까, 하고 생각해 보게 됩니다.

　이제부터는 우리가 그 예수의 음성, 예수의 생각, 예수의 행위를 중심에다가 놓을 때가 되었습니다. 구원받은 자, 예수와 같이 신앙의 음성을 발하는 일원이라는 것을 스스로 증명해 보일 때가 되었다는 것입니다. 중심음은 소리가 사라진 후에도 계속 여운이 남아 있습니다. 아무리 주변음이 중심음의 소리를 무화시키려 한다고 해도, 곡의 음향과 음색의 주도권은 중심음에 있기 때문입니다. 신앙의 첫 음성, 신앙의 중심음도 마찬가지입니다. 모든 소리가 사라진다 해도 중심음이 제 역할을 해주면 각별히 그 신앙의 음성을 본질로 여기고 귀를 기울이게 될 것입니다. 그럼으로써 신앙의 전체 세계, 신앙의 공동체 전체가 함께 하나님의 음성(소리, 법)을 듣는 신앙인, 또 숨겨져 있어서 들을 수 없지만 들으려고 힘쓰는 신앙인이 되어야 할 것입니다. (1요한 3,1~7)

사랑으로 하나님이 살도록 하십시오!

십자가에서 예수가 죽었다는 사건은 달리 보면 하나의 생명이 사라짐입니다. 그 사라짐으로 인해서 대신 다시 살아난 것이 있습니다. 인간의 생명입니다. 자신이 사라짐으로써 누군가를 다시 살도록 만드는 것을 사랑, 혹은 희생적 사랑이라고 말합니다. 인간사에서 다른 사람을 대신해서 해줄 수 있는 일들은 많지만, 남을 위해서 자신의 목숨을 내놓을 수 있는 사람은 거의 없습니다. 생명이란 누구나 하나밖에 없는 것이기에, 자신을 하찮게 여기지 않는 한 타자를 살리고자 하는 지극한 사랑이 아니고서는 할 수 없는 일입니다. 태어나서 늙고 병이 들어도 인간이란 자신이 죽을 것이라고 진지하게 잘 생각하지 않습니다. 죽음을 부정적이고 비관적이며 생명과는 다른 차원이라고 생각하기 때문입니다. 죽음으로써 살도록 만드는 사건, 즉 그리스도의 죽음을 보면 반드시 죽음이 부정적이고 저주의 사건은 아닌 것이 분명합니다. 그럼에도 인간은 자신이 영원히 사라진다는 것을 쉽게 받아들이지 못합니다. 횔덜린은 〈신이란 무엇인가?〉에서 이렇게 말합니다.

> "신이란 무엇인가? 알 수가 없다. 그렇지만
> 하늘의 얼굴은 그의 본성으로 가득하다. 말하자면 번개는
> 신의 분노이다. 어떤 것이
> 보이지 않으면 않을수록, 낯선 곳으로 자신을 보낸
> 다. 그러나 천둥은
> 신의 명성이다. 불멸영원에 대한 사랑은
> 우리들의 재산인 것처럼
> 신의 재산이기도 하다."(315)

그의 짧은 시에 녹아들어가 있는 신의 성격은 매우 유비적입니다. 실제로 자연의 이치가 신의 현상을 의미하는지 잘 모르지만, 횔덜린의 눈에는 우주 삼라만상이란 하나님의 표정과 감정을 드러내는 것처럼 보입니다. 우선 그가 말하는 것처럼, 신은 알 수가 없습니다. 아무리 정확한 개념이나 치밀한 논리로 설명한다고 해도, 그러면 그럴수록 신은 도무지 알 수가 없는 존재입니다. 사변적이라는 말이 부정적으로 들리는 이유도 바로 그런 데 있습니다. 그러나 알 수가 없는 신을 드러낸 존재가 누구입니까? 바로 예수입니다. 신이 사랑이고 분노이고 자기 이름의 직접적 화법(표현)이라면, 그 중에서도 신의 속성은 단연코 '사랑'일 것입니다.

그의 사랑은 사변이나 이상이 아닙니다. 구체적인 현실입니다. 현실적인 사건을 통해서 사랑은 결코 말장난이나 허언이 아니라는 것을 증명해냅니다. 그것은 프랑스 철학자 들뢰즈(G. Deleuze)

가 말한 것처럼, "신은 근원적인 것, 아니 모든 가능성 전체"입니다. 그러면서 그는 "가능한 것을 실현할 때는 어떤 목적, 계획, 선호하는 것들이 관련된다"고 주장합니다. 만일 신이 모든 가능성 전체라면 우리는 그를 통해서 어떤 목적과 계획 그리고 선호하는 것들을 실현할 수 있습니다. 우리가 부족한 것이 정결과 성결과 사랑의 결핍이라면, 무한한 가능성인 하나님이 우리에게 부족한 그것들을 성취하고 완성하려고 할 것입니다. 사랑도 그렇게 완성된 것입니다. 그리스도를 통해서 당신은 사랑을 가능성으로만 두지 않았습니다. 현실성으로 이끌어 내어 가능성을 실현하였습니다. 십자가의 사건을 통하여 말입니다. 그리스도의 죽음은 인간에 대한 사랑의 극치이고 세계 구원을 위한 하나님의 깊은 의지의 완성입니다. 횔덜린이 하나님은 모를 존재라고 말했습니다만, 정말 인간이 몰라서라기보다는 하나님 안에서 가능성을 망각해서 입니다. 하나님은 부지의 존재나 무지의 존재가 아니라 사랑의 존재입니다. 그것을 그리스도의 십자가 죽음에서 확인시켜 준 것이 아니겠습니까?

횔덜린은 번개를 통해서 하나님이 자기 자신을 보낸다고 하였습니다. 여기서 중요한 말은 '낯선 곳'입니다. 자기 자신을 지구 물리학적 변화에 빗대어 번개를 하나님 자신으로 보고 있는 것은 목숨을 내놓아야 하는 낯선 곳을 헤집고 들어가서 자기의 사랑을 나타내 보여주어야 하기 때문입니다. 하나님에게는 낯선 곳이 존재할 리 만무하지만, 죄의 공간과 장소 속으로 자신을 내보이기에는 한없이 낯설기만 합니다. 그렇지만 곧 그 낯섦은 새로운 삶과 신앙의 환경으로 탈바꿈되는 사건으로 일어납니다. 구체적인 사랑으로 말입니다. 그리스도의 죽음을 통해서 이 세계와 하나님과의 거리가 그리 멀지 않다는 것을 증명해보입니다. 그리스도의 죽음을 통해서 사랑을 보여주신 것은 인간이 구체적으로 어떤 사랑을 경험해야 하고 어떻게 타자를 사랑해야 하는지를 몸소 보여준 사건입니다. 우리도 마찬가지로 그리 하라는 정언명령, 보편명령입니다. 사랑의 화신인 그리스도의 죽음은 우리도 동일한 죽음으로 타자, 즉 형제자매를 사랑하고 있다는 것을 각인시킴으로써 세상도 살고 마침내 하나님도 살도록 한 사건입니다. 하나님이 우리 안에서 살도록 하고, 이 세계에 현존하면서 지속적으로 인간의 삶에 개입하고 있다는 것을 알게 해주는 것은 사람과 사람 사이의 구체적인 사랑입니다. 형제자매가 배고픈 것을 해결해 주고, 형제자매를 연민으로 대하는 것들은 그리스도인 안에 하나님이 있다는 것을 깨닫게 해줍니다.

이 세계의 낯섦은 그리스도인에게만 그런 것이 아닙니다. 사람들이 어디를 가든지 낯선 곳을 익숙한 공간과 장소인 듯 생각할 수 있지만, 실상은 생경한 곳을 낯익은 곳이라고 믿는 것에 지나지 않습니다. 그렇다면 심리적 안정감을 얻기 위해서 낯선 공간을 합리화하는 것은 신이 자기를 드러낸 곳이 아니라는 것을 반증합니다. 신이 낯선 곳에 자기를 개방하면 인간이 서로 사랑하는 관계를 형성하고, 그러한 사회적 관계를 만들면 우리가 하나님의 현존을 인식할 수 있습니다. 말로만 이 세상에 하나님이 존재한다고 떠벌리는 것은 의미가 없습니다. 그리스도인은 말뿐만 아니라 행위와 삶으로 신의 존재를 나타내야 합니다. 그렇게 될 때 하나님은 죽은 신이 아니라 살아 있는 신이 될 수 있습니다. 사랑하게 되면 그 안에 하나님이 있다는 것을 알게 됩니다. 사랑하는 관계를 바라다보게 되면 우리가 하나님 안에, 하나님이 우리 안에 있음을 느끼게 마련입니다. 그래서 횔덜린은 신의 사랑, 우리를 구원한 영원불멸의 사랑은 그분과 우리의 공통의 재산이라고까지 말하는 것입니다.

사랑은 하나님과 인간의 공통 재산입니다. 재산이라면 사유물로 여길 수 있지만, 사랑하는 존재는 어느 누구나 다른 그 무엇보다도 사랑을 자신의 최고 가치요 고유성(property)으로 간주합니다. 사랑은 소유될 수는 없지만 그리스도처럼 사랑하면 그 안에 하나님의 사랑이 있습니다. 하나님의 사랑이 사랑을 나누는 사람 안에 있다고 해서 그 사람의 소유나 도구(property)가 아닙니다. 하나님의 사랑은 없는 곳이 없습니다. 동시에 어디에도 없습니다. 사랑을 하고 베푸는 곳이 존재하지 않으면 하나님 자신이 드러나지 않기 때문에 어디에도 존재하지 않는 것처럼 보입니다. 반면에 사랑을 하는 곳이 설령 인간의 낯선 장소와 세계라고 할지라도, 사랑이 드러나는 곳에는 하나님이 현존하는 것이니 사랑은 사방에 있다고 말할 수 있습니다. 이렇게 사랑이 인류 안에 존재할 수 있고, 우리가 그것을 사랑이라고 말할 수 있는 것은 단지 사랑이 가능성으로만 머문 것이 아니라 그리스도의 죽음으로 현실이 되었기 때문입니다. 그렇게 해서 사랑은 세계 곳곳에서 말할 수 있고 나눌 수 있는 원천이 되었던 것입니다.

이제 사랑은 우리의 재산이자 하나님의 소유뿐만 아니라 세계 전체의 재산, 즉 세계시민의 특성(property)이어야 합니다. 들뢰즈는 "소진된 인간은 모든 가능한 것을 소진하는 자이다"라고 말했습니다. 삶에 지쳐서 또 노동으로 피곤해서 일터에서 완전히 추방된 존재는 더 이상 어떤 가능성을 품고 있지 않다는 의미로 해석이 됩니다. 그는 더 이상 가진 것이 없습니다. 가질 수도 없습니다. 가능성마저도 상실되었으니 말입니다. 그러나 그리스도의 사랑은 가능성으로만 존재하지 않습니다. 가능성만으로는 세계를 변혁하기 어렵습니다. 사랑은 그리스도로 인해서 현실이 되었던 것처럼, 우리의 삶, 관계, 나눔 등을 통해서 객관적 현실, 객관적 사랑이 되어야 합니다. 주관적으로만 하나님의 사랑을 내가 품고 있다고 말해야 소용이 없습니다. 그것이 보편적으로, 객관적으로 드러나야 정말로 세계가 그리스도인이 사랑을 고유성(특성)으로 지니고 있구나, 하는 것을 인식할 수 있습니다.

세계가 그리스도의 사랑이 존재하지 않는구나 하고 느끼는 것은 그리스도인 안에 사랑이 소진되었다는 방증입니다. 다시 말해서 그리스도의 사랑이 사실상 부재하다는 것을 증명해준다는 것입니다. 그러므로 그리스도의 사랑이 없다는 것을 외려 존재한다는 것으로 믿도록 하려면 그리스도처럼 내가 타자를 사랑하면 됩니다. 그가 하나님을 사랑한다는 것을 자신의 단 하나밖에 없는 목숨으로 인류에게 증명하였던 것처럼, 우리도 그리스도를 사랑한다는 것을 타자를 위해서 목숨을 내놓을 수 있는 믿음과 사랑, 그리고 용기로서 보여주어야 할 것입니다. 만일 그것도 아니라면 잠재적인 사랑의 실타래라도 끌어안고서 완전한 질적 변화를 꾀함으로써 애벌레에서 나비가 될 수 있는 그리스도인이 되어야 하지 않을까요? 그것도 우리 안에 자그마한 사랑이라도 있어서 창조적인 운동으로 나타난다면 가능한 일일 것입니다. 그마저도 아니라면 우리는 감히 신을 안다고 할 수 없을 것입니다. 그리스도인이 입줄에다 올려대는 사랑이란 한갓 자신을 포장하는 수단이나 도구에 지나지 않을 테니 말입니다.

"하나님의 계명을 지키는 사람은 하나님 안에서 살고 하나님께서도 그 사람 안에 계십니다." 요한의 첫째 편지를 쓴 저자의 말입니다.   (1요한 3,16~24)

사랑, 하나님의 나타남

독일의 철학자 마르틴 하이데거(M. Heidegger)는 "참다운 것(das Wahre)은 현실적인 것(das Wirkliche)이다"라고 말했습니다. 그러면서 진리, 곧 숨김없음(비은폐성, die Unverborgenheit)에 대하여 "진리의 본질은 자유로서 개현된다"고 풀었습니다. 그에 의하면 비은폐성(진리)이란 숨기지 않고 드러내는 것입니다. 이러한 철학에 기대어 말한다면, 세계-내에서 하나님이 자신을 온전히 드러내는 방식은 사랑을 통해서 입니다. 하나님의 인간에 대한 사랑은 다시 인간의 하나님에 대한 사랑으로 향합니다. 만일 우리가 사랑을 하면 우리 안에 하나님이 숨김없이, 남김없이 드러나는 것입니다. 그러나 반대로 우리가 사랑하지 않으면 하나님은 숨어 있는 존재가 될 뿐만 아니라 영영 보이지 않을 것입니다. 따라서 우리가 하나님이 실제로 존재하느냐 하지 않느냐를 아무리 사변적으로 논한다고 하더라도, 서로 사랑하지 않으면 존재 논리조차 무색할 것입니다. 횔덜린은 〈사랑〉에서 이렇게 목울대를 세웁니다.

"그대들의 친구를 잊게 된다면, 그대들의 한 식구 모두를 잊게
되다면, 오 고마우신 분들이여! 그대들이 시인들을 헐뜯는다면,
신께서 그것을 용서해주시기를, 그러나 그대들
사랑하는 자들의 영혼만은 존경해주기를"(56)

앞에서 말한 것처럼, 사랑은 비망각, 비은폐성입니다. 하나님을 기억하고 사랑하면 그 사랑이 곧 하나님에게서 왔다는 것을 압니다. 사랑할 대상을 잊는다는 것은 사랑을 망각하는 것이나 다름이 없습니다. 사랑의 대상에 대한 의식이 싹트지 않는데 사랑할 수 없거니와 그 사랑이 하나님으로부터 기원한다는 것은 더욱 알 수도 없습니다. 그러므로 하나님을 안다고 자부하지 못합니다. 이러한 때에 사랑하는 자들이 있다면 존경을 받는 것이 당연한 일입니다. 그들은 숨어 있는 하나님을 드러내고 밝은 빛 가운데 나오게 해서 사람들로 하여금 하나님을 알게 하기 때문입니다. 그런 의미에서 사랑은 하나님의 나타남이자 하나님의 존재 증명이기도 합니다. 횔덜린은 시인들의 상상력을 흠집 내려고 하는 사람들을 위해서는 용서를 구하지만, 사랑하는 자들에게는 존경을 요청합니다. 왜 그럴까요? 그에 대한 해답은 십자가에서 볼 수 있습니다. 그 죽음의 사건에서 하나님은 자신이 죽음의 고통보다 더 인간을 사랑하신다는 것을 알게 되었습니다. 바로 숨어 있을 것만 같았던 하나님이 십자가에서 드러났기 때문입니다. 자신의 드러남, 하나님의 숨김없음이 어두움에서 밝은 빛으로 나아온 것입니다. "이렇게 해서 하나님의 사랑이 우리 가운데 분명히 나타났습니다"라는 서신이 이를 뒷받침해줍니다. 횔덜린은 2연에서 말합니다.

"오 말해보라. 비굴한 근심이 우리 모두를 억압하는데,
어디에 인간다운 삶이 살아 있을 수 있을까?
때문에 신은 근심도 없이
우리의 머리 위에서 오래전부터 거닐고 있으리라."(56)

휠덜린이 말하는 인간다운 삶이란 서로 사랑입니다. 억압과 고통과 강제 등은 사랑의 장애요인입니다. 서로 사랑하는 관계이어야 하나님이 자기 자신을 우리에게 주었다는 것을 알게 됩니다. 때로는 사랑을 해도 배신이 있고 고통이 있고 상처가 있을 수 있습니다. 그것은 아직 완성되지 않은 사랑이기 때문입니다. 사랑을 할 때 하나님은 인간의 머리 위에서 거닐고 계십니다. 하나님은 인간으로 하여금 머리를 상기시켜주고 당신의 사랑하는 기운을 불어넣어주십니다. 명심해야 할 것은 그의 사랑은 이미 오래전부터 계획되어 있었다는 것입니다. 그가 사랑의 행위, 사랑의 운동을 하기 시작했을 때부터 단 한순간도 멈춘 적이 없습니다. 그래서 그리스도인은 사랑으로 연대를 합니다. 사랑하면 우리 안에 하나님이, 그리스도인 안에 하나님의 사랑이 움직이고 있다는 것을 압니다.

하나님은 사랑 그 자체입니다. 그래서 머리 위에서만 맴도는 사랑이 인간의 내면에까지 파고 들어가는 것입니다. 사랑하면 하나님 안에 타자를 품고, 타자는 하나님을 품는 것이 사랑 그 자체의 고유한 속성입니다. 휠덜린은 5연에서 말합니다.

> "우리가 믿으며 홀로 유독 만족한 가운데
> 홀로 단단하고 거친 대지 위에
> 고귀하고 경건하게 신의 딸,
> 사랑은 홀로 그로부터 성장하도다."(56~57)

흥미로운 표현입니다. '사랑이 홀로 성장하다.' 성장은 완성을 향해 갑니다. 완성을 지향한다는 것은 사랑이 현실이 되어야 한다는 것과 다르지 않습니다. 만일 사랑이 추상이라면 하나님의 거룩한 정신이 인간의 마음에 깊이 각인되지 않았을 것입니다. 예수의 죽음을 통한 하나님 자신의 드러냄, 숨지 않고 나타남은 한갓 말장난에 지나지 않을 것입니다. 사랑이 성장이 되고 완성이 되려면 우리가 그리스도처럼 살아야 합니다. 그러지 않고 사랑을 하겠다면 그는 아직 미성숙한 종교인에 지나지 않습니다. 횔덜린은 마지막 연에서 이렇게 읊습니다.

"자라나서 숲이 되어라! 한층 정기 어리고
힘껏 피어난 세계 되어라! 사랑하는 이들의 말
나라의 말이 되고,
그들의 영혼 백성의 노래 소리 되어라!"(57)

사랑의 말은 모든 사람들의 노래가 되어야 합니다. 노래는 단순히 시간예술이나 높낮이에 의한 수학적 기호, 음표의 소리를 기능적으로 내는 것과는 다릅니다. 노래는 하나님의 상상력이 작용합니다. 노래 안에 소리를 내기 위한 조건들, 즉 사랑의 말, 사랑의 언어를 쏟아내어야 살아 있는 그리스도교 공동체의 진정한 말이 됩니다. 사랑하는 말이 정리가 된다고 한들 그 의미는 개인의 차원에 그치고 인류 공동체 전체에게 파급되기에는 어렵습니다. 오직 사랑을 통해서만이 하나님을 드러낼 수 있고 감춰진 존재가 백일하에 드러날 수가 있습니다. 보이는 존재에게 최선을 다하지 못하고 오히려 보이지 않는 존재에게 사랑의 동력을 더 쏟는다는 것은 어불성설입니다. 보이는 대상(이웃)을 사랑하지 못한 결과 보이지 않은 존재(하나님)를 사랑하지 못하는 것입니다. 혹은 초월자가 인간의 시각에 포착되지 않고 인식의 대상으로 파악되지도 않아서 제한된 언어로 이웃에게 사랑을 제대로 표현하지 못해서 그럴 수도 있을 것입니다. 서신의 발신자 요한은 형제사랑과 하나님 사랑에 같은 무게를 두었습니다. 하나님을 먼저 사랑해야 한다거나, 반대로 자기의 형제를 먼저 사랑해야 한다는 것이 아닙니다. 하나님을 사랑하는 사람은 자기 형제도 끔찍하게 사랑할 수밖에 없다는 당위성을 말하는 것입니다.

자기 형제를 사랑하는 것이 하나님의 자기 나타남이라는 가장 기본적인 신앙행위조차도 감당하지 못하는 경우가 많습니다. 하나님의 드러남, 하나님의 나타남은 단지 시각적이거나 청각적인 감각적 현현을 말하는 것이 아닙니다. 하나님의 나타남은 그리스도인의 시야 속에 들어오는 존재자와 함께 하나님의 마음으로 살도록 합니다. 그러나 여기에서 명심해야 할 것이 있습니다. 사랑은 전적으로 하나님의 것이라는 사실입니다. 사랑이 인간 개인의 사유물도 아니고 특정 공동체의 전유물도 아닙니다. 사랑이 때로는 수단이나 도구가 되는 것은 소유 주체에 대한 의식이 명확하지 않기 때문입니다. 사랑이 사익을 위해서 쓰여져도 안 되거니와 그렇다고 공익을 위한 수단으로 사용되는 것도 안 됩니다. 사랑은 이익과는 관계가 없기 때문입니다. 사랑은 그 소유 주체인 하나님을 드러내는 방식입니다. 그러므로 만일 우리가 사랑을 한다면 그것은 나 자신이나 공동체를 드러내기 위한 수단 혹은 도구가 아니라 하나님을 드러내는, 숨김없는 하나님을 열어 밝혀주는 삶의 태도나 감정이어야 합니다. 그렇다면 사랑이란 사익이나 공익을 넘어선 굳이 말하자면 신익(神益)이나 신성성(神聖性)을 나타내는 특성이라고 해야 할 것입니다. 그래야만 사랑 그 자체가 모든 신앙인들에게 신앙생활을 하는 표준잣대와 실천적 기준으로 기능할 수 있습니다. 사람의 이익이나 공동체의 이익을 담보로 사랑을 끌어다 쓰는 일은 하나님의 성품을 폄훼하는 일입니다. 하나님의 성품을 닮아가고자 하는 사람들이 그리스도인이라면, 적어도 사랑은 하나님을 드러내는 방식으로 끊임없이 체화되어야 할 성스럽고 고매한 인격의 지표가 되어야 합니다. 눈에 보이는 신의 움직임과 감정, 사랑은 자신을 밝히기도 하고 숨기기도 하는 이중적 속성이 있습니다. 신은 그렇게 감추어져 있기도 하지만, 그리스도인이 있는 시간과 공간이 어디든지간에 사랑하면, 사랑을 나누면, 사랑을 드러내면, 하나님도 드러날 것입니다. 그러므로 그리스도인이 해야 할 일은 오직 무시로 사랑하는 것뿐입니다.

작가 정이현은 사랑에 대한 인식이 그닥 중요하지 않다고 말합니다. "사랑은 오로지 '하는' 것이기 때문"이라는 것입니다. 그녀는 이렇게 결심합니다. "나는 더 깊이 사랑할 것이다." 그리스도인도 동일한 마음을 가져보면 어떨까요?   (1요한 4,7~21)

사랑은 어디 있는가?

그리스도교는 사랑의 종교입니다. 그만큼 그리스도인의 사랑타령은 둘째가라면 서러울 것입니다. 요한의 첫째 편지에서도 하나님의 자녀로서 계명을 지키면 그것이 하나님을 사랑하는 것이라고 했습니다. 그뿐만 아니라 하나님을 사랑하고 계명을 지키면 하나님의 자녀를 사랑하게 된다고 말하고 있습니다. 그러면 제일 먼저 우리 자신을 인식해야 하는 것은 하나님의 자녀라는 신앙적 정체성입니다. 하나님의 자녀라는 명명은 그리스도인에게 있어 경험을 넘어서서 하나님이 우리를 규정하는 선험성(先驗性,

transcendence)입니다. 그러나 선험성에는 반드시 전제되어야 하는 것이 있습니다. 바로 신과의 1차적 만남, 곧 신앙적 경험이 있어야 한다는 사실입니다. 하나님과의 만남을 한 인간은 설령 경험의 질과 양이 어떠하든지 간에 하나님의 자녀로서 인정을 받게 됩니다. 하나님을 조금이라도 맛본 사람들은 하나님이 규정해 놓은 사랑이라는 행위를 하기 때문에, 그것으로써 그가 하나님과의 밀착된 경험을 했는가, 안 했는가를 알 수 있습니다. 그와 같은 긴밀한 관계를 신앙적으로 '믿음'이라고 합니다. 횔덜린은 〈눈먼 가인〉에서 우리를 나무라는 듯합니다.

> "그대 어디 있는가. 청춘의 사자(使者)여! 아침마다
> 시간이 되면 나를 깨우던 이, 그대 어디 있는가, 빛이여!
> 가슴은 깨어나건만, 한밤은 여전히 성스러운 마법으로
> 나를 붙잡아 매고 부여잡고 있도다."[174]

앞에서 예수를 믿는 이들은 하나님의 자녀라고 했습니다. 그런데 하나님의 자녀가 어디 있는지 그 행방이 묘연합니다. 아무리 찾아보아도 찾을 수가 없습니다. 우선은 그리스도를 제대로 믿고 있다고 볼 수 있는지 의문이 들기 때문입니다. 그 다음은 정말 그리스도를 믿으면 하나님의 자녀로서 하나님을 사랑하는 사람이 되어 많은 이들로부터 칭송을 받아야 마땅한 일인데, 외려 손가락질을 받는 이유가 무엇인지 인식하지 않아서 입니다. 그러니 그리스도인이 세계의 미명의 시간을 깨우는 일을 하지 못하는 것은 당연한 일입니다. 빛이 되지 못하는 것은 더욱 말할 필요가 없을 것입니다. 그래서 하나님은 묻습니다. "그리스도인이여, 그대는 어디 있는가? 정녕 그리스도를 믿기는 하는 것인가? 나를 사랑한다고

단언할 수 있는 것인가?" 세계를 깨우는 그리스도인이 되기 전에 믿음이라는 것, 곧 그리스도에 대한 신뢰성을 회복해야 합니다. 신앙언어와 신앙관념, 신앙고백과 신앙지식으로는 단연코 그리스도를 믿고 따른다고 말을 할지 모릅니다. 하지만 그리스도인의 마음에 신앙의 낮이 아닌 신앙의 밤이 머물고 있는 것은 아닌지 돌이켜 봐야 합니다. 만일 신앙의 낮이라면 자신이 어디에 있으며 어디쯤 가고 있는지 알 수 있지만, 신앙의 밤이라면 여전히 그리스도에 대해 깨닫지 못한 채 어둠 속에서 헤매고 있는 것이나 다름이 없습니다. 횔덜린은 또 이렇게 탄식합니다.

"(…) 언제나 그대

모든 것을 기쁘게 하며 그대의 아름다움을 통해서
일상의 길을 따라 다가왔기 때문이로다. 한데 어디에 있는가, 그대
빛이여!
가슴은 다시금 깨어 있으나 무한한 밤은
여전히 나를 가로막고 붙들어 매고 있도다."(174)

하나님의 계명을 지키는 것이 그분을 사랑하는 일이라고 합니다. 그리스도인은 신앙을 통해서 하나님의 길을 따라 산다고 생각을 합니다. 마치 예수가 하나님의 의지를 파악하고 그 길을 따라 나섰던 것처럼 말입니다. 그것은 신앙의 길인 동시에 일상의 길입니다. 하나님의 계명을 지키고 그를 사랑하는 것이 그리스도인의 일상이 되어야 합니다. 일상적인 길을 가더라도 다른 사람들이 그리스도인을 보고서 하나님을 참으로, 진정으로 사랑하는구나 하는 것을 알게 해주어야 합니다. 하지만 우리의 일상의 길과

신앙의 길 사이에는 심연이 너무나 큽니다. 하나님을 기쁘게 하고 신앙적 아름다움을 간직하고 풍요롭게 하는 것은 고사하고 신앙의 길에 접어들지 못한 것 같은 생각이 참 많이 듭니다. 그러니 또 하나님의 시각에서 물음이 던져질 수밖에 없습니다. "한데 그대는 어디에 있는가? 그대는 빛이 아니던가? 도대체 어디에 있단 말인가? 세계의 빛이 되어 일상을 살아갈 때에 너희 빛을 보고 하나님인 나 자신이 사랑인 것을 알게 해주어야 하는 것이 아니냐?" 그리스도인은 삶의 세계 속에서 사람들로 하여금 하나님의 관념을 떠올릴 수 있도록 하나님의 계명을 지키고 하나님을 사랑함으로써 하나님의 자녀임을 드러내야 합니다. 그런데 여전히 그리스도인은 밤의 길을 가고 있습니다. 밤의 길은 무한한 하나님의 길이 아니라 그저 무한한 어두움이 짙게 내린 암흑일 따름입니다. 그렇다면 우리는 과연 하나님을 사랑하기는 하는 것일까요?

우리의 행위가 도덕적 표상(representation), 즉 하나님을 '완벽하게' 재현(re-presentation)하는 것은 불가능할 수도 있습니다. 만일 우리의 신앙적 행위가 하나님을 재현하는 정도라면 한국교회가 이렇게까지 되지는 않았을 것입니다. 하지만 하나님을 재현하는 행위 중에 세상을 이겨내는 것이 있습니다. 세상에 저항하는 그리스도인이란 현실과 타협하지 않았던 예수의 삶을 사는 것입니다. 예수가 하나님의 아들이라는 것을 믿는다는 것은 결국 그가 세상에 대해서 저항자, 저항인으로서 살았다는 것을 인정하고 그 삶을 살겠다는 의지입니다. 하나님의 자녀로서 하나님을 사랑하는 사람은 세상의 구조를 바꾸겠다는 마음을 품게 되어 있습니다. 세계-내-존재자에게 하나님을 삶의 방식으로 제안하고 제시하는 것이야말로 위험천만한 일입니다. 왜냐하면 사람들은 하

나님의 길, 신앙의 길을 버거워하기 때문입니다. 휠덜린은 이렇게
말합니다.

"이제 나 홀로 앉아 이 시간에서
저 시간으로 침묵하며 보다 훤했던 나날의

사랑과 고통으로부터 나의 사념은
내 스스로의 기쁨을 위해 형상들을 짓고 있으며
멀리 귀 기울여 친밀한 구원자
나에게로 혹시 다가오는지 엿듣고 있노라."(175)

하나님의 의지를 하나의 삶의 방식으로 제안(presentation)하는
것은 홀로 있으면서 '다른 시간'을 살아야 한다는 것을 말해주는
일입니다. 그뿐만 아니라 그리스도인은 단독자이면서 지금의 타
자들의 시간이나 사물들의 시간, 타율의 시간이 아니라 신앙의 시
간, 자율의 시간을 살아야 합니다. 하나님은 우리가 생각하는 시
간, 세계가 생각하는 시간과는 다른 시간을 통해서 옵니다. 타자
들, 세속적인 사람들의 시간은 늘 자신의 시간밖에 없습니다. 아
니 어쩌면 자신의 시간도 아닌 남의 시간, 기계의 시간, 자본의 시
간을 살아가기에 주체적인 시간도 없고 신앙의 시간도 없을지도
모릅니다. 그러니 하나님의 의지나 그분이 삶에 침투되는 삶의 방
식으로서의 제안은 받아들일 엄두도 내지 못합니다. 아니 불편
할 것입니다. 그냥 흐름에 따라서 다른 사람과 동일한 시간을 살
면 될 것을 굳이 다른 시간, 성시간(聖時間), 자율의 시간, 주체적인
시간을 살아야 할 이유가 없다고 생각합니다. 그러면 고통스럽기
때문입니다. 그러나 역설적이게도 그 시간은 고통의 시간이 아니

라 기쁨의 시간으로서 하나님을 생각하며 사는 절대적 침묵의 시간, 깊이의 시간입니다. 양적으로는 차이가 있을 수 있으나, 질적으로는 차원이 다른 절대적 침묵의 시간은 초월자가 내게 어떻게 다가오는지를 알 수 있는 때입니다. 믿음이 있다고 하는 것은 세상을 이기는, 즉 저항하고 반항하겠다는 각오와 용기를 가지고 사는 삶입니다. 그와 같은 삶은 절대적 침묵을 통해서 들려오고 있는 신의 음성, 신의 친밀한 다가옴에서 비롯됩니다. 횔덜린은 이렇게 덧붙입니다.

> "그럴 때면 나는 한밤중에 구원자의 소리 듣도다.
> 그 해방자가 살해하며 새 생명을 주는 소리,
> 천둥치는 자 서쪽으로부터 동쪽을 향해서
> 서둘러 가는 소리 듣도다. 또한 그의 소리 따라
> 너희들 나의 현금은 소리를 내도다! 그와 더불어
> 나의 노래 살고, 마치 강줄기 따라서 샘물이 흐르듯
> 그의 생각 미치는 곳으로 내 떠나야 하고
> 미로의 태양계에서 확실한 자를 내 따르리라."(175~176)

하나님의 아들은 구원자로서 이 땅에 온 참된 인간입니다. 인간인 그리스도가 인류의 해방을 위해서 자신의 생명을 나누어 주었습니다. 이것이야말로 사랑의 혁명이라고 말할 수 있습니다. 해방을 경험한 사람들은 예수와 같은 소리를 내는 사람들이 됩니다. 사랑, 정의, 평화, 긍휼, 자비, 해방과 같은 목소리를 내는 것은 사람들 안에 예수가 현존하고 있다는 방증입니다. 앞에서 말한 하나님의 재현 혹은 예수의 재현입니다. 예수를 끊임없이 재현하는 일이 가능하려면 하나님을 사랑하고 그가 말한 사랑의 계명을 지

키면 됩니다. 인간으로서 당한 고통과 죽음, 그리고 그의 인간의 의례적 경험들은 진리, 곧 예수를 드러내는(Unverborgenheit) 성령이 증언하는 바입니다.

우리가 해야 할 신앙적 재현은 단순한 그의 모방에만 있지 않습니다. 그것은 규범을 바꾸고 구조를 개혁하는 사랑이 현시(顯示)되어야 합니다. 다시 말해서 우리가 사랑을 나타내야 합니다. 그러기 위해서는 프랑스 사회학자 에밀 뒤르켐(E. Durkeim)이 "건전한 사회에 건전한 정신"이라고 말한 것처럼 예수의 사랑의 공동체, 이상사회인 하나님의 나라를 구체적인 사회로 정착시키는데 혼신의 힘을 기울여야 합니다. 그 공동체 안에는 하나님의 재현, 예수의 재현인 사랑이 최고의 가치로서 실재하게 될 것입니다.

다시 물음으로 돌아갑니다. "그리스도인이여, 그대는 어디 있는가?" 우리는 이에 대한 대답으로 사랑의 실재를 집합적 표상 혹은 감정으로 뿌리내리도록 노력하는 사회적 삶 안에 있다고 자신 있게 말할 수 있어야 합니다. 사랑이 단순히 마음의 상태로만 존재하는 것이 아니라 그 사랑을 통해서 온전히 사회와 일치되는 그날까지 그리스도인 자신의 자리를 늘 살펴야 할 것입니다. 횔덜린은 마지막 연에서 이렇게 말합니다.

"오, 오라. 하여 너희들의 것 기쁨이 되고
너희 모두를, 앞을 보는 자가 너희들을 축복하도록!
오 내가 견디어낼 수 있도록, 나의 이 생명을,
힘겨운 나의 가슴으로부터 이 신적인 것을 가져가거라."(177)

사랑하는 자는 눈이 멀어서 사람과 사물을 분별하지 못할 정도로 이성과 감각이 둔한 사람을 뜻하지 않습니다. 오히려 사랑하는 자는 바로 앞에 있는 타자에게 예수의 사랑을 분명하게 재현할 수 있는 사람입니다. 그리스도인의 생명과 사랑은 자신의 것에서부터 나오는 것이 아니라 예수에게서 나오는 것입니다. 그러기에 우리는 단지 예수의 그 사랑을 재-현하기만 해도 반쯤은 닮았다고 할 수 있지 않을까요?

러시아의 대문호 톨스토이는 이런 말을 했습니다. "자기의 마음이 먼저 사랑으로 뜨겁게 타올랐을 때에야 다른 사람들의 마음에 사랑의 불을 나누어 줄 수 있는 것이다. … 사랑은 사랑을 통해 더욱 커진다. 만약 당신이 모든 사람의 행복을 원한다면 그리고 모든 사람을 사랑한다면 당신 속에는 신이 머무르고 있는 것이다." 모든 사람에 대한 사랑, 그것이 하나님 사랑과 예수 사랑의 재-현이 아닐까요?　　　　　　　　　　　　　　　　　(1요한 5,1~6)

———

구원의 밧줄을 풀고

도대체 그리스도인이 하나님의 아들을 믿는다는 것은 무엇을 뜻하는 것일까요? 신에게 아들이 있다는 것은 마치 신도 우리와 마찬가지로 자신의 유전자를 후대에 전달한다는 것처럼 들립니다. 신은 초월적 실재이기도 하고 내면의 심연(혹은 실재적 관념)이기도 합니다. 초월과 내재의 속성을 통해서 신을 증명해 보이려고 부단히 애를 썼던 유신론적 종교관에서, 신은 인간을 초월하면서 동시에 내재해 있다는 것입니다. 그런데 그가 아들을 두었다는 것은 매우 유비적인 표현이자 상징적인 의미입니다. 아들, 즉 신의 자녀는 신과 연결되었다는 독특한 구별법이기에, 평범한 인간과는 다른 차이가 존재할 때 명명될 수 있는 말인 듯 싶습니다. 반드시 차이와 구별이 존재해야 평범한 규준을 넘어선 신의 아들이라고 말할 수 있습니다. 요한의 첫째 편지를 쓴 저자는 아들이 하나님을 증언한다고 말하지 않고 하나님이 아들을 증언한다고 말합니다. 하나님이 아들을 나타내고 보증한다는 것은 아들로 하여금 아들이 되도록 만들었던 주체가 하나님이라는 사실을 말해줍니다. 우리가 예수를 하나님의 아들이라고 고백하는 것은, 바로 하나님이 예수를 아들이 되도록 하셨다는 것을 믿는다는 것을 의미합니다.

하나님은 당신이 인류를 구원하겠다는 의지를 예수를 통해서 보여주었습니다. 예수의 보여짐은 하나님의 의지의 보여짐입니다. 증언이 효력이 발생할 수 있는 것은 하나님이 증언하였기 때문입니다. 다시 말해서 예수가 예수 자신으로서 구원자가 될 수 있었던 것은 하나님의 증언이 있었기 때문에 가능한 것이었습니다. 하나님의 증언은 예수가 아들처럼 당신의 뜻을 잘 이어받고 그것을 세계와 삶에서 잘 구현하였다는 것을 공언하는 것입니다. 그것의 궁극적인 함의는 무엇일까요? 횔덜린의 〈아르히펠라구스〉라는 시에는 이런 말이 등장합니다.

"또한 천국적인 자들, 드높은 곳의 힘들, 그 고요한 자들
청명한 날과 달콤한 잠과 예감을 멀리에서부터,
느끼는 사람들의 머리 위로 힘에 충만하여
가져다주고, 또한 옛 놀이친구들은 옛 그때처럼
그대와 함께 깃들며, 자주 어스름 깃드는 저녁"[72]

여기서 주목을 해야 할 것은 "천국적인 자들"이라는 말입니다.

하나님의 아들을 믿는다는 것은 천국, 즉 하나님의 지배(Herrschaft Gottes)와 통치를 인정한다는 것을 의미합니다. 더 나아가 아들을 믿는다는 것은 그 아들을 통한 하나님의 지배 의지, 나에 대한 하나님의 삶의 의지(하나님적/ 하나님스러운 생의 의지)를 받아들이겠다는 것을 뜻합니다. 증언을 인식과 행위의 방식으로 받아들이지 않으면 하나님이 아들에 관해서 하신 일들이 나타나지 않습니다. 아들을 믿는다는 것은 단순히 구원을 받는다는 차원이 아니라 하나님에 대한 인정입니다. 아들을 아들로서 자리매김하게 하고 그 아들을 보면 하나님이 보이기 때문입니다. 그리스도인이 예수를 믿는다는 것은 바로 그러한 차원입니다. 그리스도인이 하나님을 믿는다, 예수 그리스도를 구원자로 믿는다는 것은 궁극적으로 하나님의 존재를 인정하지 않고서는 불가능하기 때문입니다. 입줄에다 올려서 하나님이라는 말을 줄곧 발언한다고 하더라도 발화 자체가 하나님의 인정일 수 없습니다. 하나님의 인정은 하나님에 대한 증언의 깊은 신뢰와 믿음에서 출발합니다. 그렇지 않다면 증언은 서신의 저자가 말한 것처럼, "하나님을 거짓말쟁이로 만"드는 것입니다.

예수 그리스도가 구원자요 해방자라고 하는 것은 그의 죽음과 부활이 말해주는 것보다 하나님의 증언이라는 데에 더 무게 중심이 쏠립니다. 이것은 하나님의 일이요 하나님의 존재가 자기 자신을 드러낸 사건이기 때문에 더욱 그렇습니다. 그러므로 예수를 믿는 행위는 하나님을 믿는 행위와 동일시됩니다. 만일 우리가 예수를 하나님의 아들이라고 고백한다면, 하나님을 아버지(성수격의 의미나 가부장적 의미도 아닌 믿음 그 자체로서의 근원성의 의미라면)로 고백한다는 말이 됩니다. 증언은 간직해야 할 것 "드높은 곳의 힘들",

저기 저 멀리서 오는 근원적인 힘이 우리를 구원하고자 했다는 것을 깨닫게 만드는 사실적 언어입니다. 언어를 받아들이지 않으면 행동을 유발하지 못합니다. 언어가 내재되어야 언어가 힘을 받고 신앙과 삶에서 그리스도가 재현될 수 있기 때문입니다. 증언이라는 언어가 중요한 것은 그 증언의 근원이 바로 근원을 가능케 했고 신앙을 가능케 했던 초월성에서 비롯되었다는 것을 뜻합니다. 따라서 하나님의 아들을 믿는다는 것, 그것은 하나님의 초월성, 초월적인 곳으로 우리의 신앙인식이 거슬러 올라가야 한다는 것을 알려줍니다. 그뿐만 아니라 우리의 신앙적 시선이 아래가 아니라 바로 시원적인 위로 올려다보고 당신이 존재하고 있는 그곳을 향해야 한다는 것을 가리켜줍니다.

그 무엇보다도 증언이라는 성격이 중요한 것은 침묵과 신앙적인 순수성 그리고 잠재적인 내면의 쉼과 신앙감각의 기원이 어디인가를 짚어준다는 데에 있습니다. 횔덜린은 그것을 "고요한 자들"이라고 말하고 있습니다. 하지만 그것은 번잡하고 소란스러운 곳이 아니라, 더럽고 흉측스러운 곳이 아니라 바로 인간의 생명적 근원성인 하나님에 대한 신앙의 순수함을 찾도록 인도합니다. 증언은 우리의 회의와 의심과 고착성과 삶의 오염으로부터 삶의 생명과 방향성과 순수성을 예수에게서 찾으라고 말합니다. 만일 증언이 우리 안에 살아 움직인다면, 그것은 로고스(logos, 말)인 하나님의 강한 운동력이 작용하여 우리로 하여금 삶과 신앙의 방향성을 완전히 다른 곳으로 향하도록 만듭니다. 그래서 신앙은 때로 괴롭고 어렵습니다. 내가 가고자 하고자 하는 곳과는 뜻밖의 다른 곳, 욕망하는 방향과는 완전히 다른 곳을 지향하기 때문입니다. 그러기에 증언은 저기 멀리서부터 우리의 의식을 순수하고 맑은 상태로 전환하고 당신의 의식으로 늘 한결같은 충만함을 유지하도록 만드는 것입니다.

하나님의 존재 의식은 말로 이루어진 증언이요 하나님의 영에 의해서 마음이 움직이도록 만드는 증언입니다. 과거의 그곳에서 예수를 경험하지 못했지만 고요한 침묵 속에 있고 그 침묵 안에 증언하고 있는 하나님의 현존을 의식하는 그리스도인은 늘 그때와 그곳의 예수를 만날 수 있습니다. 그것이 지금 여기에서의 우리의 신앙적 생명을 유지시켜주도록 만듭니다. 신앙인의 "고요한 자들"은 횔덜린의 바로 "그 고요한 자들"입니다. 과거의 고요 속에 있는 사람들이 하나님의 현존의식으로 삶의 방향성을 그분의 말씀에서 찾았다면, 오늘날 그리스도인도 동일하게 바로 "그 고요한 자들"이 되어 신앙적 증언 안에 머물러 있어야 합니다. "그 고요한 자들"과 "옛 그때처럼 그대와 함께 깃들며"라는 말이 마치 대구처럼 보입니다. 고요와 침묵으로 신앙의 시원적인 사람들처럼 하나님과 함께 머물 수 있어야 한다는 것입니다. 생명은 증언 속에 머물러야 하는데, 고요하지 않으면 그 증언이 반추되지 않습니다. 증언이 떠올려지지 않습니다. 증언이 아예 생각나지도 의식되지도 않습니다. 그러니 하나님이 우리에게 생명을 주셨다는 것을 신앙적으로 고백하기 어려운 것이 당연합니다. 더군다나 그 생명은 하나님의 아들 안에 있습니다.

하나님의 아들 안에 있는 것은, 하나님의 아들 안에 생명이 있다는 것은 아들 안에 신앙의 근원성인 하나님이 존재한다는 것을 말합니다. 하나님의 존재는 어디에나 드러나는 것이지만 좀 더 근원적으로는 예수 안에서 찾을 수 있습니다. 예수 안에서 하나님이 드러났고 그분을 만날 수 있다면 인간은 시선과 의지와 삶의 태도를 완전히 다르게 할 수 있습니다. 지금까지는 인간이 어떻게 살아야 할지 모르는 상태로 그저 표류했다면, 예수 안에 있는 하나님의 존재 경험은 뜻하지 않은 흐름과 방향으로 가게 됩니다. 그것이 생명입니다. 삶의 흐름과 방향을 잘 읽을 수 있는 것, 인간의 공동체나 개별적인 욕망에 따라서 인위적으로 꾸며지는 방식이 아니라 하나님의 방식대로 삶을 사는 것이 생명입니다. 그 순리를 거스르게 되면 죽음이 됩니다. 육체적인 호흡이 끊어져야 죽음이 아닙니다. 인간 안에서 삶을 추동시키고 시선을 항상 다르게 만드는 존재인 하나님이 없다면 죽은 것이나 다름이 없습니다.

그런데 그 하나님은 자신을 눈으로 보지 못하는 사람들을 위해, 그 존재를 품고 살았던 예수를 통해서 현시해주었습니다. 하나님의 그 존재성을 나타내 보여준 예수를 믿으면 생명적 존재, 삶의 방향타를 올바르게 잡을 수 있는 참다운 인간이 될 수 있다는 것입니다. 그래서 증언이라는 말은 옳다 그르다는 것을 판별해내는 중요한 말입니다. 증언은 하나님의 존재와 그 하나님의 존재를 일찌감치 경험했던 예수의 삶이 지금까지 말과 행위로 살아있습니다. 그 삶이 옳다는 것을 증명해 보여주고 있습니다. 하나님을 드러낸 예수의 말과 행위가 참이라는 것을 변론해주고 있습니다. 그러므로 우리도 그렇게 살아야 하지 않을까요? 횔덜린은 말합니다.

> "별들이 그대의 물결 안에서 서로 만나는 때가 되면
> 그대는 천국의 광채로 비친다. 그러면 그들이 변모하듯,
> 그대의 바닷물도 변모하고, 위쪽에서는 형제들의 멜로디,
> 그들의

밤의 노래가 그대의 사랑스러운 가슴 안에 울린다.

그 다음 모두를 밝혀주는 한낮의 태양이,

동방의 아이, 경이를 행하는 자가 떠오르면

살아 있는 자 모두는 창조하는 이가 아침이면 언제나

차려주는 황금빛 꿈속에서 삶을 시작한다."(72~73)

(1요한 5,9~13)

공감(공동-정신/공통-정신)이 우주의 구원입니다!

작가 이외수의 명상집에는 다음과 같은 글이 나옵니다. "슬픔이 깊으면 자연을 벗하라. 모든 자연은 천혜의 성전이다. 그 성전이 당신에게 안식을 선사할 것이다. 자연을 사랑하는 사람이 곧 인간을 사랑하는 사람이다. … 풀 한 포기도 벌레 한 마리도 모두 조물주가 저술한 아름다운 한 권의 책이다. 행여 하찮게 여기거나 함부로 손상하지 않도록 각별히 유념해야 한다. … 덧없이 흘러가는 세월이여. 꿈이여. 깨달음이 없어도 좋으리니, 우리에게 만물을 사랑하는 그 마음만 키워다오." 좋은 생태학적 시선이라고 생각합니다.

그렇다면 먼저 이런 질문을 던져보고 싶습니다. 인간에게 도대체 구원이란 무엇일까요? 지금 인간은 구원을 필요로 하고 있는 것일까요? 별로 관심이 없을지도 모릅니다. 그러면 어떤 사람들에게는 부담스러운 질문이 될지도 모르니, 좀 더 범위를 작게 잡아 볼까요? 그리스도인에게 구원은 어떤 의미일까요? 오래전 유대인들이 생각했던 묵시문학적 유산인 천국과 지옥의 두 갈래

기로에서 지옥을 면하는 것이 구원일까요? 복음서를 가만히 보면 천국은 가는 것이 아니라 오는 것입니다. 하나님 나라의 의식을 갖게 되었던 예수가 사람들에게 맨 처음 했던 말은, "하나님의 나라가 가까이 왔다"(engiken he basileia tou theou)는 것이었습니다. 영국의 요한복음 연구의 대가인 다드(C. H. Dodd)는 "가까이 왔다"를 has come으로 번역을 해야 한다고 주장합니다. 그리스 원어에 가장 가깝게 번역했다는 RSV(Revised Standard Version)는 이를 at hand(손에 닿을 정도로, engys) 혹은 near라고 옮겨놓았습니다. 이러한 해석학적 근거에서 보면, 구원은 오고 있는 하나님의 지배 혹은 통치를 어떤 자세로 맞이할 것인가와 깊은 연관이 있는 게 아닌가 하는 생각을 갖게 합니다. 그렇다면 구원, 그것은 이 땅에서 잘 입고, 잘 먹고, 잘 자고 하다가 생이 다한 후에 다시 하늘나라에 가서도 잘 입고, 잘 자고, 잘 먹으면서 사는 평균적인 삶, 하이데거(M. Heidegger)가 말하는 일상인(das Man)의 삶이 아닙니다.

적어도 성령, 즉 하나님의 영 혹은 하나님의 정신을 선물로 받은 사람이라면 그러한 사유없이 사는 이기적인 신앙과 삶에서 탈피해야 합니다. 하나님의 영은 세속적인 몸의 것들로부터 완전히 해방되는 삶을 지향한다고 사도 바울로는 말해주고 있습니다. 더군다나 이 시대에 하나님의 정신을 자신의 삶의 기운과 척도로 해서 살겠다는 그리스도인은 피조물의 신음과 고통을 외면하지 말아야 합니다. 그것은 우리의 구원만큼 피조물의 구원 또한 중요하기 때문입니다. 하나님의 영, 하나님의 정신이 자신의 마음에 각인된 그리스도인은 나만의 구원, 인간만의 구원과 해방뿐만 아니라 피조물과 더불어 구원되어야 한다는 생각을 가져야 합니다. 그래서 구원은 더불어 구원이요 다함께 구원입니다. 그런데 현실은 어떤가요? 구원의 대상인 피조물은 인간에 의해서 신음과 고통, 상처와 파괴, 착취와 억압으로 인해서 만신창이가 되어버렸습니다. 횔덜린은 〈만족〉이라는 시에서 이렇게 썼습니다.

"한 인간이 삶으로부터 스스로를 발견할 수 있고
삶이 어떻게 느껴지는 것인지를 알 수 있다면
그것은 좋은 일이다. 위험으로부터 벗어난 사람은
폭풍과 바람을 벗어난 사람과 같다.

그러나 아름다움을 또한 아는 것,
전체 삶의 순응과 숭고함을 아는 것 더욱 좋은 일이다.
노력의 수고로부터 기쁨이 생겨날 때,
그리고 이 시간에 모두가 얻어낸 재화라고 스스로 부르듯이,

푸르른 나무, 가지들의 끝머리,
줄기의 껍질을 에워싸고 있는 꽃들
신적인 자연으로부터 존재한다. 그들은 하나의 생명,
이것 위로 하늘의 대기가 허리 굽혀 절하고 있기 때문에"(444)

인간이 삶 그 자체의 진리나 본질을 깨닫는 것은 매우 중요합니다. 우리 인간은 일생을 살다가면서 삶이 무엇인지에 대한 해답을 찾지 못하고 죽는 경우가 허다합니다. 그런데 우리가 한갓 미물에 지나지 않는다고 하는 자연도 나름의 미적 가치, 생명적 가치를 가지고 있습니다. 인간은 조화와 균형, 균제, 반복적 형태의 감성의 재현을 보여주는 자연이 아름답다고 말합니다. 왜 그러한 감성을 체험하는 것일까요? 우리 안에 미를 판단하는 능력인

주관적 보편성(subjektive Allgemeinheit)이 있기 때문입니다. 그러면 그 미적 감수성을 누가 부여한 것일까요? 횔덜린은 "신적인 자연"이라는 과감한 표현을 주저하지 않고 사용합니다. 이른바 범신론적 해석입니다. 자연을 들여다보면 하나님이 느껴집니다. 하나님이 생명을 만드셨기 때문에 그가 자연 안에 존재한다는 것입니다. 자연에 하나님이 내재한다는 횔덜린의 시적 표현은 단지 추상성이나 개인의 고백으로만 치부해서는 안 될 것입니다. 나의 생명과 자연의 생명은 동근원적 성격을 띱니다. 하늘의 마음과 정신이 아니면 인간은 물론 자연도 살 수가 없습니다. 자연을 신성시하고 자연의 생명 그 자체가 하나의 신적인 능력의 운동처럼 인식하지 않는다면, 인간은 자연을 지배하려고 하고 착취하려고만 할 것입니다. 여기에서 우리는 자연이 인간의 구원과는 전혀 별개의 것인 양 배타적 존재로 치부하고 마는 것입니다. 인간의 생태적 죄악은 자연을 대상화하고 수단화하는 데 있습니다. 그들의 구원은 안중에도 없습니다. 그들의 신음과 고통을 외면합니다. 인간과 더불어 동등하게 하나님의 구원의 자리, 하나님에 의한 해방을 염원하는 자격이 없는 듯이 취급합니다. 이것이 과연 하나님의 영을 받은 사람이요 하나님의 정신대로 사는 신앙인이라고 말할 수 있을까요? 횔덜린의 시를 조금 더 읽어보겠습니다.

> "그러나 호기심에 찬 사람들이
> 감성을 위해서 감행하는 것 이것이 무엇인지
> 운명이 무엇인지, 지극한 것, 이기는 것이 무엇인지 묻는다면
> 나는 이렇게 말하리. 그것이 삶이라고, 깊은 생각처럼.

자연이 평범하고 평온하게 해주는 사람

그 사람은 나에게 사람들을 위해 즐겁게 살라고 경고한다.

왜 그런가? 그것은 그 앞에서 현자들도 몸을 떠는 투명함이기 때문이다.

모두가 농담하고 웃음을 웃을 때 명랑함은 아름답다."(444~445)

삶이라고 하는 것은 지극한 감성, 지극한 운명인데 그렇게 감성적으로 살며 지극한 운명을 받아들이며 살도록 하는 것은 자연입니다. 피조물은 겸손한 감성으로서 우리의 감성을 자극합니다. 그와 같은 자연이 사람들을 평온케함으로써 다른 사람들과 즐겁게, 기쁘게 살라고 일러줍니다. 즐거움과 기쁨의 감성은 현재적 구원과 미래적 구원의 표상입니다. 구원을 뜻하는 영어 단어 salvation은 전인적 건강을 가리키는 라틴어 salve에서 온 말입니다. 따라서 구원받은 사람의 지표인 건강한 사람은 즐거움과 기쁨이라는 감성적 표현과 관계를 적극적으로 나눕니다. 현재와 미래, 오고 있음과 아직 오지 않음이라는 긴장 속에서 희망적인 구원, 메시아의 구원을 바라보기 때문입니다.

희망은 보이지 않습니다. 그러나 감성적 관계로 맺어진 사람과 사람, 사람과 자연의 관계는 웃음, 명랑함, 아름다움과 같은 긍정과 쾌의 기분을 나타냅니다. 그럼으로써 지금 여기에 있는 사람들에게 삶의 희망, 구원의 희망을 자신의 몸, 정신 그리고 기분을 통해서 보여주게 됩니다. 이른바 자신의 감성적 관계를 통하여 신적 자연 혹은 하나님의 존재를 가시적으로 드러내는 것입니다. 자연과의 관계는 총체적인 인간의 기쁨과 즐거움, 명랑함이라는 근본적인 신앙기분을 갖게 만듭니다. 기쁨과 즐거움, 명랑함이라는 신앙적 근본기분이라는 것이 언제부터인가 자연스럽지 않고 인위적이고 가식적이고 전략적인 감성이 되어버렸습니다. 구원의 희망이 사라지고 나아가 자연이 황폐해짐으로써 신앙적 근본기분을 자아내게 만드는 대상이 파괴되고 있기 때문입니다. 구원이 하나님으로부터 오고, 예수 그리스도를 통해서 알려지는 것이라면 자연은 그 구원의 전령자요 희망의 전달자라고 말할 수 있습니다. 다시 말해서 하나님의 구원과 자연의 아름다움은 우리로 하여금 구원의 가능성과 그로 인해 웃음 짓게 만드는 대상이라는 말입니다.

인간의 기쁨, 즐거움 그리고 명랑함과 웃음이라는 감성적 기분 상태를 회복하고 종국에는 인류의 구원을 확신하는 희망을 갖기 위해서는 어떻게 해야 할까요? 다시 하나님의 영에 기대고 하나님의 정신으로 무장하기 위해서 기도해야 합니다. 사도행전 2장은 성령이 인간을 어떻게 변화시키는가를 잘 기록하고 있습니다. 성령은 기도하는 신앙인들에게 영언(靈言), 즉 영적 언어로 말하게 함으로써 당신의 현존을 드러냅니다. 기도는 하나님의 현존을 감각화하고 신의 의지를 실현합니다. 기도는 하나님 자신의 현존으로 인간을 포함한 피조물 전체의 구원을 지향하고 있다는 것을 일깨워줍니다. 하나님의 영은 인간에게만 반응하는 것이 아닙니다. 미국의 언어학자이자 에세이스트 찰튼 래어드(Charlton G. Laird)는 초기의 언어학자들이 히브리어는 아담의 언어라고 보고, 언어란 인간에 의해서 발명된 것이 아니라 신의 선물로 생각했다고 주장합니다. 그의 설명처럼 만일 언어가 하나님이 준 선물이라면, 하나님의 영의 선물은 인간과 피조물 전체의 구원입니다. 횔덜린은 말합니다.

"남자들의 진지함, 승리와 위험들

그것은 교육받은 것에서, 목표가 있다는

지각에서부터 생겨난다. 최고인 자의 드높음은

존재를 통해서, 그리고 아름다운 유물을 통해 알게 된다."(445)

이것은 남자의 찬양이 아닙니다. 인간의 권력과 지배는 초월적 존재를 통해서, 지금 역사와 시간 속에 남겨진 자연의 아름다움을 통해서 나타날 때 올바르게 사용될 수 있습니다. 횔덜린이 그토록 말하고 싶어 하는 삶의 형이상학도 초월적 존재와 자연을 기반으로 하지 않으면 아무런 소용이 없습니다. 인간의 욕망이 꿈틀거리면서 인간이 인간을 다스리고 지배하고 싶어 합니다. 그뿐만 아니라 자연까지도 옴짝달싹 못하게 합니다. 인간이 인간을 소유하고, 자연까지도 사유화하려고 할 때 하나님의 생각, 성령의 생각과는 완전히 반하게 되는 것입니다. 그만큼 인간이라는 존재는 약하디 약한 존재입니다. 그러니 하나님에게 기대어 우리를 도와주십사 하고 기도해야 합니다. 지금의 인간의 욕망, 그로 인한 자연의 탄식과 절규, 아픔을 대신 간구해주십사 하고 기도해야 합니다. 우리의 언어도 깊이가 없고 진정성도 없고 사랑과 생태적 언어로 말하는 것도 어렵다면 인류와 피조물 전체의 구원을 위해서 하나님께 짧은 말로라도 기도할 수밖에 없습니다. 그러나 기도 또한 반드시 행동으로 이어져야 합니다. 횔덜린의 시를 더 언급하면 이렇습니다.

"삶은 행동에서 나오고 또한 모험적이다.

드높은 목표, 더욱 바로잡힌 움직임.

몸가짐과 발걸음, 그러나 덕망으로부터 축복이,

그리고 위대한 진지함이, 그리고 또한 순수한 청춘이. (...)

다른 한쪽은 고뇌에, 그리고 쓰디쓴 고통에 이른다.
삶을 농하는 사람들이 몰락하고
형상과 얼굴이, 선하지 않고 아름답지도 않게
행동했던 한 사람의 것으로 변할 때"(445~446)

　지금의 평온한 삶, 지탱가능한 삶이 되려면 기도라는 행동과 함
께 생태적 행동이 동반되어야 합니다. 나의 모든 움직임, 몸가짐,
발걸음이 생태적 덕으로 이어지도록, 그리고 삶은 불편하더라도,
우리의 신앙이 가능한 한 피조물의 구원을 고려하는 생태적 진지
함과 성숙함이 요청된다고 하는 것입니다.
　많은 사람들은 츠지 히토나리(辻仁成)의 『냉정과 열정사이』라는
소설 속에 등장하는 이런 말이 생각날 것입니다. "인간이란 잊으
려 하면 할수록 잊지 못하는 동물이다. 망각에는 특별한 노력 따
위는 필요도 없는 것이다. 끝도 없이 밀려오는 새로운 일들 따윈,
거의 모두 잊어버리고 살아간다. 잊었다는 것조차 모르는 게 보
통이다." 체르노빌 원전사고, 후쿠시마의 원전사고, 포항의 지진
과 그로 인한 경주의 핵폐기물저장소의 위험성, 광우병사태, 지구
온난화, GMO식품, 먹거리의 불신과 불안 등. 이것들은 생태적 망
각의 대상이 아닙니다. 그렇게 되어서도 안 됩니다. 우리 앞에 스
쳐지나간 수많은 환경적 재앙에 대한 생태적 망각은 더 위험하
기 짝이 없습니다. 구원은 위험과 함께 더 가까이 다가옵니다. 그
러나 그것은 같이 함께 구원을 이루어야 할 우주 공동체 속의 나,
생명 일반에 대한 자각이 선행되어야 합니다. 그러므로 우리의 구

원은 피조물의 고통과 신음과 직결된 것임을 잊지 말고 더불어 구원을 위해서 노력하는 그리스도인이 되어야 할 것입니다. 다음은 필자가 좋아하는 윤동주(尹東柱)의 서시(序詩)입니다.

죽는 날까지 하늘을 우러러
한 점 부끄럼이 없기를
잎새에 이는 바람에도
나는 괴로워했다.
별을 노래하는 마음으로
모든 죽어 가는 것을 사랑해야지
그리고 나한테 주어진 길을
걸어가야겠다.

오늘 밤에도 별이 바람에 스치운다.

윤동주(尹東柱)의 서시(序詩)에는 "하늘", "바람", "잎새", "별, "밤", "죽음"과 같은 생태적 개념들이 등장합니다. 시를 읽고 있으면 순결한 마음과 생명에 대한 성찰, 그것이야말로 생태적 위기를 맞이한 현시대에 필요한 그리스도인의 삶의 자세를 일러주는 듯합니다. 자연의 신음과 고통은 하느님의 가쁜 숨입니다!

(사도 2,1~21; 로마 8,22~27)

성스러운 숨결, 성령

신앙에서 이분 도식적 사유와 태도는 지양하는 게 좋습니다. 그럼에도 유독 바울로 서신에서는 이원론적인 신학이 강하게 드러납니다. 대표적인 실례를 보면, 영혼과 육체를 나누면서 전자는 우월하게, 후자는 열등하게 이야기를 한다는 것입니다. 이것은 분명히 그리스철학에서 영향을 받아서 신학적으로 풀었다는 흔적이기도 합니다. 물질이나 육체는 경시하고, 반면에 정신이나 영혼은 존중하는 것입니다. 그렇다고 해서 사도 바울로가 말하는 것처럼, 우리는 육체에 빚진 사람들은 아닙니다. 아마도 정신이나 영혼을 우선으로 생각하는 사람들은 육체가 감옥과도 같다고 말할 것입니다. 중요한 것은 정신이나 영혼이라고 내내 배워 왔기 때문입니다. 그런 해석에 비추어 보면, 우리의 몸은 욕망덩어리이기 때문에 그 본능을 따르게 되면 자칫 영원히 죽게 됩니다. 그래서 그리스도인은 가능한 한 육체에 빚을 지지 않으려고 부단히 애를 씁니다. 실제로 우리가 빚을 진 것은 성령에게만 그렇습니다.

바람을 뜻하는 그리스어 프네우마(pneuma)와 짝을 이루는 라틴어 스피리투스(spiritus)는 '숨결'이라는 의미를 지니고 있습니다. 이것이 독일어 가이스트(Geist)로 번역되었던 것입니다. 가이스트는 "솟아오르는 기쁨", "샘솟아 오르는 것"이라는 함의가 있으니, 짐작컨대 성령에 기댄다고 하는 것은 결국 어떤 솟구치는 생명적인 근원성으로부터 힘을 얻어 산다는 것을 암시합니다. 그와 맥을 같이하는 영어의 스피리트(spirit)는 '화산분출', '간헐천'을 의미합니다. 이러한 정신은 "절대로 족쇄를 채우지 못하며, 정신은 정의상 자유"로운 것입니다. 칼 구스타프 융(Carl G. Jung)은 "우리가 압도당하는 것, 바로 그것이 신인 것이다"라고 말합니다. 또한 그는 '정신이란 우리에게 즉각 바람을 불어넣으면서 자아를 팽창시킬 수 있다'고 보았습니다. 다시 말하면 성령은 신으로서 자유이며 자아를 팽창시키는 원인이라는 말입니다.

그러므로 성령을 따르는 삶을 살면 진정한 자유를 누리게 되고 육체적 본능과 욕망으로부터 일정한 거리를 둘 수 있습니다. 그러기 위해서는 성령에게 신세를 져야(은혜를 입어야) 살 수 있습니다. 실상은 지금도 성령에게 빚을 지고 있지만, 과거에도 우리는 알지 못하는 사이에 성령에게 은혜를 입었기 때문에 이렇게 살고 있는 것입니다. 만일 우리가 육체적 본능과 욕망에 빚을 진 채 채무자로 산다고 생각한다면, 한시라도 살 수가 없을 것입니다. 육체적 본능과 욕망이 정신과 영혼을 압도하여 채권자의 요구조건에 부합하는 죄악과 불의로 점철된 삶을 살 것이기 때문입니다. 급기야 지나치게 육체적 본능과 욕망에 충실하게 되면 영원성을 상실할 수밖에 없습니다. 본능과 욕망에 지배당한 육체가 정신과 영혼까지도 좀먹으니 인간이 신을 지향하는 눈을 빼앗겨 버리는 것입니다. 인간이 신을 지향하는 직관적인 능력은 성령으로부터 오는 것인데, 만일 육체 지향적인 삶을 산다면 신과의 접합지점을 찾기는 어렵습니다. 그것은 "성령의 인도를 따라 사는 사람", 즉 하나님의 자녀가 되기 위한 인간의 중요한 신앙 습관과 태도라고 말할 수 없습니다. 횔덜린은 〈디오티마에 대한 메논의 비탄〉에서 이렇게 말합니다.

"나날이 나는 밖으로 나가 언제나 다른 그 무엇을 찾는다.
셀 수 없이 많은 나날 나는 이 땅의 모든 길을 그들에게 물었다.
저기 서늘한 고원, 모든 그늘을 나는 찾는다.
또한 샘터도 찾는다. 영혼은 안식을 간청하며 아래 위를
헤맨다. 그처럼 화살에 맞은 들짐승도 숲 속으로 달아난다."(97)

일상은 중첩된 시간들로 이루어져 있습니다. 게다가 일상적 공간은 무한하기 그지없습니다. 일상은 바로 시간과 공간이라는 선천적인 감성의 형식에 의해서 사물과 대상을 인식하도록 촘촘히 짜여 있습니다. 그러므로 먼저 근본적으로 물어야 할 것은 그 시간과 공간의 나날들 안에 내재와 초재로 등장하는 하나님의 존재입니다. 다시 말해서 성령은 어떻게 우리 삶에 작용하는가를 찾고 또 찾아야 합니다. 성령은 늘 언제나 '다른 무엇'입니다. 성령이 다른 것과 다른 존재가 아니라면 우리가 찾아야 할 이유가 없습니다. 다른 존재와 똑같은 일상적 사물이나 대상이라면, 굳이 그를 따라서 또는 영적 기운을 따라서 살 필요가 없다는 말입니다. 그러므로 그리스도인은 나날들, 일상적 시공간 안에서 초월적 존재를 인식하면서 그를 철저하게 살아내려고 하는 실천적인 길이 무엇인가를 물어야 합니다. 일상적 시공간이 우리의 신앙에서 당연하다고 생각하지 말고, 그 시공간이 신앙적 물음의 시원이 될 수 있어야 합니다. 횔덜린은 또 이렇게 말을 이어갑니다.

"북풍, 그 사랑하는 자들의
적대자는 비탄을 예비하면서 위협했고 가지에서는
나뭇잎 떨어지고 빗발치는 바람결에 날리었을지라도
우리 평온하게 미소 짓고 친밀한 대화 속에서
우리들 자신의 신을 함께 느꼈었다. 하나의 영혼의 노래를 통해,
우리들 평화 가운데 오로지 어린이 같이 기뻐하면서"(100)

때로는 성령, 즉 영적 기운(영기)은 모든 것들을 집어 삼킬 듯이 공포와 두려움, 떨림으로 다가옵니다. 하지만 그렇다고 해서 성령이 항상 인간들에게 폭력적인 것만은 아닙니다. 지배적이고 위

압적인 존재로서의 성령은 왜곡되어 있는 신앙인의 습관적 사고입니다. 다만 성령은 인간을 하나님의 자녀로 만들어줍니다. 그는 평온한 미소와 친밀한 대화로 우리에게 다가옵니다. 더욱이 성령은 감히 우리가 하나님을 "아빠"라고 부를 수 있도록 힘을 줍니다. 우리가 하나님을 아빠라고 부를 수 있는 것은 우주 안에 편만해 있는 성령이 그렇게 고백할 수 있는 힘을 주었기 때문입니다. 성령은 인간을 노예나 기계를 부리듯이 다루는 것이 아니라 인격적인 자녀로 대우를 한다는 사실입니다. 그래서 횔덜린은 이렇게 말합니다.

> "옛날은 달랐도다! 오 청춘이여, 기도도 그대를
> 결코 되돌려주지 않는가? 어떤 길도 나를 돌이켜주지 않
> 는가?
> 내 운명, 이전엔 반짝이는 눈빛으로 복된 식탁에 앉았으나
> 이제 신들을 잃어버린 자들에게처럼
> 곧 배불러지고 취한 손님들도
> 말을 잃고 만 것과 같은 것이라면, 이제 대기 아래
> 노래는 잠자고, 꽃 피어나는 대지 아래서도 노래 잠들리라,
> 경이로운 힘이 그 침침한 자를 일깨워 되돌아오기를,
> 새롭게 푸르른 대지 위를 거닐기를 강요할 때까지~"(101)

성령의 임재는 기도를 통한 요청의 결과입니다. 아니 어쩌면 요청 이전에 성령은 본래의 나의 참 모습으로 되돌이켜주기 위한 존재입니다. 진정한 나 자신으로 돌아가도록 만들어 주는 힘을 지니고 있습니다. 그것은 그리스도인이 하나님의 상속자로서의 그리스도와 동등한 상속자가 되는 것입니다. 성령은 바로 그와 같

은 확신을 우리에게 심어줌으로써 그리스도와 진정한 합일을 하게 합니다. 하나님을 아빠라고 부를 수 있도록 만든 성령은 이제 더 이상 우리를 '신을 잃어버린 자들'처럼 취급하지 않습니다. 그리스도와 동등한 상속자인 그리스도인은 경이로운 힘인 성령에 의해서 그와 같은 자기 자신에 대한 분명한 인식에 도달하게 됩니다. 따라서 그리스도와 동등한 상속자인 그리스도인은 푸른 대지 위에서 성령을 만나고 그와 동행해야 합니다. 인간이 신을 잃어버리게 되는 이유는 대기와 대지, 시간과 공간에 현존하고 있는 영적 기운을 느끼지 못하기 때문입니다. 횔덜린은 그것을 "성스러운 숨결"이라고 표현하고 있습니다.

> "성스러운 숨결 신적으로 빛나는 형상을 꿰뚫어 흐르는 것은
> 축제 저절로 흥겨워지고 사랑의 밀물 스스로 움직이며
> 천국을 힘껏 마시고 살아 있는 강물이 소리 내어 흐를 때,
> 그 아래 소리 내며 한밤이 그 풍요로운 대가를 치르며,
> 시내로부터는 묻힌 황금이 솟아올라 반짝일 때이리라~"(101)

성스러운 숨결인 성령이 현존하는 세계에는 즐거움과 사랑이 일고, 그리스도인에게는 하나님의 나라가 지금 여기에 현현하는 것처럼 믿습니다. 따라서 우리가 시공간과 모든 대지와 대기 아래에 귀를 기울인다면 성스러운 숨결이 어떤 호흡을 하고 있는지 알게 됩니다.

성스러운 숨결의 현현은 무슨 특별한 현상이 아닙니다. 일상의 시공간, 대지와 대기, 강물과 시내 그리고 한밤의 어두움과 같은 모든 자연과 우주 속에서 발견되는 성스러운 기운입니다. 만일 우리가 하나님의 자녀요 그리스도와 동등한 상속자라면 켜켜이 쌓

인 일상으로부터 시작해서 드넓게 펼쳐진 우주에 이르기까지 성스러운 숨결이 함께 한다는 사실을 믿어야 합니다. 성스러운 숨결이 현존하고 있는 약자인 자연이 어떻게 그를 드러내고 있는가, 그리고 그를 드러내기 위해서 약자인 자연이 얼마나 고통과 고난을 당하고 있는지 뼈저리게 깨달아야 합니다. 성스러운 숨결은 인간뿐만 아니라 자연도 동등하게 하나님의 영광을 함께 누리기를 바라기 때문입니다. 그런데 횔덜린의 이러한 탄식은 도대체 무엇이란 말입니까?

> "신의 아이여! 그대 예전처럼 나에게 모습 보이고
> 예전처럼 다시금 드높은 일들을 나에게 이르고 있는가?
> 보라! 아직도 내 영혼 부끄러워하는 고귀한 시절을 생각할 때
> 나 그대 앞에서 울며 비탄치 않을 수 없도다."(102)

성스러운 숨결은 인간의 일상에서 자신이 발견되기를 고대합니다. 그리스도인이 하나님의 자녀라면 일상 안에서 보여지기를 바라는 성스러운 숨결을 찾을 수 있어야 합니다. 동시에 그리스도인 또한 성스러운 숨결에게 보여질 수 있도록 하나님(예수)과 "친밀한 정신"이 되어야 할 것입니다.   (로마 8,12~17)

타자를 위해 헌신하는 생명적 존재

교회의 존립 목적은 무엇입니까? 단적으로 말해서 그리스도를 나타내는 데 있습니다. 그런데 오늘날 교회를 비롯하여 다른 종단도 자신의 고유 목적과는 전혀 상관없는 행위들이 비일비재하

게 일어나고 있습니다. 신앙의 본질을 드러내고 창교자의 의지에 맞갖게 삶을 살려고 하는 성직자와 신앙인은 보기 드문 현실이 되었습니다. 사도 바울로는 종교의 선교나 신앙 행위를 함에 있어서 결코 자신을 드러내는 것이 아니라고 합니다. 오직 예수를 일하는 종이기 때문입니다. 그런데 묘하게도 교회의 성직자이건 신자이건 간에 대접을 받으려고만 하고 자신의 신앙적 인식과 판단이 가장 옳은 것으로 착각하고 있습니다. 사도 바울로는 교회 공동체를 위해서 오직 주인은 예수일 뿐이고 자신은 종이라고 말하고 있는 것을 눈여겨 볼 때, 우리에게 시사하는 바가 있습니다. 교회는 타자를 위해서 존재해야 한다는 사실입니다. 아니 타자를 위해서 존재하기 위해서 서로 섬기고 종이 되어야 합니다. 아마도 철학자 시몬 베이유(S. Weil)가, "우리가 주의하는 순간에 있어서 신앙은 사랑과 같이 존재한다"고 말한 것도 종교의 신앙이나 목적은 사랑과 별개가 아니라는 말로 들립니다.

시몬 베이유는 "하나님의 묵시적인 사랑은 세 개의 직접적인 대상밖에 없다. 하나님은 이 유일한 세계의 대상 속에 비밀리에 존재한다. 이 세 개의 대상이란 종교의식 및 세상과 우리 이웃의 아름다움이다"라고 말합니다. 사실 사랑의 대상을 세 개로 나눈 것 같지만, 종교와 세상과 이웃을 빼놓고 결단코 사랑이 독립적일 수 없음을 의미합니다. 사랑은 그리스도를 중심으로 연결됨으로써 교회의 본질이 바로 그리스도를 증언하는 관계요 감정이라는 것입니다. 그런데 우리가 처한 종교적 현실이 그렇지 못한 연유는 어디에 있을까요? 하나님이 우리의 내면을 비추고 있는 빛을 잃고 있기 때문입니다. 아예 인식을 못하는 것도 허다합니다. 그리스도교의 사랑이란 신자인 우리의 몸짓과 말짓을 통해서 존재하며, 이미 우리 안에 존재하는 사랑으로 그리스도의 생생한 현존과 그의 살아 있음을 알리고 전하는 목적이 교회의 본질입니다. 그러기 위해서는 하나님이 우리의 마음을 비추고 있는 밝은 빛을 인식해야 합니다. 그래야 그리스도의 본질에 다가가고 그에게 나타난 하나님의 원의를 알고 실천할 수 있습니다. 횔덜린은 〈보나파르트〉라는 시에서 이렇게 말합니다.

"시인들은 성스러운 그릇이라,
그 안에 삶의 포도주, 영웅들의
정신 간직되어 담겨 있네,

그러나 이 젊은이의 정신
그 재빠른 정신, 그것을 붙잡으려 한
그 그릇을 깨뜨릴 수밖에 없지 않았던가?

시인은 자연의 정신이 그러하듯 그를 건드리지 않은 채 버려두었고
그런 소재를 만나면 시인은 장인의 어린아이가 된다네.

그는 시 안에서 살 수도 머물 수도 없으니
세속에서 살며 머물러 있다네.(293)

시인들은 세계를 창조하고 사물을 성스럽게 하는 존재입니다. 시인들의 정신세계 안에 많은 세계 언어들이 존재하듯이 우리를 직조한 하나님은 자신의 능력을 인간 안에 심어주었습니다. 그래서 만일 하나님을 올바로 믿는다면 신앙의 창조적인 능력, 생명적인 능력은 저절로 신앙인으로부터 흘러나와야 마땅합니다. 하나

님의 능력, 세계를 늘 새롭게 만드는 능력, 갱신하는 능력은 하나님을 닮은 것인데, 하나님과 근접 거리에 있는 사람들은 자연스럽게 삶과 정신을 세상과 나누는 삶을 살게 마련입니다. 하나님은 우리를 성스러운 존재로 만드시고 대신 그 성스러운 현현을 우리를 통해서 볼 수 있도록 하셨습니다.

그런데 신앙현실은 그렇지 않습니다. 신앙인의 마음은 시인들처럼 새로운 언어로 말하는 것을 주저합니다. 낯선 언어가 자신들의 삶의 세계를 박탈할까 봐 전전긍긍하면서 구태의연한 언어로 하나님과 세계를 설명하려고 합니다. 사도 바울로는 하나님과 같은 형식이 우리 안에 있다고 말하고 있는데, 형식 안에 아무런 신앙내용을 채우지 않았기 때문에, 아니 채우지 못했기 때문에 자신의 신앙언어뿐만 아니라 타자의 언어도 이해하지 못하는 상황이 되어버렸습니다. 말로 세계를 창조하신 하나님을 신앙적으로 잘 인식했다면, 삶과 신앙의 창조적인 능력은 바로 우리가 사용하는 말, 생명적인 말에서 나타난다는 것을 깨달을 수 있었을 것입니다. 하지만 지금 그리스도인을 보면, 내면은 진지함이 없어서 천박하기 이를 데 없고 변명하기만 하는 신앙인이 된 것은 마치 젊은이들처럼 섣부른 정신, 무르익지 않은 정신으로 신앙을 포장하고 있습니다. 시인은 말 속에 있어야 살 수 있습니다. 자신의 언어 안에 머물지 못하는 시인은 죽은 시인입니다. 생명이 없는 시인입니다. 마찬가지로 신앙인의 절망, 실망, 궁지 속에서도 살 수 있는 길은 신앙의 언어, 생명적인 존재 자체인 하나님이라는 존재언어가 지칭하는 그 안에 있어야 합니다. 우리가 일상적으로 말씀 안에 거한다라고 표현할 때 바로 하나님을 가리키는 그 본질을 향한다는 것을 뜻합니다. 말씀이라고 해서 문자나 말이 인간에게 각인되는 것을 의미하는 것이 아닙니다. 문자나 말은 표면적이고 단지 의미 그 자체를 지시하는 수단에 불과합니다. 의미 그 자체, 생명 그 자체는 몸 안에 있습니다. 각자의 몸 안에 있는 예수의 생명이 꿈틀대는 것을 느낀다면 문자나 말, 음성적 언어는 이제 생명적 운동으로 그리스도인 안에 존재 그 자체로 살아 있는 것입니다.

그렇지 않다면 단지 메시지의 흐름 속에서 청각적 효율성만을 따질 것입니다. 발화 권력자인 설교자가 얼마나 내게 청각적인 쾌락을 줄 것인가, 하는 것만을 수치적, 계량적, 산술적으로, 자극적인 지표로만 계산할 것입니다. 거기에는 생명이 없습니다. 그리스도인이 신앙적으로 산다는 것은 예수의 죽음을 몸으로 체험한다는 것을 뜻합니다. 그래야 죽음을 경험하더라도 예수의 생명이 그리스도인 각자의 몸 안에 살고 있다고 말할 수 있습니다. 우리가 삶 속에서 예수의 죽음을 경험한다는 고백도 결국 양적인 측면과 강약을 측정해서 그것을 산출한 주관적인 고백이 아닙니다. 고백적인 언어는 언제나 질적인 신앙을 통하여 예수를 드러내는 방편입니다. 우리가 매일 예수의 죽음을 경험한다는 고백은 어떠한 극한 상황에서 예수를 드러낸다는 것입니다. 신앙적인 고백일진대 신앙적 사건으로서의 나의 삶의 연속선상에서 벌어지는 질적인 신앙을 가리키는 언어와 삶이 일치되지 않으면 예수는 우리를 통해서 살지 못합니다.

예수가 살아야 신앙언어도 삽니다. 앞에서 횔덜린이 말한 것처럼, 시인이 자신의 시어에 머물지 못하면 시 바깥으로의 추방을 경험하게 됩니다. 그는 더 이상 시인이 아닙니다. 시인의 정신은 언어를 통한 세계의 각성에 있습니다. 그럼에도 시인이 자신의 언어에 머물지 못한다는 것은 세속으로의 영원한 추방이요 세속적 언어 속에서의 죽음입니다. 자신의 언어를 창조적으로 만들어서 그 내적인 세계를 구체적인 삶의 현실로 축조하지 못하는 시인은 죽은 것이나 마찬가지 입니다. 예수와 신앙언어 그리고 그리스도인과 신앙언어도 다를 바가 없습니다. 우리 몸에 새겨진 생명과 그 언어는 우리 자신을 위험에 빠뜨립니다. 다른 언어를 사용하는 사람은 결국 낡은 세계에 안주하려는 기득권자나 권력자에게 눈엣가시일 뿐입니다. 세속적인 언어나 세속적인 삶의 방식에 순응해 주기를 바라는 기득권자는 세계를 바꿀 필요가 없다고 생각합니다. 만일 신앙언어로 세계를 뒤흔들려고 한다면, 기득권자, 언어의 권력자들은 가만히 있지 않을 것입니다.

예수가 사용한 시적 언어, 수사학적 언어는 기득권자의 언어가 아니었습니다. 종래의 신앙언어가 아니라 민중의 언어요 민중의 뜻이었습니다. 이른바 신앙인의 복음이 아니라 '시민의 복음' 혹은 '복음적 시민'을 위해서 해체적인 언어를 사용한 것입니다. 그 언어로 세계를 바꾸려고 했습니다. 복음이 특정 종교에만 묶여 있는 것이 아니라 세계를 향해 나아가야 한다면, 복음은 신앙인의 것만이 아니라 시민의 것이어야 하기 때문입니다. 시민의 복음이란 복음이 어느 특정인에게만 독점적으로 주어진 것이 아니라는 것을 암시합니다. 복음이 생명을 가지려면 세계의 변혁을 위해서 죽을 수 있는 예수 죽음의 언어적 성찰과 그 언어의 실재적 내재화가 선행되지 않으면 안 됩니다. 그리스도인이 언어를 사용할 때, 음성언어를 사용할 때 죽음의 위험에 처한다는 것이 단순히 순교를 각오해서가 아니라 그 언어가 가진 생명성 때문에 세계가 변혁되는 과정 속에서 맞이하는 죽음의 위협, 죽음의 위험이어야 의의가 있는 것입니다. 그냥 말이 아닙니다. 아무 생각 없이 내뱉는 습관적인 신앙언어도 아닙니다. 예수를 드러내는 신앙언어, 세계 변혁적인 언어, 예수를 가깝게 보게 만들어 주는 언어이어야 합니다. 그와 같은 언어 행위가 예수의 생명이 살아 있음을 드러내 보여주는 것입니다. 따라서 예수를 살게 하기 위해서 죽음을 각오한 참된 신앙언어, 신앙행위가 필요합니다. 단지 나의 신앙언어나 행위의 정당성 때문이 아닙니다. 더군다나 나는 진정한 종교인(그리스도인)이라는 것을 몸의 죽음을 통해서 변증적으로 보여주려고 한다면 더욱 죽음의 명분을 갖기 어렵습니다. 그것이 죽은 이들의 신앙언어의 외현 혹은 예수의 생명이 약동하고 있다는 것을 말해주는 것이 아닙니다.

우리가 사용하는 신앙언어가 시인처럼 멋들어진 감성적 언어가 아니어도 좋습니다. 굳이 그럴 필요도 없습니다. 각자 그리스도인 안에 예수가 머물고 있다면, 그냥 자연스럽게 우리 안에서 파생되는 예수의 정신이 담긴 언어, 예수의 삶이 묻어나는 진정한 언어, 어린아이처럼 꾸미려고 하지 않아도 예수의 원의가 잘 전달되는 의사소통적인 언어가 된다면 세계는 변혁될 수 있습니다. 사족을 붙인다면 반드시 하버마스의 철학적 견해를 강조하지 않아도 우리가 사용하는 신앙언어가 '도구적 합리성'으로 전락하지 않고 이익을 고려하지 않는 언어, 전략적이거나 경쟁적이지 않은 언어, 효율성만 생각하지 않는 언어, 그리고 비판에 대해 개방적인 입장을 취하는 언어적 태도를 견지했으면 좋겠습니다. 더 나아가 자기와 타자 사이의 합의, 이해 그리고 토론이 가능한 '의사소통적 합리성'의 신앙언어가 되어야 할 것입니다.

횔덜린이 "시인들은 성스러운 그릇"이라고 한 말은 매우 인상적인 표현입니다. 혹 그리스도인 안에도 예수를 떠올리게 하는 신앙언어를 담고 있는 그와 같은 성스러운 그릇, 신적인 마음, 초월적인 형식이 있지 않을까요?   (2고린 4,5~12)

———

크레도 에르고 숨(credo ergo sum)

그리스도교에서 믿음이란 무엇일까요? 성서적 전통에 서 있는 교회와 문자나 활자를 중시하는 그리스도교는 믿음과 그 합리적 근거를 신앙 선조들이 하나님을 체험한 방식과 그 내용에서 찾으려고 하였습니다. '믿는다'는 동사의 라틴어 credo(크레도)는 덮어놓고 믿는 것, 아무런 근거가 없이 하나님을 믿는 것이 아닙니다. 사도 바울로의 이야기처럼, 하나님에 대한 믿음의 내용과 근거는 성서에 기록되어 있습니다. 내가 믿는 것, 말하는 것은 성서에 기초를 두고 하는 말이다라는 주장입니다. 역사 속에서 나타났고 개인의 삶에 영향을 준 존재를 하나님이라고 칭하면서, 수많은 성(聖)의 체험이 있어 왔습니다. 그것을 간과하지 않고 비록 다른 역사성과 시간성이라 할지라도 동일한 성의 체험을 가능하게 하고 검증가능하게 하는 것은 성서입니다.

성서의 내용들은 믿음의 정신이 되어 믿음을 가능하게 만드는 요인이 됩니다. 그렇다고 문자나 활자에 사로잡혀서 살라는 말이 아닙니다. 존재는 문자를 초월해 있습니다. 그러나 초월했다고 해서 문자를 완전히 떠난 것이 아니라 기록된 문자를 마음으로 깊이 살피면 신앙의 선조들이 경험했던 하나님을 체험할 수 있습니다. 그래서 말하기 전에 믿어야 합니다. 아니 신앙신조와도 같은 "나는 믿는다. 그러므로 나는 존재한다"는 고백이 먼저여야 문자에서 의미가 발생할 수 있습니다. 믿음을 전제로 하지 않고, 다시 말해서 과거의 신앙의 선조들이 체험했던 성의 경험을 신뢰하지 않고 그리스도인이 어떤 변화가 일어날 것이라고 확신할 수는 없기 때문입니다. 그리스도인이라면 믿는다라는 동사가 먼저 나와야 합니다. 그 다음의 고백적 언어와 말로 인한 선교적 증언은 지금의 나를 있게 한 그 존재가 타자들로 하여금 진정으로 존재하게 하고 실존하도록 한다는 믿음이 함께 수반되어야 합니다. 믿는다는 것은 타자에 대한 깊은 신뢰와 가시적인 타자에 대한 존재의 신뢰성이 영원히 변하지 않을 것이라는 것을 의미합니다.

흥미로운 사실은 사도 바울로와 같은 그리스도의 증언자들은 예수의 사건과 그 의미를 독점하려고 하지 않았습니다. 그들은 1인칭 단수로서의 주체적 사건이 익명의 수많은 복수성(複數性, plurality), 즉 복수적 존재와 나누어야 한다는 것을 늘 강조하고 있습니다. 다시 말해서 그리스도교의 특수한 성의 체험은 나만의 진리가 아니라 모든 사람들에게도 진리로서 다가서고 설득될 수 있는 예수의 사건과 의미여야 합니다. 횔덜린은 〈선조의 초상〉이라는 시에서 이렇게 말문을 엽니다.

"어떤 덕망도 꺼지는 일 없기를!
늙으신 아버지! 당신은 그전처럼 여전히 바라다보고 계십니다.
필멸의 사람들 가운데 기꺼이 사신 거기,
그러나 그저 평온하게 그리고
마치 지복한 자들처럼, 더 밝게"(116)

예수를 믿었던 신앙 선조들의 덕망이 사라지지 않게 하기 위해서는 그리스도인의 개별 은총은 혼자만의 은총이 되어서는 안 됩니다. 개별적인 그리스도인의 영광은 자신의 것이 아니라 하나님의 영광이 되어야 합니다. 그런데 믿는다라는 신앙신조의 동사는 복을 달라고 하면 가득 주고 병을 고쳐달라고 하면 낫게 하고, 지옥에 떨어지지 않게 해달라고 기도하면 영원한 하늘나라로 안내해주실 것이라는 신뢰감을 내포하는 말이 아닙니다. 믿는다는 것은 믿음의 마음과 과정과 결과가 모두 나의 것만이 아니라 궁극적으로 하나님의 것이 되어야 하고, 작게는 복수로서의 타자와 공유된 것이어야 합니다. 그렇지 않으면 자칫 믿음은 주술이나 주문처럼 되어버립니다. 성서의 문자를 깨닫는 게 중요한 것이지 그 문자를 읽고 암송하면 무엇인가의 주술적 존재가 그것을 대가로 선물을 줄 것이라고 생각하면 안 됩니다. 기록된 성서를 내면화하고 믿는다는 것은 믿음의 정신대로 살겠다는 데에 목적이 있어야 합니다. '크레도'(credo, 나는 믿는다) 다음에 '에르고'(ergo, 그러므로)로 이어지기가 그래서 어렵습니다. 믿음의 목적, 믿음의 처음 마음, 믿음의 대상, 믿음의 과정, 믿음의 결과까지 신앙의 눈으로 따라가면서 신앙 선조와 동일한 성의 체험을 해보려고 할 때에 비로소 타자에게 발언할 수 있고 고백할 수 있습니다.

휠덜린의 시 초입에서 말하고 있다시피, "당신은 그전처럼 여전히 바라다보고 계십니다"라는 문장이 신앙적으로 알려주는 바가 달라 보이는 이유입니다. 신앙의 차원에서 보면 하나님은 과거의 신앙 선조들이 바라보았던 당대의 사람들에 대한 시선과 지금의 사람들을 바라보는 시선은 다르지 않습니다. 다만 달라진 것은 우리의 시선이요 인식입니다. 크레도가 변했습니다. 하나님을 믿기 보다는 물질, 사람, 조직, 체제와 같은 쉽게 변할 수 있는 대상들에게 마음이 쏠려 있습니다. 그러니 '그러므로'라는 접속사를 넘어서 '나는 말한다' 혹은 '나는 존재한다'는 것은 그와 같은 대상성과의 연관성 속에서 나의 말도 줏대 없이, 나의 존재도 얼마든지 바뀔 수 있다는 불안감을 줄 뿐입니다. 신에 대한 믿음이 흔들리는데, 사람에 대한 신뢰라고 견뎌낼 수 있을까요? 어불성설입니다. 과거의 하나님과 현재의 하나님의 연속성은 애초에 믿음의 시작과 목적을 "내적 인간"의 탄생, 내적 인간의 쇄신일 때 가능합니다. 횔덜린은 다음과 같이 말합니다.

> "손자가 당신을 부르는 아버지! 그 거처 안을 바라다보십
> 니다. (…) 그곳 거처 안을. 멀리 떨어져, 사랑하는 여인
> 그 아이를 바라보고 말하는 것과
> 어린 나이의 분별과
> 활짝 피어나는 눈을 놀라워합니다."(116)

하나님은 존재자의 목소리가 발생하는 곳을 향해서 눈을 돌리십니다. 그것은 예나 지금이나 다르지 않습니다. 사람의 소리, 즉 애절함과 간절함, 비통함과 즐거움 그리고 기쁨과 슬픔과 같은 소리를 외면하지 않으시고 그 목소리가 흘러나오는 거처를 유심히 살펴보십니다. 그 목소리는 단순히 감정이나 인간 실존의 과제 속에서 헤매는 문제들에 관한 음성이 아닙니다. 그 목소리의 근원은 내적 인간이 내는 목소리, 아주 깊은 심연의 영혼에서 흘러나오는 소리가 될 때 바로 그 거처가 하나님의 관심사가 됩니다. 왜냐하면 하나님은 바로 인간의 가장 깊은 영혼의 근저에 자신의 거처가 있고 그것을 깨닫는 인간을 만나시기 때문입니다. 그러므

로 그리스도인은 외적 인간을 추구하기보다는 내적 인간을 성숙시키려고 노력을 해야 합니다. 휠덜린은 또 이렇게 이어갑니다.

> "말 없으신 아버지! 당신께서도 그렇게 사셨고 사랑하셨습니다.
> 그 때문에 당신께서 지금 불멸하는 분으로
> 자손들 곁에 깃들어 계십니다. 또한
> 침묵하는 천공으로부터이듯이 생명이"(117)

처음에 사람들이 예수를 믿게 된 근본 동기는 예수 자신이 하나님의 뜻을 찾아보려고 부단히 애를 썼고, 그 뜻에 맞갖게 살았기 때문에 그 매력적인 남자를 어찌할 수 없어서 자신들도 그처럼 동일하게 살아야겠다는 마음 때문이었을 것입니다. 그러므로 믿는다는 것은 신앙 선조들이 혹은 예수가 그렇게 사셨던 것처럼 우리도 그렇게 살겠다는 것을 확신하고, 확정하고, 확언하는 것입니다. 그런 의미에서 "크레도 에르고 숨"(Credo ergo sum)이라는 말이 결코 가볍지 않은 것입니다. 보이지 않는다고 하더라도 그가 보이는 것처럼, 지금 보고 있는 것처럼, 여기 살고 있는 것처럼 그와 같은 시선을 가지고 살 때에 믿음과 나의 존재가 일치하게 됩니다. 그와 일치된 삶은 가시적이고 가변적인 거처나 삶이 아닙니다. 하나님이 세워주시는 집은 믿음을 기반으로 살고자 하는 이들에게는 영원성이라는 약속된 장치를 부여합니다. 그 영원성은 신앙선조의 믿음과 나의 믿음이 맞닿아 있는 지점으로서 앞으로도 이어질 신앙의 집입니다. 휠덜린은 말합니다. "종종, 평온하신 분이여! 당신으로부터 그 집 위에 내립니다."(117) 그리스도인의 희망, 행복, 번창, 검소와 같은 신앙의 덕목은 하나님의 거처에서 흘러나오는 결과물들입니다. 그것은 하나님의 믿음에 의해서 형성되는 사유와 삶의 근거가 하나님에 의해서 유출된다는 것을 알려줍니다. 마지막으로 횔덜린은 이렇게 말합니다.

"더 높이 그는 술잔을 치켜들고 당신의 초상을 보면서 말합니다.
우리는 지금 당신을 생각합니다, 하여 이 집의 선한 정령들에게
영광되고 변함없으시라, 여기 그리고 그 어디에서건!"(118~119)

믿음은 늘, 항상, 지금 여기에서 '하나님을 생각함'입니다. 하나님을 향해서 깨어 있음입니다. 그럴 때 나의 존재가 규정됩니다. 절대 타자가 있는 한, 그리고 그와 같은 확신을 가지고 하나님을 지향하는 기록된 문자를 읽고 발언되는 음성을 듣는다면 나 자신의 존재, 내가 있다는 확신과 믿음, 확언의 문턱은 그리 높지 않다고 해야 할 것입니다.   (2고린 4,13~5,1)

나는 그런 그리스도인이 아닙니다?

"나는 그리스도인이 아닙니다." 철학자 키에르케고르(S. Ki-erkegaard)는 "나는 자신을 그리스도인이라고는 부르지 않는다"라고 말합니다. 말인즉슨 '당대의 교권이나 교회 그리고 성직자들에 의해서 인위적으로 조작된 그리스도인의 모습은 나와는 별상관이 없습니다', '나는 그와 같은 위조된 그리스도인이 아닙니다'라고 해석할 수 있습니다. 오늘날 많은 그리스도인은 키에르케고르가 비판한 "만들어진" 그리스도인, "위조된" 그리스도인일지도 모릅니다. 그것의 원인도 역시 키에르케고르는 다음과 같이 말합니다. "차원이 높은 것, 무한한 것, 이상,(理想) 하나님께 봉사하고

있는 것처럼 보이지만, 눈여겨 잘 살펴보면 유한한 것, 차원이 낮은 것, 이익에 봉사하는 것이다." 그리스도인은 육체적이고 물질적인 것, 가시적인에 대해서는 일정한 거리를 두고 생활하는 사람들입니다. 그렇지 않으면 사도 바울로의 말처럼, "우리가 주님을 멀리 떠나 있다는 것"이 됩니다. 하나님과 멀리 있는 존재는 유한한 것, 차원이 낮은 것, 당장의 이익에만 관심을 기울이는 사람입니다.

원초적인 육체에 속한 것에만 관심이 있는 그리스도인은 진정한 그리스도인이 아닙니다. 그것은 잘못된 성직자나 교회조직에 의해서 위조되고 학습된(의식화된) 그리스도인입니다. 신앙이나 하나님을 곁에 두고 있는 그리스도인은 육체적인 것, 유한한 것, 가시적인 것 등과는 멀리하며 살아가려고 합니다. 반면에 하나님과 멀리 있는 사람들은 차원이 높은 것, 무한한 것, 비가시적인 것에 대해서는 등한히 합니다. 비가시적인 존재를 가까이 하기는 어렵습니다. 가시적인 것, 대상성과 사물성에 집착하기는 쉽습니다. 쉽기 때문에 더 가까이에 둘 수 있습니다. 눈에 보이기 때문에 순간순간 옆에 둘 수가 있습니다. 이에 반해 눈에 보이지 않는 존재에 대해서는 순간순간 내 옆에 두기가 어렵습니다. 순간순간 깜박합니다. 키에르케고르가 "순간이란 그분이 존재하는 때를 말한다"고 한 것도 그런 이유입니다. 순간은 찰나이고 잠깐의 시간적 계기이지만 그 순간에도 그분이 존재한다는 것, 눈 깜짝 할 사이 사이에도 하나님은 존재한다는 것을 그는 말해주고 있습니다. 사이는 새로움입니다. 또한 사이는 생각의 알짬, 생각의 짬이기도 합니다. 그래서 새로운 체험을 받아들이고 인식할 수 있습니다. 틈이 있고 여백이 있으니 그 사이에 새로운 하나님의 시간적인 경험이 개입될 수 있기 때문입니다. 게다가 순간에 대한 의식, 잠시 잠깐도 신앙에서 방심하지 말라는 엄중한 경고가 내재되어 있는 듯합니다. 우리는 그와 같이 순간순간 비가시적인 존재인 하나님을 내 옆에 두도록, 바로 내 옆에 존재하도록 민감하고도 예민한 신인식을 가질 수 있도록 해야 합니다. 그것이 바로 욕망적 육체를 떠나서 마음과 정신 속에서 하나님을 만나는 것입니다. 휠덜린은 〈정신의 생성은...〉이라는 시에서 이렇게 말합니다.

> "정신의 생성은 인간들에게 숨겨져 있지 않다.
> 그리고 인간들에게 발견되는 삶이 그러하듯,
> 삶의 한낮, 삶의 아침은
> 정신의 드높은 시간들이 풍요로움인 것과 같다."(458)

정신이란 사람들에게 드러남이자 세계 내에서 자신의 밝힘입니다. 정신이란 끊임없이 새롭게 만들어지는 과정의 산물이기도 합니다. 그래서 정신은 무한히 자기 자신을 드러내야 하기 때문에 완결된 형태인 정지된 구조, 멈춤 구조를 가지고 있지 않습니다. 그리스도인이 정신을 통하여 자기 자신을 숨기지 않고 드러내는 것은 육체적인 본능의 반작용이 아닙니다. 그렇다고 오직 정신을 통하여 하나님을 향한 상승으로만 목표로 삼는 것도 아닙니다. 다만 정신을 갖고 있는 이유, 그것은 하나님의 자녀로서 그분의 기쁨이 되기 위한 것입니다. 정신은 "삶의 한낮", "삶의 아침"처럼 인간의 드높은 생기와 생의 의지를 깨닫도록 만들어줍니다. 그것은 인간이란 결코 육체적인 존재, 유한적인 존재가 아니라 정신적인 존재, 영적인 존재를 목표로 해야 한다는 것을 일깨워주는 것입니다.

육체적인 존재, 유한적인 존재, 본능적인 이익에 관심을 갖는 존재는 하나님과 부합할 수 없습니다. 하나님을 내 곁에 존재하도록 하려면 무한한 것, 정신적인 것, 드높은 차원의 것을 추구해야 합니다. 정신을 향유한다는 것, 정신을 통해서 아침처럼 깨어 있는 존재가 된다는 것, 정신으로 인해서 삶이 생명을 갖도록 한다는 것은 하나님을 향유하는 것과 같습니다. 하나님을 즐기고 하나님을 즐겁게 대하고 하는 것들은 물질적이고 육체적인 결과물들을 통해서 가능한 것이 아니라 무한한 것, 정신적인 것을 통해서만이 그를 만날 수 있다는 것을 의미합니다. 독일 철학자 쇼펜하우어(A. Schopenhauer)는 자신의 행복론(Eudaemonologie)에서 인간이 행복하려면 어떠해야 하는가를 잘 설명해주고 있습니다. 그에 따르면, 인간의 행복은 먼저 도덕적 품성, 인격, 개성에 의해서 좌우된다고 말합니다.(What a man is) 두 번째로는 재물이 행복의 원천이 될 수 있다고 믿는 부류가 있다고 봅니다.(What a man has) 세 번째로는 표상하는 것, 즉 사람들이 자신을 어떻게 생각하는가, 사람들한테 알려져 있는 자신이 무엇인가에 따라 행복과 불행이 나뉘는 경우가 있다고 말합니다. 이른바 명예, 공명심, 명성, 권력 등과 같은 것입니다.(Was Einer vorstellt)

쇼펜하우어가 말하려고 하는 것은 분명합니다. 인간은 도덕적 품성, 인격, 자기 자신으로서의 존재를 추구할 때 진정으로 행복하다는 것을 말하려고 하는 것입니다. 우리는 누군가가 물질적 행복, 가시적인 것에 매몰될 때, 속물(Philistine)이라고 말합니다. 쇼펜하우어에 의하면, 그것은 실재 아닌 실재를 대상으로 하여 고지식하게 일하는 것, 나아가 아무런 정신적 욕구도 갖지 않는 사람을 일컫습니다. 이처럼 그리스도인들에게도 속물주의자가 있습니다. 정신적 욕구나 도덕적 품성, 인격 등에 대해서는 아랑곳하지 않고 오직 재물만 축적하는 것이 하나님께서 주신 복으로 착각하는 것입니다. 거기에는 정신적 욕구를 실현시키겠다는 의지 따위에는 관심이 없습니다. 재물로서 자신을 내세울 뿐 하나님을 내세우려고 하지 않습니다. 재물로 자신을 자랑하고 싶을 뿐 하나님을 자랑하고 싶은 생각이 없습니다. 겉으로 나타난 현상으로 타자에게 자랑을 늘어놓는다는 것은 이미 타자를 지배하고 하나님보다 물질을 우선으로 내보이는 것이나 다름이 없습니다. 차라리 그리스도인은 물질에 미치는 것이 아니라 하나님에게 미쳐야 합니다. 만일 그리스도인이 정신적 욕구를 만족시키기 위해서 노력한다면, 그것은 하나님을 위해서 미치는 것이라는 강한 신념이 필요합니다. 만일 우리가 인간을 사랑하도록 강요받고 있다면, 그것은 하나님의 정신이 우리를 지배하고 있기 때문입니다. 다시 말해서 물질적 욕구, 유한한 것에 대한 관심보다 정신적 욕구나 무한한 것에 대한 욕구가 강하기 때문에 인간의 사랑을 통해서 사람과 사람의 관계를 묶고 연대하고자 하는 것입니다. 사랑은 물질적 욕구나 물질적 원천을 나누는 것이기도 하지만, 그리스도의 사랑에 대한 정신적 욕구가 선행하지 않으면 물질적 연대는 불가능합니다.

그리스도는 자신의 정신적 욕구와 육체적 욕구를 다 버렸습니다. 하나님을 위해서 그리고 인간을 위해서 그 둘을 다 버린 것입니다. 버린 것을 다시 충만케 하기 위한 것은 다 죽고 다시 다 살기 위해서 그렇습니다. 인간의 삶에서 정신적 욕구와 육체적 욕구는 둘 다 중요합니다. 그럼에도 오늘날 인간은 정신적 욕구보다 육체적 욕구를 채우는 데 더 급급합니다. 인간이 사는 데 좀 더 근원적이고 본질적인 것은 영적인 욕구, 정신적인 욕구입니다. 하나님이 그리스도를 다시 살게 하신 데에는 육체적인 욕구나 욕망이 강해서, 그것이 구원을 위해서 더 강한 목적이 있기 때문에 그런 것이 아닙니다. 하나님의 구원은 사람들의 육체적이고 유한적인 욕망을 제어하고 전체로서의 생명을 살도록 하기 위한 것입니다. 그것은 무엇보다도 영적이며 정신적인 욕구입니다.

지금 세계는 물질적이고 유한적인 욕구가 표준이 되고 있습니다. 그에 따라서 사람들은 가시적인 욕망을 드높이고 있고, 그 욕망이 만족되면 살맛나는 세상이 될 것처럼 믿고 있습니다. 정신은 퇴보하고 죽어가고 있는데, 물질적인 부만 충족이 된다고 삶이 즐거워지지 않습니다. 물질이 대낮처럼 밝은 세계, 영롱한 아침처럼 희망을 불어넣어주지 않습니다. 오히려 그것을 좇는 삶은 늘 불안하기 짝이 없습니다. 하지만 그리스도를 믿는 삶은 표준이 다릅니다. 그것은 드높은 정신을 좇음으로써 나타나는 삶의 풍요로움입니다. 그러므로 이제 잣대를 바꿔야 할 때가 왔습니다. 그리스도의 삶의 잣대는 정신적 욕구의 완성입니다. 정신적 욕구를 추구하고자 노력하는 사람은 그리스도의 잣대로 살려고 하는 사람입니다. 그것은 과거의 세속적인 잣대와의 결별을 의미합니다. 그것이 사도 바울로가 말하는 "그리스도를 믿으면 새 사람이 됩니다"라는 주장과 일치되는 결단입니다. 그리스도의 새 사람, 신앙의 새 사람은 세계의 속물적 잣대나 표준을 벗어나서 그리스도의 잣대나 표준인 정신적 욕구, 영적인 욕구에 기반한 신앙과 삶을 하나님의 의지에다 두려고 하는 것입니다.

다시 키에르케고르의 말을 음미하겠습니다. "수다의 세계에 있어서는, 진리는 항상 일종의 미친 것처럼 취급받는다... 수다... 그것은 침묵을 지키는 것과 말을 하는 것 사이에 존재하는 생생한 차별을 폐기한 결과다... 침묵은 내면성의 본질이고 내적인 삶의 본질이다... 수다는 생각만 하고 있는 것을 표명한다... 그것을 말함으로써 행동을 약화시키는 일이다." 육체적이고 유한적이고 물질적인 욕구의 세계, 수다의 세계에 살고 있는 그리스도인들이 곰곰 생각해봐야 할 말입니다. (2고린 5,6~17)

그리스도계의 속임수와 하늘 뜻 소리의 참된 삶

"그리스도계의 속임수"라는 말은 실존주의 철학의 효시인 키에르케고르가 한 말입니다. 실제로 그리스도교는 그 말이 품고 있듯이 그리스도를 따르는 종교를 가리킵니다. 그런데 실상은 그와는 전혀 다른 현상들을 목도하면서, 그리스도교라는 종교가 거짓을 말하고 있다고 믿고 있는 사람들이 많아지기 시작했습니다. 모름지기 종교란 그 종교가 표방하고 있는 원래의 취지에 걸맞게 삶을 만들어 가면서, 종교 본연의 그 신적 본질을 나타내 주어야 합니다. 만일 종교가 그러한 것을 드러내는 성스러움과 다름이라는 차별화된 가치를 보여주지 못한다면 사람들에게 쓸모없는 존재로 전락할 것입니다.

사도 바울로는 자신이 어떻게 해서 예수를 만났는지, 그 예수는 어떤 존재인지 알려주는 이야기꾼입니다. 이야기는 사실을 꾸미는 거짓말을 담고 있는 것처럼 생각되기 쉽지만, 이야기는 사실 위에 의미가 덧붙여진 사실의 사실입니다. 그리스도인에게 종교적 사실은 이야기를 통해서 발생합니다. 사도 바울로가 말한 것도 이야기입니다. 예수를 만난 이야기, 예수가 어떤 분인가에 대한 이야기 그리고 그분이 구원을 위해서 존재한다는 이야기는 그리스도교라는 종교가 갖고 있는 신앙적 사실을 뜻하는 것입니다. 그와 같은 신앙적 사실 그리고 그것을 받아들이고 삶이 변해서 또 하나의 종교적 신앙의 사실을 만들어 가는 신앙인의 이야기는 경전, 곧 성서를 통해서 나타나는 연속선상에 있다고 할 것입니다. 그리스도인의 특별한 이야기는 성서와 어떤 연관성을 갖고 있는가, 성서의 사건들이나 사실들과 어떤 의미 연관 속에 있는가에 따라서 달라집니다. 그것은 과거의 사건과 성서이야기도 하나님에 대한 체험으로 일어난 일(신앙적 텍스트로서의 역사)이지만, 현재 그리스도인 안에서도 발생하는 신적 사건의 비밀스러운 이야기이기 때문입니다. 그런데 지금 그러한 그리스도교의 이야기들이 힘을 상실하고 있습니다. 경전의 이야기는 해박하고 이스라엘의 역사와 그리스도교의 역사 이야기는 훤히 꿰고 있지만, 정작 경전의 이야기와 맞닿은 그리스도인 자신의 삶의 이야기는 빈약하기 그지없습니다. 횔덜린은 〈격려〉에서 이렇게 외칩니다.

> "천국의 메아리여! 성스러운 가슴이여! 어찌하여,
> 어찌하여 그대 필멸하는 자들 가운데서도 침묵하는가?
> 또한 신을 잃은 자들에 의해서 매일
> 어둠 속으로 내쫓기어 잠자고 있는가?"(150)

만일 천상의 소리를 깨달았음에도 불구하고, 그것을 전달해야 하는 의무를 이행하지 않는 침묵은 죄가 될 수 있습니다. 또한 이미 신을 망각하는 사람들의 틈바구니에서도 신앙과 삶의 표상적 게으름을 피운다는 것도 직무유기나 다름이 없습니다. 예수를 알리는 데 온 힘을 기울여온 사도 바울로의 심정 또한 그러했을 것입니다. 입을 열어야 할 때마다 천상의 이야기들, 하나님의 이야기들, 그리고 그 하나님이 보내신 예수의 이야기들을 풀어내야 한다는 생각으로 충일했을 것입니다. 자신과 예수와의 관계는 바로 동근원적인 목소리라 믿는 하늘의 뜻-소리를 사람들과 어떻게 교감하느냐에 따라서 달라질 수밖에 없습니다. 하늘의 뜻-소리를 예수처럼 자신도 확신을 가지고 많은 사람들에게 전달하고 깨닫도록 만드는 일은 바로 자신 또 하나의 예수 이야기를 살고 있지 않으면 안 됩니다. 하늘의 뜻-소리가 공허하고 때로 소음처럼 들리는 이유는 예수 이야기가 사회적 타자와는 무관한 특정한 신앙인의 사적인 이야기처럼 들리거나 거짓 그리스도교를 말하고 있는 것처럼 인식하도록 만들기 때문입니다.

다시 말해서 내가 전하는 하늘 뜻-소리의 이야기가 성서적 맥락에 준하는 이른바 영적인 능력이 나타나지 않는다는 것입니다. 소리를 질러대는 것이 능사도 아니요 하늘 뜻-소리를 협박조로 해석하여 말하는 것도 효과적이지 않습니다. 그리스도교의 구원 이야기가 설득력이 있으려면, 하늘 뜻-소리가 거짓이 아니라는 것을 현실적인 삶의 이야기로 살아내는 일밖에 달리 도리가 없습니다. 우리는 하늘 뜻-소리를 산다는 것이 어떤 의미인지 잘 알고 있습니다. 하늘 뜻-소리라고 했지만, 동시에 하늘을 지향해야 한다는 것은 분명합니다. 게다가 그 하늘은 뜻을 가지고 있으며, 인간의 내면을 향해 지속적인 울림으로 다가오는 삶과 신앙의 지침이 있습니다. 예수에 관한 하늘의 이야기는 그렇게 깊이 인식되어야만 나의 이야기로 받아들여서 진실된 삶으로 살아낼 수가 있는 것입니다.

사람들이 대부분의 종교가 거짓이고 그리스도교도 비본질적인 데에 목적으로 두고 있다고 말하는 이유도, 알고 보면 하늘의 뜻-이야기를 제대로 구현하지 못하기 때문입니다. 그리스도인은 하나님으로부터 좋은 선물이나 복을 받는 것만을 원하지, 실상 해야 할 의무를 받기를 원하지 않습니다. 의무의 목소리, 신앙적 의무로서의 목소리에 대해서 귀를 기울이지 않으니 그때그때 그리스도인들에게 들리는 하늘 뜻-소리에 대한 이야기를 실행에 옮길 수가 없는 것입니다. 그래서 키에르케고르는 다음과 같이 맹렬하게 비판합니다. "그리스도계의 속임수는, 선물은 받지만 의무는 싫다는 것, 선물은 받지만 의무는 받지 않겠다는 것이다. ... 삼위일체이신 하나님의 의무를 빌려, 태어난 지 얼마 안 되는 어린 아기의 머리에다 몇 방울의 물을 떨어뜨린다-이것이 의무라니! 아니다. 의무란 예수 그리스도를 따르는 일이다."

　하늘의 뜻-소리는 그리스도인으로 하여금 예수 그리스도를 따르라고 하는 것입니다. 아니 예수처럼 하늘 뜻-소리를 체현하는 이야기로 살라는 말입니다. 그리스도인이 하늘 뜻-소리를 몸으로 담아내는 이야기처럼 보이지 않으니, 우리 안에서 그리스도의 나타남과 그리스도의 추종적 삶을 느끼지 못하는 것입니다. 사람들은 그리스도인에게서 거짓이 아니라 진실되고 참된 삶을 보고 싶어 합니다. 사람들은 그리스도인에게서 삶이 결코 가볍지 않은 성스러운 자리인 것처럼 사는 이야기를 듣고 싶어 합니다. 참 그 자체로서의 이야기와 성스러운 삶, 진중한 삶의 모습과 짝을 이루는 그리스도인의 모습에서 하나님의 뜻-소리를 알아차릴 수 있다고 믿는 것입니다. 오래전 이방인 지역에서 사도 바울로가 대면했던 사람들의 욕구도 그러했을 것입니다. 예수에 대해서 아무것도 모르는 사람들에게 자신의 목소리를 낸다는 것은 그만큼 자기 몸에서 예수의 이야기가 흘러나오지 않는다면, 그 목소리를 듣는 청중들은 아무런 신앙적 교감을 느끼지 못하기 때문입니다.

오늘날 사람들이 그리스도교에 대해서 듣고 싶어 하는 하늘 뜻-소리의 참도 마찬가지입니다. 사람들의 욕구는 하늘의 말씀을 듣기 원하는 것이지 삿댄 말이 아닙니다. 하늘의 말씀은 횔덜린이 말한 천상의 메아리와도 같습니다. 메아리는 부딪혀야 할 곳을 찾습니다. 다시 피드백이 와야 내가 낸 목소리의 진원지를 알 수 있습니다. 아니 목소리의 방향성이 어디를 향했는가를 깨닫게 됩니다. 천상의 목소리를 듣고 싶어 하는 욕구를 가진 사람들에게 역사 가운데에 하나님의 나타나심과 예수 안에서 드러난 하나님의 마음, 곧 하늘 뜻-소리를 전하는 일은 나의 이야기가 삿댄 이야기로서 들려지지 않을 때에 천상의 메아리가 되는 법입니다. 횔덜린은 노래합니다.

> "오로지 그대만이 행치 않도다! 그러나 천국적인 자들 경고하며
> 마치 황량한 들판처럼, 조용히 형성하는 가운데
> 모든 것을 쾌활케 하는, 영혼 가득한
> 자연의 숨결 그대에게 불어오고 있도다.
>
> 오 희망이여! 곧, 곧 임원들은 신들의 찬미만을
> 노래하지 않으리라. 사람의 입을 통해
> 영혼, 신적인 영혼이 새롭게 고지하는
> 그 시간 다가올 것이기 때문이도다."(150)

예수 이야기를 전할 뿐만 아니라 그 이야기를 진정으로 살아가

는 그리스도인의 모습은 곧 많은 사람들의 입에서도 동일하고 성스러운 이야기를 말할 수 있는 설득력이 됩니다. 그렇게 될 때 사람들은 하늘의 뜻-소리를 같이 읊조리고 예수 신앙 이야기를 함께 몸으로 알리며 살아가게 될 것입니다. 하늘의 뜻-소리의 원의는 인류를 구원하겠다는 데에 있음을 알고 그 목소리와 같은 음역에서 사는 것이야말로 모든 사람들이 해야 하는 일입니다. 이는 수많은 사람들이 하늘 뜻-소리를 깨닫고 예수처럼 자신만의 신앙적인 이야기를 몸으로 소리를 들려주며 살아야 한다는 것을 뜻합니다. 목소리로만 소리를 낼 수 있는 것은 아닙니다. 몸이 움직일 때도 소리가 들리게 마련입니다. 이처럼 신앙적인 몸-짓과 삶-짓이 서로 분리되지 않는다면, 사람들은 그리스도인의 한 몸에서 들리는 신앙 이야기를 알아차릴 수 있습니다. 그래서 휠덜린은 다음과 같이 말합니다.

"하여 우리의 나날 다시금, 꽃처럼 되리니
하늘의 말 없는 태양 자리를 바꾸며
자신의 닮은 꼴 바라보고, 기꺼워하는 자들 가운데서
다시금 빛은 기뻐하며 자신을 알게 되리라. (...)

또한 말없이 지배하는 자, 은밀히
미래를 예비하는 자, 신은, 정신은,
다가오는 세월 아름다운 날, 인간의 언어를 통해서
한때처럼, 다시 이름으로 불리리라."(151)

하늘의 뜻-소리와 나의 목소리가 일치되는 날, 하늘의 의지와 나의 삶의 의지가 일치되는 날은 하늘과 닮은 이야기가 발생되는 날입니다.

하나님은 수많은 인간의 언어와 목소리를 통해서 자신이 어떤 존재인지를 드러내었습니다. 그러므로 세계는 하나님의 뜻-소리가 단순히 소리로 그쳤던 것이 아니라 거룩한 구원의 '뜻'을 담고 있었던 성스러운 '소리'였다는 것을 깨닫게 될 것입니다. 그러나 반드시 명심해야 합니다. 그 뜻-소리의 실제는 어디까지나 그리스도인의 참된 신앙적 몸짓에서 먼저 구현된다는 사실을 말입니다.

(사도 13,14~26)

그리스도의 삶, 부요한 가난

오늘날 사람들은 다 갖추고 잘 먹고 사는데, 그에 비해 삶은 점점 피폐해져 갑니다. 지금의 물질적 부요함은 인류 역사상 상상을 초월할 정도입니다. 그런데 왜 사람들은 불행하다고 생각할까요? 왜 갈수록 더 결핍을 느끼고 더 많고 좋은 것을 욕망하는 것일까요? 이것은 교회적 삶도 마찬가지입니다. 교회도 풍요롭고 자산은 넘쳐납니다. 하지만 규모가 커진 만큼 영성은 그 양적 성장을 뒤따르지 못하고 있습니다. 예수의 정신을 기반으로 살자고 해서 모인 사람들이 매우 이중적인 모습으로 살면서, 예수의 지극히 일부분의 삶을 흉내 내고 있을 뿐입니다. 예수는 부요한 존재입니다. 그러나 가난을 택했습니다. 아니 충분히 부요한 지위가 될 수 있었을 텐데도, 그러지 않고 자발적 가난을 삶의 중심으로 놓았습니다. 어쩌면 예수의 위대한 모습은 여기에 있는지 모릅니다. 바로 부요함의 포기와 가난의 선택 말입니다. 횔덜린은 〈한층 높은 인간다움〉에서 인간의 모범(模範)을 이렇게 말합니다.

"인간에게 감각이 내면으로 주어졌네,
하여 인간들 알려진 대로 보다 나은 것을 고르는 법,
그것으로부터 삶의 연륜보다 정신적으로 헤아려지는 것
목표로 가치 있고 참된 삶이네. 스카르다넬리."(457)

매우 짧은 시지만 인간이 어떤 존재로 살아가야 할 것인가에 대한 진지한 고민이 담겨 있는 것 같습니다. 적어도 인간이라면 자신 안에 있는 본성적인 감각도 있지만, 삶을 삶답게 하도록 본질을 추구하는 감각이 있다는 것, 정신적 상승을 꾀하는 인간이 본질적이라는 것을 암시해준다고 볼 수 있습니다. 교회는 믿음, 언변, 지식, 열성, 사랑 등을 두루 이야기하고 그것을 신앙적 실천의 덕목으로 보고 있습니다. 오죽하면 일부 개신교의 교회명이 믿음의 교회니, 말씀의 교회니, 사랑의 교회니 하는 식으로 지을까, 하는 생각을 하게 됩니다. 그만큼 교회를 창립할 때 근본적인 뜻을 교회 이름과 같이 되어야 한다는 데에 뜻을 두고 있기 때문일 것입니다. 그런데 사도 바울로는 그와 같은 사랑, 열정, 믿음 등이 얼마나 실행 가능한가, 그리고 그로 인해 예수처럼 가난한 교회가 될 수 있는가를 진실한 교회의 척도로 삼아야 한다고 생각합니다.

만일 그리스도인 안에 신앙 감각이 공통적으로 존재한다면, 우리는 지금의 삶과 신앙보다 더 나은 지향을 가져야 합니다. 우리 안에 예수와 동일한 혹은 유사한 신앙 감각을 가지고 있다면 우리도 가난을 추구해야 합니다. 다른 사람을 돕고 구제하고 베풀면서 사는 것이 그리스도인이 해야 할 일이라는 것을 몸소 보여준 예수처럼 살아야 하는 것이 마땅합니다. 그러나 실상은 그렇지 못합니다. 신앙의 본질적인 감각에 따르기보다 욕망적인 본능의 감각에 따르기 때문입니다. 신앙의 상승보다, 정신의 상승보다 물질적 축적과 그 축적된 높이가 더 중요하고 안정감을 준다고 믿기 때문입니다. 발을 딛고 있는 이 현실을 넘어서지 못하는 우리 인간의 한계는 그리스도인에게도 똑같이 드러납니다. 일반적으로 "그 이상으로"라는 뜻을 담고 있는 라틴어 어원의 전치사 trans 에는 매우 높은 단계로 고양된 정도를 나타냅니다. 이와 같은 어원에서 파생된 동사 프랑스어 transir(트롱지어)는 trepasser(트레파써), 즉 "저 세상으로 넘어가다"를 의미합니다. 그렇다면 우리가 물질이나 현실을 초월한다는 것은 높은 단계로의 상승이자 지금의 세계가 아닌 다른 세계를 추구한다는 것을 알 수 있습니다.

그 지향이 예수와 동일한 정신세계를 의미한다고 할 때, 물질세계의 부요함과 풍요로움 그리고 과잉적 축적이 아니라 정신세계를 위한 내려놓음과 가난한 자들과 함께 나눔이라는 것이 명확해집니다. 사도 바울로가 말하는 사랑의 진실성의 척도는 예수처럼 가난해지는 데 있다는 것입니다. 그로 인해 예수가 추구했던 하나님으로의 상승 그리고 예수와 같은 정신세계를 향유하는 것이 진정한 부요함이라는 것을 알아야 합니다. 물질적인 풍요와 부요함, 그리고 그에 의한 만족감은 오래 가지 않습니다. 인간이란 물질에 대한 애착을 넘어서서 더 집착하게 되고, 더 큰 욕망으로 향하게 되어 있습니다.

그렇다면 왜 우리가 지금의 물질세계를 넘어서서 더 높은 정신세계로 나아가야 하는 것일까요? 복수적인 존재,(plurality) 다수의 가난한 사람들, 무더기로 어려운 삶을 살고 있는 사람들, 현실의 고통보다 더 고통을 받고 있는 그 이상의 사람들과 내 것(사실 내 것이 아니라 공동의 것)을 함께 나누기 위해서 입니다. 『수의 세계사』를 쓴 조르쥬 이프라(G. Ifrah)는 우리의 시각적인 눈이 정확한 측량도구가 될 수 없다고 주장합니다. 역설적이게도 "눈이 숫자를 직접적으로 인지하는 힘이 숫자 4를 넘어서는 경우는 매우 드문 일"이라고 말합니다. 그렇다면 우리가 수를 지각한다는 것이 그저 하나, 둘 그리고 많음 정도일지도 모릅니다. 그런데도 우리는 화폐라는 추상적이고 상징적인 가치를 구체적인 현실에 대입하여 적고 많음만을 논하고 있습니다. 시지각의 상상력에 따라 가진 자와 못 가진 자의 차별이 존재한다는 것이 이상한 일이 아닐 수 없습니다. 수치나 수량, 그리고 숫자에 불과한 부라는 것을 가난한 사람들과 나누는 것이 예수의 신앙적 명령이자 사도 바울로의 권고라면, 우리를 속이고 있는 숫자놀음에서 벗어나는 것, 넘어서는 것이 신앙적 과제여야 할 것입니다.

휠덜린이 말하듯이, 삶의 연륜보다 더 높게 평가되어야 할 것이 정신입니다. 정신적 가난은 결국 비움과 나눔, 소유의 자발적 포기에서 일어납니다. 정신적 가난은 삶이 간단해지고 가벼워져서 지금의 현실세계가 아닌 하나님과 함께 하는 영적 세계로의 도약을 가능하게 해줍니다. 사도 바울로는 말합니다. 예수가 우리를 위해서 가난해짐으로써, 우리가 부요하게 되었다고 말입니다. 비슷한 맥락에서 보자면, 우리의 가난해짐은 결국 삶의 부요함을 발견하게 된다는 논리와도 뜻이 통한다고 생각합니다. 마음에서 일어나는 신앙적 가난과 나눔은 그야말로 자발적인 것이야 합니다. 강제나 강요가 있을 수 없습니다. 만일 그리스도인의 사랑, 열정, 믿음, 지식 등이 충분하다면, 그에 대한 표현으로서의 구제,

돌봄, 나눔, 희사 등이 자신의 신앙적 외표(外表)가 되어야 합니다.

숫자의 눈속임에 의해서 많거나 혹은 적거나 하는 인식이 왜곡된다면, 돈이 많다거나 적다고 하는 것조차도 있는 그대로 눈에 보이는 것이 아닙니다. 숫자가 눈에 보이고 인식된다는 것은, 그것을 기호나 상징으로만 읽어서 심리적으로 그렇게 느끼는 본능적 감각에 지나지 않을 수 있습니다. 비록 돈이라는 기호나 상징조차도 숫자로 대변되어서 부수적인 안정감과 권력, 명예 등을 가져다주는 기능을 전락했더라도, 현대 사회에서 그 기호나 상징은 반드시 '평등성'에 기초해야 합니다. 부자, 빈자, 병자, 약자, 소수자 등은 모두 평등한 존재로서 살아가야 할 몫이 있습니다. 사도 바울로가 나눔과 분배 그리고 희사에 대해서 이야기하는 목적은 바로 평등성, 곧 공평성입니다. 지금 나의 넉넉함은 누군가의 궁핍함이요 반대로 나의 궁핍함은 누군가의 넉넉함입니다. 그러므로 내가 넉넉할 때에 궁핍한 사람을 도와준다면, 그들이 나중에라도 넉넉한 삶을 살게 될 때, 내가 궁핍한 삶을 살더라도 그들이 나를 도와줄 것이라는 믿음을 가진 평등성과 공평성을 생각해야 합니다.

내가 지금 부자라고 해서 영원히 부자가 될 수 없고, 또 어떤 사람이 가난한 사람이라고 해서 영원히 가난한 사람으로 산다고 단정 지을 수 없습니다. 그래서 처지를 바꿔서 생각하며 가난한 사람들을 배려해야 합니다. 신앙적 삶을 오래 살았다고 해서 그 사람의 정신세계가 예수와 같다고 자부할 수 없습니다. 신앙적 연륜보다 정신의 성숙, 영적 성숙이 더 중요합니다. 신앙의 초점을 거기에다 두어야지 물질적 부의 축적에다 두어서는 안 됩니다. 작가 김훈의 소설 『현의 노래』에는 이런 말이 등장합니다. "제 몸이 바짝 말라야만 남의 소리를 울려서 밖으로 내보낼 수 있다." 다시 풀어보면, 소리는 내게 있으면 소리가 아닙니다. 타자에게 있어야 소리입니다. 이 말을 통해 내 것은 결국 내 것이 아니라 남의 것이라는 생각, 내가 가진 것을 다른 사람의 소유물이라 여겨야 그것이 진정으로 나의 것이자 너의 것이 될 수 있다는 생각을 해보게 되었습니다. 내가 가진 것을 내놓을 때 부의 상호 울림이 일어나는 것입니다. 김훈은 가야의 악성(樂聖) 우륵(于勒)의 입을 빌려 또 다른 말을 합니다. "죽으면 육신이 없어지고 마음도 없어진다. 소리는 육신의 일이고 마음의 일이다. 살아서, 들릴 때만이 소리이다."

물질도 소리와도 같습니다. 내가 죽으면 내 몸에서 나는 소리도, 내 몸 바깥에서 나는 소리도 아무런 의미가 없습니다. 물질은 내가 살아 있을 때만이 의미가 있고 가치가 있습니다. 죽고 난 이후에도 물질을 가져갈 것이 아니라면, 살아 있을 동안 그 가치가 공동의 것으로 해야 의미가 있습니다. 나의 돈, 나의 물질은 살아 있는 동안의 가치일 뿐입니다. 그러므로 그리스도인은 그 물질로 서로 나누고 분배함으로써 남지도 모자라지도 않는 공평한 삶의 공동체가 될 수 있도록 해야 할 것입니다. 그 무엇보다도 물질을 가볍게 다루어야 하는 까닭은 나의 정신세계가 하나님과 맞닿아 있기에 그렇습니다. 그뿐만 아니라 나의 정신이 그분의 마음에 맞갖게 되기 위한 목적임을 한시라도 잊어서는 안 될 것입니다. 물질의 비움은 정신의 가벼움과 비례하며, 정신세계의 풍요는 나의 물질적 증여로 인한 빈자의 풍요와 비례합니다. 이것이 예수가 원하는 삶의 방식입니다.   (2고린 8,7~15)

제3장

신의 언어를 실존으로 사는 고통
신의 언어를 실존적으로 산다는 것

실존의 상승은 고통스럽다

철학이나 신학에서 실존(existence)이라는 말을 한마디로 규정하는 것은 어렵습니다. 실존은 바깥에 서 있음(ex-stasis)이라는 자기 자신의 부정성과도 연관이 있습니다. 그것을 실존철학자 볼노브(Otto F. Bollnow)는 "얽혀져 있는 모든 관련으로부터 고립된 자아로 돌아가는 과정으로서 경험"하는 것이라고 말합니다. 신학은 신과 인간 사이에 한계가 없어지는 삶, 신과의 합일이 진정한 인간 실존의 상태라고 규정합니다. 하지만 철학은 "인간 자신 속에 있는 실존이 무엇인가는 모든 가능한 내용적인 규정들을 적합하지 못하다고 하여 물리쳐 버리는 노력을 줄기차게 계속할 때에만 밝"히는 것입니다. 그런데 볼노브가 의도적으로 종교적 실존과 철학적 실존을 구분한 것이기는 하나, 사실 둘 다 자기 자신의 본래적이지 않은 것을 끊임없이 부정하고 거부하지 않으면 진정한 인간의 실존상태에 머물러 있기가 어렵습니다.

자기 자신의 본래성이 아니더라도 그것이 편하고 이익을 가져다준다고 생각하면 자기 자신의 바깥으로 의식을 내몰려고 하지 않습니다. 의식이 현재의 삶을 객관적으로 바라보는 순간, 지금 향유하고 있는 삶으로부터 회향하려고 할 게 뻔하기 때문입니다. 그만큼 자기 자신의 바깥에 서 있다는 것은 위험하고 안주하려는 정신에게 고통을 가하는 것입니다. 사도 바울로의 실존은 그렇게 바깥에 서서 자기 자신이 아닌 모습을 내려놓고 하나님을 향해 상승하고자 하였습니다. 하나님을 향해 상승한다는 것은 하나님을 뵙고 그분과 일치하려는 의지입니다. 거기에는 본래적이지 않은 자기 자신을 내려놓아야 합니다. 하나님과 일치하고 마음으로 보려고 하는 사람이 하나님과 동등한 혹은 유사한 본래성을 견지하지 않으면 어렵기 때문입니다. 그러므로 철학이든, 신학이든 자기 자신의 바깥에 서서 순수한 신앙적 자아로 돌아가려는 태도를 취해야 합니다. 더불어 의식과 삶에 있어 어떠한 불순물도 제거하겠다는 강한 의지를 가지고 자기 자신을 규정하는 비본래적인 사족들을 하나둘씩 벗겨내야 합니다.

사족들을 벗겨내는 고통은 아마도 살아 있는 자기 자신의 살갗을 벗겨내는 것과 같을지도 모릅니다. 그만큼의 신앙적 고통이 없다면 하나님과의 일치된 실존의 상승은 기대할 수가 없을 것입니다. 그렇게 우리는 의식과 삶이 땅바닥으로 처박혀도 종래의 1차원적 삶에 머물고자 할 뿐이지, 고개를 쳐들고 하나님을 보려고 하는 실존의 상승을 안 하려고 합니다. 휠덜린은 〈더 높은 삶〉에서 이렇게 말합니다.

> "인간은 자신의 삶을 선택하고, 자신의 결심을 선택한다,
> 그는 오류 없이 분별을 알고, 세상에 가라앉는
> 사념, 회상을 안다.
> 또한 아무것도 그의 내면세계를 짜증나게 할 수 없다."(456)

선택적 삶이 과연 주체적인 것인가, 하는 물음에 대해서는 이의를 제기할 수도 있습니다. 심지어 사도 바울로와 같은 치명적인 병이나 콤플렉스가 있는 것도 선택이라 할 수 있는지, 그는 그것을 마치 자신의 신앙적 선택으로, 신앙적 숙명으로 받아들이는 듯합니다. 그런데 이 신앙적 선택, 신앙적 숙명 안에 실존의 도약이 있습니다. 사념과 회상 그리고 내면세계에 대한 성찰이 곧 그

것입니다.

자신이 처한 환경과 고난, 그리고 고통 속에서 과연 우리는 하나님의 뜻을 분별하고 사유하고 과거의 역사 속에서 하나님의 개입을 되묻고 있는가. 그런 내면적 관조에서 그리스도인은 하나님의 빛 안에서 자기 자신의 본래성을 찾게 됩니다. 자기 자신의 본래성을 찾는 것, 본래적 존재가 바로 하나님과의 일치요 하나님의 본성을 회복하는 것임을 아는 것이 실존의 도약 가능입니다. 어떤 외부적 시선이나 주입된 관념이 아닌 자기 주체적인 생각과 관상을 통하여 하나님께 도달하고자 하는 것이 진정한 의미에서의 그리스도인의 실존이 아니던가요? 그리스도인 안에 내면세계의 혼란과 잡다한 것들이 들어앉는다면 그 안에서 순수한 의식과 하나님이 만날 수 없습니다. 그러니 신앙인이라면 자기의 본래적인 것을 분별하고 사유하고 되찾고자 하는 신앙적 노력이 필요한 법입니다. 횔덜린은 또 이렇게 이어갑니다.

"찬란한 자연은 그의 나날을 아름답게 하고
그의 내면의 정신은 그에게 새로운 목표를
그의 마음 가운데 때때로 허락한다, 하여 진리를
그리고 더 높은 의미, 그리고 보기 드문 많은 질문을 존중 하게
한다."(456)

세계는 나날들을 스스로 펼쳐갑니다. 인간이 관여하지 않아도 자신의 시간으로 하루하루를 설계합니다. 그것이 자연이 가진 힘입니다. 그와 같은 힘이 사람의 마음에 작용하면서 정신적 상승의 목표를 주도합니다. 나날들의 시간의 흐름 속에서 자기 자신을 자유롭게 드러내는 하나님은 인간에게 진리요 의미요 질문입

니다. 나날들을 달리 풀면 일상입니다. 일상 안에서 흐르는 시간은 천태만상입니다. 수시로 시시때때로 변하는 일상을 경험하면서 사람들에게 특별한 시간, 계기, 순간이 찾아온다면, 비록 평범해 보이더라도 그 시간의 사건은 특별한 진리, 계기, 순간이 됩니다. 그 속에서 인간이 경험하고 체험하는 것은 실존의 상승으로 나아가게 합니다. 사건과 시간성 안에 현존하는 하나님의 의미를 발견하게 되기 때문입니다. 실존이 자기 바깥에서 자기 본래성을 깨닫는 체험은 하나님이 인간에게 부여한 독특한 의미입니다. 의미가 있어야 실존이 도약합니다. 그 의미 부여가 지속적으로 이루어지지 않은 세계는 고통의 연속이요 허무입니다. 사도 바울로는 자신의 약함, 자신의 질병이 시간이라는 유한한 인간사 안에서 이루어지는 것이라 하더라도 그것을 하나의 신앙적 은총의 사건으로 받아들입니다. 은총이야말로 인간의 자기 유한성을 극복할 수 있는 힘이요 하나님으로의 상승 필수요건입니다. 횔덜린의 마지막으로 다음과 같이 덧붙입니다.

"그러면 인간은 삶의 의미를 또한 알 수 있게 되고
자신의 목적을 지고한 것, 가장 멋진 것이라고 부를 수 있
으며 사람다움에 맞추어 삶의 세계를 바라보고
더 높은 삶으로서 높은 의미를 존중할 수 있기를 이르는 것
이다. 스카르다넬리"(457)

실존이라는 멋진 말, 어려운 개념을 사용하는 이유는 인간이 단순히 평균적인 인간(das man) 혹은 평균적인 삶(사유 없는 그저 그런 삶)을 넘어서 좀 더 지고한 삶을 살고자 하는 데 있습니다. 일반적인 세계와는 다른 삶, 다른 가치, 다른 삶의 목적을 가지고 살려

는 사람들이 바로 그리스도인이라면 그 실존적인 무게는 하나님과의 일치 속에서 이루어지는 삶이어야 합니다. 사도 바울로가 말하는 "하늘까지 붙들려 올라간"이라는 표현은 내가 올라간 것이 아니라 하나님의 의지에 이끌려져서 고양된 상태를 뜻합니다. 아무리 그리스도인이 하나님의 눈높이에 맞는 실존적인 삶을 살려고 애를 쓴다 하더라도, 하나님에 의해서 추동되거나 유도된 삶이 아니라면 하나님이 원하시는 그리스도인의 실존적 단계는 어렵습니다.

 더 높은 삶, 더 높은 의미는 진정한 사람다움, 진정한 그리스도인다움이라는 실존적 변화를 위한 몸부림입니다. 그것은 다른 사람보다 잘 낫다고 칭송받기 위한 것도 아니요 다른 사람보다 우월한 지위를 점하기 위한 것도 아닙니다. 높다는 말이 갖는 뉘앙스가 자칫 지배적 자리, 다른 사람 위에 군림하는 위계적 자리처럼 인식될 수 있습니다. 하지만 높다는 말이 갖는 신앙적 의미는 실존적인 고양입니다. 하나님을 향한 실존적 도약이라는 말과 다르지 않습니다. 낮은 곳이 아니라 굳이 높은 곳을 지향하는 이유는 하나님에 의해서 살게 되는 삶을 맛보기 위해서 입니다. 실존적으로 지고한 목적을 가지고 더 높은 삶의 의미를 추구하는 것은 나 아닌 것을 내려놓고 하나님에게로 상승하기 위함입니다. 비본래적인 자기는 자기 자신이 무거워서 비천한 세속적인 자리에 주저앉습니다. 하지만 본래적인 자기는 자기를 늘 관조하기 때문에 자기의 부족함을 깨닫고 내려놓기를 즐겨합니다. 그러한 실존이 가벼운 영혼으로 하나님을 만날 가능성이 더 높습니다. 가벼운 영혼이라고 말을 했습니다만, 달리 말한다면 영혼의 겸손이요 자기 자신의 유약함의 인정이라고 볼 수 있습니다.

그리스도인은 자신이 하는 일이 항상 하나님과 그리스도를 위해서 한다고 고백합니다. 하지만 실상을 들여다보면 하나님과 그리스도를 위해서가 아니라 자기 자신을 위해서 하는 경우가 많습니다. 본래적이지 않은 것들을 자꾸 덜어내고 나의 실존적 삶이 그리스도를 향해서 맞춰져 있는가를 반성해야 합니다. 욕망의 몸 바깥에 서서 나의 의식을 그리스도의 시선으로 바라보고 혹 욕망에 따라서 삶을 살면서, 하나님을 향한다고 말하고 있지는 않은지 살펴야 합니다. (욕망적인 육체) 바깥에서 보면 나를 규정하려고 하는 수많은 유혹과 욕망과 억압과 지배가 있을 수 있다는 것을 알게 됩니다. 그럴수록 바깥에 서서 내 의식, 나의 신앙인식, 나의 신앙적 자아를 철저하게 고독에 노출시켜서 고독한 실존 안에서 자기의 한계를 알고 그 한계가 곧 하나님이 원하시는 실존적 삶의 방식이라는 것을 깨달아야 합니다. 그리스도를 위해서 신앙적 자아를 자발적으로 고립시킨 그리스도인은 실존적으로 잘못 규정되거나 자기가 규정한 정체성에 적합하지 못한 것들을 철저하게 밝히는 데 게으름을 피우지 않을 것입니다.　　(2고린 12,2~10)

────

구원, 자유를 향한 문턱을 넘는 것

구원은 궁극적으로 영혼과 육체의 자유입니다. 달리 표현하면 해방이라고 말할 수 있을 것입니다. 사도 바울로는 인간을 꺼둘리게 만드는 것으로부터의 완전한 자유를 위해서 그리스도를 전면에 내세웁니다. 그리스도는 하나님과 인간의 매개자요 하나님을 온전하게 보게 만드는 사람입니다. 그를 통해서 우리는 하나님을 봅니다. 그를 보면 하나님이 인간에게 어떻게 은총을 주셨는 가를 알 수 있습니다. 사도 바울로는 그리스도인의 특별한 신분 을 매우 수사학적 표현으로 이야기합니다. 그리스도와 함께 살게 하기 위해서 천지 창조 이전에 우리를 뽑아주셨다는 것입니다. 그 것을 우리는 선택 혹은 예정이라는 말로 부릅니다. 그리스도인은 하나님에 의해서 오래전부터 선택된 사람들입니다. 구원의 반열 에 들어서기 위해서 이미 예정된 사람들입니다. 횔덜린의 시 〈가 장 가까이 있는 것-첫 번째 착상〉에서는 이렇게 시작합니다. "좋 은 시간은 많이도 행한다."(347)

이것은 시간을 의인화시킨 것인데, 시간이 어떤 행동을 한다는 것을 의미합니다. 시간은 행동이라 함은 그리스도교적인 맥락에 서 보면, 큰 뜻을 품고 있습니다. 시간이 등장하자마자 사람들은 행동하기 시작했다고 볼 수 있지만, 실상은 행동의 주체는 사람 들이 아니라 시간입니다. 시간이 등장함으로써 비로소 인간은 구 원이라는 것, 구원의 역사성 안에 있어야 한다는 것을 알게 되었 습니다. 구원의 역사성이란 막연히 구원이 하늘에서 떨어진 것이 아니라, 시간성 안에서 주어진 은총이요 복이라는 것입니다. 창조 이전에는 시간이라는 것이 주워져 있지 않았으니, 구원을 생각할 필요가 없습니다. 아니 구원이란 것을 알 수도 없었습니다. 시간 을 바닥에 깔아 줌으로써 인간은 구원을 사유하기 시작했습니다. 그리스도의 연관성, 즉 그리스도의 역사성과 동일한 영역 안에 서 그와 더불어 살 수 있는 가능성들을 열어 놓은 것도 시간성입 니다.

시간은 그래서 자꾸 일을 합니다. 많이 일을 합니다. 시간성 안 에 있음으로 해서 신앙적 사유라고 하는 것도 싹이 틉니다. 인간은 시간이 주어져 있지 않는다면 사유를 할 수가 없습니다. 시간 이전에 신앙에 대해서, 죄악에 대해서, 구원에 대해서 사유를 한다는 것은 불가능합니다. 횔덜린이 말하는 "좋은 시간"이란 그렇게 시간 이전에 자기 자신에 대한 규정보다 시간 이후의 자기 규정을 통하여 확보된 인식입니다. 만일 좋은 시간이 아니라면 시간이 갖고 있는 능력을 간과함으로써 더 이상의 올바른 구원은 알 수가 없습니다. 만일 구원이 행한다, 시간이 행한다고 한다면, 이는 순수의식을 가지고 항상 놀이에 충실한 어린아이처럼 그리스도와 연합하도록 하기 위함입니다.

시간이 세계의 문제를 해결하도록 하고, 시간이 사람들이 갖고 있는 사고를 넘어선 신비한 시간을 갖고 있다면, 그것은 하나님에 의한 인간의 자녀로 삼았다고 하는 유한성의 극복입니다. 하나님은 유한성의 시간적 존재인 인간을 위해서 자신의 아들 예수 그리스도를 통해서 무한의 영역으로 상승시킵니다. 그리스도와 일치를 누리고 그리스도를 통해서 그리스도인으로서의 삶을 살고자 한다면 시간이 일을 하도록 만들어 주어야 합니다. 시간은 단지 흘러간다거나, 시간이 있다 없다고 말하는 정량적, 계량적 개념이 아닙니다. 시간은 다만 있다 없다를 말할 뿐입니다. 시간은 존재한다는 것은 분명한 사실입니다. 그러나 시간은 계기판의 시침과 분침 그리고 초침이 맞물려 돌아가는 것을 실증적으로 보거나 상상의 시간을 가늠하는 것을 의미하지 않습니다. 오히려 시간은 하나님의 활동성의 연속선을 의미합니다. 따라서 구원을 위해서 아등바등, 죽을똥 살똥 하는 것이 능사가 아니라 그 시간 이전과 이후를 하나님의 개입과 은총의 선물이라는 것을 분명하게 인식하는 것이 중요합니다.

오늘날처럼 자본의 시간, 시끄러운 시간 안에 살고 있는 그리스도인은 하나님의 예정으로서의 구원을 잘 인식하지 못할 수도 있습니다. 횔덜린의 시를 읽어 보겠습니다.

"그 때문에 환호성을 울리는
찌르레기들처럼,
올리브나라에서
사랑스러운 외지에서
태양이 찌르는 듯하고
또한 대지의 심장이
열리면

그리고
문턱들이 손님을 반겨 맞는 곳
꽃들로 장식된 거리에서,
그들은 말하자면 고향을 알아챈다,
만일
샤랑트 강의 촉촉한 초원 위에,
그리고 북동풍이 날카롭게 불어서
그들의 눈을 대담하게 만들면, 그들은 날아오른다."(347)

구원의 시간은 온갖 존재자들의 향연이 시작되는 때입니다. 구원의 시간은 은총의 시간이고 하나님을 찬양하는 시간이기 때문입니다. 구원이 시간성 안에 있고 동시에 구원은 이미 천지 창조 이전에 있었다고 하는 것은 구원의 주체인 하나님을 시간성과 무시간성 두 가지 차원 모두에서 주인으로 인정하기 위함입니다. 특별히 하나님은 모든 존재자들을 통해서 찬양을 받아 마땅한 이유는, 그가 인간을 하나님의 자녀로 정해 놓으셨기 때문입니다. 하나님을 향한 찬양과 인간의 기쁜 향연은 그래서 맞물리는 것입니다. 필자가 시간이 중요하다고 계속 말하는 데에는 바로 그 시간은 어느 누구의 시간이 아닌 거저 주신 분의 시간이기 때문입니다. 거저 주어진 구원, 거저 주어진 신분, 거저 주어진 은총은 모두 시간이 생기면서 발생한 사건들입니다. 무상으로서 주어진 시간을 낭비하지 말아야 할 이유가 여기에 있습니다. 물론 시간을 낭비한다고 해서 시간이 사라지는 것은 아닙니다. 다만 구원의 시간은 점점 더 의미가 없어질 뿐입니다. 시간성 안에서 살고 있는 인간이 구원을 베풀기 위해서 시간을 마련하고, 그리스도를 죽음에 이르게 하고, 삶을 삶답게 조정하는 것들은 전부 다 무상, 곧 거저 베풀어 주신 것에서 비롯되는 것입니다. 그런데 사람들은 그렇게 거저 준 선물들을 서서히 잃어가고 있습니다. 하나님의 찬양은 희미해지고 인간들의 구원 향연은 흥청망청 대면서 손님들이 하나둘 씩 떠나가고 있는 것입니다.

휠덜린이 말한 시어에서 우리의 구원 성취의 단초를 발견하게 됩니다. '대지의 심장이 열리고 문턱들이 손님을 맞이하도록' 하면 됩니다. 문턱이 문제입니다. 구원의 문턱, 종교의 문턱은 스스로 만들어 놓은 것입니다. 게다가 개별적 존재자가 만든 구속일 수도 있습니다. 명상가 한바다는 종교의 사이비란 기성 종교라고 자부하는 종단에서 인간의 근본적인 품성을 건드리지 못할 때 발생한다고 지적합니다. 인간 안에 지혜와 총명, 심오한 뜻을 알게 하도록 해주었는데도 불구하고 여전히 종교 안으로의 신비적인 문턱을 넘지 못한다면 구원은 어렵습니다. 마음의 문턱이든 제도의 문턱이든 대지의 심장이 열리듯, 아니 대지의 심장이 열리면 문턱들은 손님을 맞이할 준비를 해야 합니다. 다시 말해서 시간성 안에 자리 잡고 있는 교회는 천지창조 이전부터 기획된 구원의 반열에 들어설 사람을 구원해내는 방주역할을 잘 해내야 한다는 말입니다.

사실상 문턱은 존재하지 않습니다. 문턱은 관념적 문턱입니다. 그럴 때는 불교식으로 지관(止觀), 즉 나라는 생각을 버리고 손님을, 타자를 맞이해야 합니다. 나라는 생각을 버리면 자유로워집니다. 내가 자유로워질 뿐만 아니라 손님, 타자를 자유롭게 할 수 있습니다. 내가 자유로워지면 굳이 시간성 안에 갇혀 있을 필요도 없습니다. 애초에 시간은 구원을 위해서 존재하는 것이니, 자유함을 성취했다면 시간이 해야 할 일, 그 수많은 일은 다 이루어졌다고 볼 수 있습니다. 지금 사람들은 자본주의 사회에서 억눌린 소외된 나로 인해서 자신과 세계를 보는 마음이 왜곡되어 있습니다. 이것을 더 높은 차원의-앎(meta-noia)으로 확장시키는 깨달음을 추구함으로써 극복해야 합니다. 그것은 그리스도를 통해서 가능합니다. 높은 차원의 앎이라는 깨달음은 그리스도를 머리로 하고 개별적 의지들을 모으고 시간의 유한성 안에서 진리를 듣고 그 진리를 확장해 나가는 방법을 택해야 합니다. 구원은 시간성 안에서 이루어지는 언어와 언어적 깨달음을 자신의 내면적 신성과 결합하면서 궁극적으로는 시간을 초월하는 방향으로 나아가야 합니다. "언어의 질병"을 말한 철학자 막스 뮐러(M. Müller)에 토대를 둔다면, 진리의 말씀이 언어의 질병으로 인해서 고착화되거나 유한성 안에 갇힌 진리가 되지 않도록 해야 합니다. 그리스도라는 말 자체가 희망의 언어가 되어야 하고, 구원과 복음이 되는 진리의 언어가 되어야 합니다. 마음도, 제도도, 언어도 높은 문턱이 된다면, 유한한 시간성 안에 갇혀 사는 사람들은 영원히 구원을 받지도, 구원을 받는 사람이라는 인식도 갖지 못한 채 사라질 것입니다.

다행스럽게도 우리에게는 신령한 기운, 즉 성령이 있습니다. 그가 시간성 안에서 높아진 문턱을 낮추게 하고 모든 사람들이 그 문턱 안으로 들어와 함께 사랑과 구원, 그리고 진리를 위한 향연에 참여할 수 있을 것입니다. 그로 인해 구원은 더불어 구원이요 자유는 공동의 자유, 공통의 자유일 수 있습니다.

우리는 태어나면서부터 유한한 시간성 안에서 생활해야 하는 우주의 손님입니다. 소외된 손님을 자신의 구원의 울타리 문턱을 낮추고 환대한 것처럼, 우리도 동일한 시간성 안에서 모든 사람들과 함께 온전한 자유와 해방을 만끽할 수 있도록 마음, 심리, 제도, 구조를 기계화하지 않도록 해야 합니다. 구원은 자유와 해방입니다. 언제나 존재자들 간의 기쁜 환호성과 하나님을 향한 비상이 이를 증명해줄 것입니다. 나아가 그렇게 시간이 좋다라고 하는 가치판단은 인간의 자유와 해방을 위해서 하나님의 시간에 자신을 내어 맡기는 것이다.   (에페 1,3~14)

——

성전, 평화의 예수가 거하는 공간

그리스도교란 그리스도를 믿는 사람들의 집단적 정체성을 일컫는 한 종단의 이름입니다. 그러다 보면 그리스도교적인 색깔이 도대체 무엇이냐, 하는 데에 자꾸 캐묻게 되어 있습니다. 그 본질에 가깝게 다가가려는 시도나 노력은 가상하고 좋은 일입니다. 문제는 그리스도교라는 종교의 본질에 가깝게 다가가려는 열정과 열성이 오히려 다른 종교나 심지어 그리스도교 내부의 다른 신자들이 어떤 신앙적 사고방식을 갖고 있느냐를 가지고 따지면서 구분을 짓더라는 것입니다. 그리스도교 안에도 여러 신앙적인 색깔이나 노선이 있을 수 있습니다. 그런데 제가끔 생각하고 있는 그리스도론, 신론이 다르다는 것 때문에 그 사람이 갖고 있는 신앙이 이상한 것처럼 치부하고 배척하는 경향성이 많다는 사실입니다. 독일철학자 쇼펜하우어는 이런 말을 한 적이 있습니다. "이 세계는 세상에 존재하는 사람들의 수만큼이나 많은 다양한 삶의 방식이 존재한다. 따라서 우리 자신이 받아들이고 있는 삶의 방식은, 단지 우리에게만 중요할 뿐이다." 당연한 말입니다.

아마도 세계의 삶의 방식이 다양하다는 것도 우리가 이해하고 받아들여야 할 사람에 대한 생각이지만, 신앙에서도 전통적으로 굳어진 교리나 관습, 전례로 인해서 사람을 속박하는 것은 문제가 아닐까 싶습니다. 그 사람이 가진 신앙적 습관이 적어도 공동체에 큰 해악을 끼치지 않는다면 그 신앙적 사유를 인정하는 관용적 태도가 필요합니다. 에페소교회에도 그런 신앙적 문제가 있었던 모양입니다. 할례를 받았느냐 받지 않았느냐, 하는 것은 유대교 안에서는 매우 민감한 신앙행위였고 자신의 정체성의 표현이었습니다. 그러므로 그리스도교를 받아들인 유대인들은 이 전통을 고스란히 지키고자 했습니다. 당연히 그 전통을 이해하지 못하는 이방인에게는 불편할 수밖에 없었을 것입니다. 할례(circum-cise)라고 하는 것은 유대인만의 표지이지, 결코 이방인 모두에게 보편적으로 해당되는 신앙의 표식이 될 수는 없는 노릇이었습니다. 할례는 잘라냄, 구분, 주변과 울타리를 침으로써 주체와 객체를 가르는 기준이 되는 행위였습니다. 그러면서 그것이 가지는 종교적 의미는 안팎의 경계 지음과 정결의 기호라고 볼 수 있습니다. 그런데 그것이 정말 그리스도를 믿는 신앙과 본질적으로 일치되는 것일까요? 그리스도는 바로 그러한 경계 지음과 구분 지음이라는 것을 타파하고 주체와 객체의 간극을 좁히고 없애려고 했던 평화주의자였습니다.

그는 유대인과 이방인을 화해시키고 하나님과 인간의 간격을 더 가깝게 만드시면서 모든 구분과 신앙적 차별을 철폐하였습니다. 그런데 오히려 신앙인들이 더 반평화적이고 반신앙적인 모습을 보이고 있는 것은 이상한 일이 아닐 수 없습니다. 다시 쇼펜하우어의 긴 문장을 새겨보려고 합니다. "종교가 진리의 깨달음을 가로막고 인류의 발전을 억제하는 일이 있다 하더라도 종교에 대한 비난은 삼가야 한다. 그러나 괴테나 셰익스피어와 같은 위대한 정신의 소유자에게 어떤 종교의 교리를 문자 그대로 믿을 것을 요구한다면, 그것은 마치 거인에게 작은 구두를 신으라고 강요하는 것과 같다. 모든 종교는 철학에 앞서려는 경향이 있다. 철학자는 종교를 하나의 필요악이나 대다수 인간의 빈약하고 병적인 정신을 돕기 위한 지팡이로 보면서도 종교와 투쟁한다. 신을 옹호하는 권력자들은 신이라는 관념보다 자기의 이익과 편의 때문에 종교를 강요하는 경우가 많다."

마지막 문장에서 "신을 옹호하는 권력자"라는 표현에 주목할 필요가 있습니다. 신에 대한 믿음이 좋다거나 강하다고 하는 사람일수록 권력을 갖고 있는 듯이 말을 합니다. 자신의 발언이 얼마나 교회 공동체 안에서 강한지 잘 아는 그로서는 그 권력을 가지고 자신의 이익을 편취하려고 합니다. 실상의 본질인 신의 관념은 뒷전이고 오로지 자신의 권력과 기득권으로 신자들을 가르치려 들고, 나무라고 통제하고 관리하려고 합니다. 자신의 기득권이 곧 진리인 양 말입니다. 하지만 횔덜린은 "제후에게"라는 시에서 이런 말을 합니다. "저로 하여금 언제까지나 진리 안에/ 머물게 해주시리라."(363~365) 그리스도인은 진리 안에 머물려고 하는 노력이 선행되어야 합니다. 진리 안에 내가 머물고 있는지, 또 진리를 행하고 있는지를 묻고 또 물으면서 그리스도의 원의에 다가서려고 해야 신앙의 본질에서 벗어나지 않을 수 있습니다. 신앙의 본질을 묻지도 않으면서 마치 자신의 신앙적 시선이 절대적이라고 생각하거나 신앙적 시선은 고사하고 그저 세속적 시선으로 타자의 신앙을 비판하고 비난하는 일은 삼가야 합니다.

거듭 이야기하지만, 그리스도는 평화이시고, 바로 그 평화를 위해서 죽으셨다는 것을 기억해야 합니다. The New English Bible에서는 이 문장을 다음과 같이 번역했습니다. "For he is himself our peace." 예수 그 자신이, 곧 예수는 본래 우리의 평화라는 말입니다. 예수가 진리이고 예수가 우리 안에 머물고 있다면 우리도 평화를 이루는 주체가 되어야 마땅한 일입니다. 예수의 평화가 진리이고 그가 그 평화를 이루기 위해서 죽었으며 그로 인해 하나님과 인간이 가까워지고 인간과 인간이 더 일치된 삶이 가능하게 되었다는 것을 깨달아야 합니다. 예수의 몸 자체가 평화라는 것을 우리가 보았습니다. 평화를 본 사람들이 평화가 무엇이라는 것을 알았다면 평화를 실현해야 하는 것이 당연한 것입니다. 몸으로써 평화를 완성하였다는 것, 아니 그 완성의 몫이 우리에게 있다는 것을 보여준 것이라고 봅니다. 횔덜린은 노래하고 있습니다.

>"결코 불행 가운데는 말고,
>그러나 노래하기 위해
>그대들 하늘의 집들이여
>거기 그들이 사당을
>그리고 예언자의 좌석과 제단을 지었던 곳
>그러나
>정상으로부터 아래쪽으로
>영웅들을 노래하기 위해
>독일의 청년기-옛 국가들의 분노-
>한 시민이 지니고 있나이다."(363~364)

진리에 거하는 사람들은 하나의 집, 하나의 인간성, 하나의 인류라는 신앙적 의식을 가지고 사람들을 대합니다. 공동번역의 "새 민족으로 만들어"라는 번역문은, 영어성경에서는 '새로운 인간성'(humanity)을 창조하기 위해서'라고 되어 있습니다. 이방인이든 유대인이든 따지고 보면 하나의 인간이자 하나의 인류이고 하나의 공통된 인간성을 지니고 있을 뿐입니다. 다만 예수 그리스도는 자신의 희생과 죽음을 통해서 하나님을 믿는 모든 백성들은 하나라고, 하나의 몸(body)이라고 깨우쳐 준 것입니다. 따라서 하나의 몸이 분리되는 것은 죄이고 악입니다. 아니 이미 한 몸이었음에도 불구하고 자꾸 나의 몸이 아니고 나의 살이 아니고 다른 몸이고 다른 살이라고 말하는 것은 모순입니다. 그저 하나의 인간성으로서 공통된 그리스도의 백성으로 살아가는 사람들에게 있어 지금 거하는 하나님의 집은 신앙심이 약하든 강하든 신앙의 확신이 있든 없든, 교회의 안팎에 있든 없든 결국 같은 몸이고 평화를 이루는 하늘의 집이나 다름이 없습니다.

같은 성령(the one Spirit)을 통하여 신앙을 갖게 되고 하나님을 알게 되고 삶의 노래들을 부를 수 있다면, 그것은 그리스도로 말미암아(through him) 그런 것이지 결코 교회당이라고 하는 어떤 건물 때문에 그런 것이 아닙니다. 그리스도는 편만해 있고 그리스도를 알게 되는 의식 또한 한정되어 있지 않습니다. 그리스도를 통해서 성령이 작용하는 것은 모두가 동일하기 때문입니다. 성령은 아래에서 위가 아닙니다. 항상 위에서 아래로 향하게 되어 있습니다. 성령은 아래에 있는 사람들이 위에 있는 하나님께 가까이 접근(access)하도록 밑으로 향하십니다. 아래로 향한 성령을 받은 그리스도인들은 결코 이방인이 아닙니다. 사도 바울로는 아예 외국인도 나그네도 아니라고 표현합니다. 외국인과 나그네는 신분상의 불안함이 있을 수밖에 없는 떠돌이 존재입니다. 그런데 그리스도를 믿는 사람들, 같은 성령의 도움을 받아 그리스도를 믿게 된 사람들은 이제 하나님의 백성, 하나님의 민중, 하나님의 민인(인민)들과 함께 동일한 시민(fellow-citizens)이 되었다고 선언합니다. 그뿐만 아닙니다. 성령을 통해서 하나님께로 가까이 다가가게 된 사람들은 하나님의 가족 구성원으로서의 자격을 취득하게 됩니다. 시민(citizen)은 고대 로마의 용례에서 온 말로서 라틴어 civitas에서 기원합니다. 이는 자율성을 향유하는 사람을 일컫는 말입니다. 구속이나 속박, 억압과 부자유의 신분이 아니라 자유로운 판단과 결정을 할 수 있는 정치적인 인간을 내포한다고도 볼 수 있습니다. 요지는 자유로운 인간이라는 점입니다. 그리스도를 믿기 전에는 죄의 노예요 악의 힘에 굴복당하는 신세가 되었지만,

이제는 그것으로부터 자유로운 인간으로서 살아갈 수 있는 하나님의 나라, 하나님의 가족의 한 구성원이 되었다는 사실입니다.

교회가 건물이 필요하고 하나님의 가족이 공간이 있어야 한다면, 그 공간은 같은 지향의 신앙을 향유했던 신앙인들에 의해서 형성된 신앙공동체여야 합니다. 교회가 신앙공동체라고 말할 수 있는 것은 사도들이나 예언자들의 기도가 녹아들어간 시공간과 함께 하고 있기 때문입니다. 더불어 교회당이 존재해야 하는 이유는 바로 그 공간과 건축물의 신앙적 기초가 되는 예수 그리스도를 드러내기 위해서 입니다. 만일 어느 곳에든 교회당이 터잡고 있어야 한다면 예수 그리스도를 기초로 하고 신앙인들이 함께 신앙의 거룩함을 드러내야 합니다. 만일 교회 공동체가 신앙인의 기도와 바탕과 거룩함과 의지와 의식, 즉 하나님의 집이라는 의식이 바탕이 되지 않는다면 아무런 소용이 없을 것입니다.

교회(당)가 주님의 거룩한 성전이라고 생각하십니까? 그 필요성이 그리스도를 믿는 수많은 사람들과의 신앙적 연결과 공통된 의식에 의한 것이 아니라면 하나님의 신령한 거처(a spiritual dwelling for God), 평화로 이룩하신 하나 된 교회 공동체라고 말할 수 없을 것입니다. 단지 하나의 평범한 건축물이요 일상적인 모임을 갖는 고루한 공간에 불과할 뿐입니다. 그러므로 교회(당)는 응당 평화와 사랑과 신앙으로 짓는 집이어야 할 것입니다.   (에페 2,11~22)

그리스도인으로 산다는 것

그리스도인으로 산다는 것은 무엇일까요? 하고 많은 종교들

중에서 왜 하필 그리스도교라는 종교를 선택해서 그리스도인이라는 딱지를 붙이고 살아가는 것일까요? 게다가 남들이 그리스도인이라고 인정하든 안 하든 간에 스스로 그리스도인이라는 자의식을 가지고 살아가는 이유는 도대체 무엇일까요? 이에 대한 해답을 횔덜린의 시에서 찾고자 합니다. 횔덜린은 〈인간의 삶이란 무엇인가...〉라는 시에서 "인간의 삶이란 무엇인가, 신성의 한 영상이다"(314)라고 말하고 있습니다. 이에 기대어 말한다면, 그리스도인으로 산다는 것은 인간 안에 비춰진 하나님의 상(imago)을 발견하여 그에 따라 살아가는 것을 의미한다고 말할 수 있을 것입니다. 물론 그리스도인뿐만 아니라 다른 사람들 안에도 하나님의 이미지, 하나님이 비춰진 이미지가 있을 것입니다. 다만 그것을 깨닫느냐 깨닫지 못하느냐, 하는 것의 차이일 뿐입니다. 이것을 횔덜린은 다음과 같이 말합니다.

"세속의 사람들이 모두 하늘 아래를 떠돌 때 이들은 하늘을 본다."(314)

설령 그리스도인이 아니더라도 세속인도 똑같이 하늘에 대한 신심이 있다는 말로도 들립니다.

그렇다면 그리스도인은 내면의 마음을 누구보다도 더 잘 들여다봐야 합니다. 과거 유학의 성현도 그런 말을 합니다. 『소학』(小學)에 보니까, "명도 선생이 이르기를 성현의 천 마디 만 마디 말씀은 오직 사람들로 하여금 흐트러진 마음을 바로 잡아서 본래 선한 마음으로 돌아가게 하는 것일 뿐이다. 그렇게 하면 자신이 자연히 향상하게 되어, 아래로는 사물의 이치를 알게 되고 위로는 천리를 통할 수 있을 것이다"(明道先生 曰聖賢千言萬言只是欲人 將已放

之心約之 使反復入身來 自能向上去 下學而上達)라고 하였습니다. 이처럼 유교에서도 항상 마음을 중요하게 생각했습니다. 마찬가지로 그리스도인도 마음 바탕을 바로 보고 선한 마음, 즉 하나님의 마음으로 돌아가려고 하는 사람이고, 그리스도인은 늘 그렇게 살려고 노력해야 합니다. 그런데 실상은 그렇지 못합니다. 외물과 외부적 세계에 관심이 많은 사람, 제도와 환경, 삶의 여건들과 연관된 삶을 통해서 사리를 취하겠다는 사람들 역시 종교에도 수두룩하게 많기 때문입니다. 마음은 그러한 것과 멀리 있어야 합니다. 내 안에 하나님이 들어와서 살 수 있도록, 그리스도가 내 안에 거할 수 있도록 외물과 삿된 생각들과는 가능한 한 멀리 해야 합니다.

만일 사도 바울로가 말한 것처럼, "하늘과 땅에 있는 모든 가족에게 이름을 주신 하나님 아버지"를 우리가 믿는다면, 그 이름의 값어치를 해야 하는 것이 마땅한 일입니다. 아니 좀 더 근원적으로 이름을 부여해 주신 하나님의 이름값을 해야 합니다. 하나님의 이름값도 못하면서 그리스도인으로 산다는 것은 어불성설입니다. 그리스도인으로 산다는 것은 바로 하나님이라는 분의 이름값대로 산다는 것이고, 그리스도인이라는 이름값대로 산다는 것을 의미합니다. 그 이름이란 사람들이 생각하는 것처럼 외부적인 이름표가 아닙니다. 내면에 있는 이름표입니다. 하나님의 이미지가 이름표입니다. 하나님의 이미지대로 살고 있는가?라고 물을 때는 하나님을 믿는 모든 그리스도인이 하나님이라는 이름대로 살려고 하는가라는 것을 동일한 차원에서 묻는 것입니다. 감히 하나님이라는 이름을 우리의 입에 올리고, 그리스도라는 이름을 우리 안에서 찾는 것이 얼마나 불경한 일인가라고 되물을 수도 있습니다. 그러나 사실 이미 하나님의 영이 우리의 내적 인간, 내면에 자리 잡고서 그렇게 믿음과 행동으로 표출되기를 원하십니다. 하나님의 영이 우리의 자아와 깊이 있는 만남을 하고 있습니다. 우리가 사는 것, 정확하게 내가 그리스도인이다, 라고 생각하고 말하고 행동하는 것조차도 내 안에 그리스도의 영이 머물러서 그런 힘과 의지를 주기 때문에 가능한 일입니다. 횔덜린은 그것을 이런 방식으로 표현합니다.

> "그러나 어떤 문자를 들여다보듯이, 읽는 가운데
> 인간은 무한을 본뜨고 풍요로움을 본뜬다."(314)

인간은 하늘을 보고, 또 사람의 마음을 보면서 암암리에 하나님이라는 존재, 그리스도라는 존재에 대해서 암중모색을 하는 것 같습니다. 이것은 인간 안에 선천적으로 무한에 대한 관념이 내재하고 있다고도 볼 수 있습니다. 그래서 가톨릭 신학자 칼 라너(K. Rahner)는 "익명의 그리스도인"이라는 개념을 주창했습니다. 다시 말해서 그리스도인이 아니더라도 모든 사람들은 암암리에 그리스도인이 될 가능성이 존재한다는 것입니다. 조금 어려운 말로는 종교 불문하고 모두가 하나님의 자녀라는 잠재태를 갖고 있다는 말입니다. 다만 무한을 생각하고 그 실재가 곧 하나님이라는 분, 철학적으로는 초월자라는 분을 정말 강하게 인식하느냐 하지 않느냐, 하는 차이가 있을 뿐입니다. 만일 우리가 그리스도인으로 산다고 말하려면, 내면에 그와 같은 강한 그리스도에 대한 인식, 하나님에 대한 인식이 있어야 합니다.

그러기 위해서는 어떻게 해야 할까요? 사도 바울로가 말한 것처럼, 우리가 만일 믿음이 있다면, "그리스도로 하여금 우리 마음속에 들어가 살 수 있도록" 해야 합니다. 이것을 좀 더 풀어 말한다면, 그리스도인으로 산다는 것은 우리 마음속에 있는 그리스도가 살도록, 아니 그분이 사는 것처럼 사는 것을 의미합니다. 그러면 정말 우리 안에 그리스도가 있는지, 혹은 그리스도가 있다면 그리스도가 내 삶을 살 수 있도록 나를 놓아야 합니다. 사도 바울로가 입버릇처럼 말하듯이, 내 안에 사는 것은 내가 사는 것이 아니라 그리스도가 사는 것이기 때문입니다. 그런데 그리스도인조차도 우리 안에 그리스도가 사는 것처럼 살지 않습니다. 내가 산다고, 내가 살아갈 것이라고 고집을 합니다. 내면에 하나님의 이미지, 그리스도를 닮은 나의 참 모습을 아직 모르기 때문입니다. 사도 바울로가 우리에게 권고하는 바, 우리가 그리스도인이라면, "사랑에 뿌리를 박고 사랑을 기초로 하여 살아"가야 합니다.

이는 사랑으로 우리가 그리스도인임을 증명하라는 말로 이해할 수 있습니다. 내 안에 그리스도가 있어서 그가 사는 것처럼 사는지를 알게 해달라는 요청을 받는다면, 그것의 실증적이고 외형적인 모습은 '오직 사랑'밖에 다른 삶이 없습니다. 우리가 사랑하면 그리스도가 내 안에 있는 것입니다. 반대로 사랑하지 않는다면 내 안에 그리스도가 없는 것입니다. 이를 설명하기 위해서 횔덜린의 시에서 나머지 부분을 좀 더 살펴보겠습니다.

"단순한 하늘이 도대체
풍요롭단 말인가? 은빛 구름들은
활짝 핀 꽃과도 같다. 그러나 거기로부터
이슬과 습기가 비처럼 내린다. 그러나
푸르름이 꺼져버리면, 그 단순성은,

대리석을 닮은 단조로움은, 광석처럼,
풍요로움의 표시처럼 보인다."(314)

우리의 사랑은 하나님의 완전성 혹은 하나님의 사랑으로부터 기원합니다. 횔덜린이 말한 것처럼, 하늘이 단순한 공간이겠습니까? 하늘에 계신 하나님은 우리에게 사랑을 내리시는 분입니다. 만약 하나님이 하나님으로서의 존재를 드러나지 않는 것 같더라도, 하나님은 자신을 드러내는 방식으로 존재 그 자체를 알리십니다. 그것은 다름 아닌 '사랑'입니다. 사랑은 나의 내면 안에 있는 하나님의 존재, 그리스도에 대한 인식에서 싹이 트는 것은 사실입니다. 그러나 그 '사랑'은 하늘로부터 내리는 '하나님 자신의 충만함'입니다. 달리 '하나님 자신의 풍요로움 혹은 완전함'(full-ness)입니다.

우리가 이러한 인식을 갖게 되고 사랑에 뿌리를 내리고 살아간다면 하나님의 신비를 깨우칠 수 있습니다. 그뿐만 아니라 하나님의 완전함, 하나님의 충만함, 하나님이라는 존재의 만족스러움에 다가갈 수가 있을 것입니다. 이제 사도 바울로가 왜 성령이 우리 안에 있기를 바랐는지, 그리고 그리스도의 사랑에 깊이 뿌리내기를 바랐는지 알 수 있을 것 같습니다. 성령은 하나님이라는 존재 인식을 할 수 있도록 만들어줍니다. 우리의 정신을 순수한 상태로 일깨워준다는 표현이 적절할지도 모르겠습니다. 그런 후에 순수한 정신 안에서 자신이 머물면서 하나님의 닮은꼴로서의 삶이 무엇인지 알게 함으로써 그렇게 살도록 추동합니다. 그것이 사랑이라는 내외적 표현입니다. 그리스도인이 그리스도의 사랑의 깊이와 넓이와 길이를 다 알 것 같지만 실은 그렇지 못합니다. 그것은 우리의 인식 혹은 지식을 넘어서 있습니다. 그래서 신비(mysterium), 즉 감춰져 있는 것입니다. 하지만 그리스도의 사랑을 알게 되면 우리는 스스로 생각했던 것보다 더 풍요로운 삶, 하나님의 계획에 의한 삶을 살아갈 수 있게 됩니다. 곧 그리스도인으로 산다는 것이 무엇인지 내가 의식하지 않더라도 내 안에 있는 하나님이 그렇게 사랑으로 작용하실 것이기 때문입니다. 그러므로 무엇보다도 먼저 늘 자신의 마음 상태를 헤아리면서 그 마음이 하나님의 마음인지 혹은 그리스도의 마음인지, 아니면 여전히 내 마음인지를 잘 살피도록 해야 할 것입니다. 그렇게 해서 내 안에서 하나님의 사랑이 매우 강하게 작용한다면, 내가 그리스도인으로 산다는 증거가 되는 것이 아닐까요?   (에페 3,14~21)

부르심의 소리에 다가감과 목소리의 구현인 선함

교회당과 교회는 엄연히 다른 개념입니다. 교회당은 건물 구조를 일컫는 것이라면, 교회는 그 구조 안에 있는 신앙인들을 지칭합니다. 오늘날 교회당이라는 건축물은 더 이상의 가치를 지닐 수 없을 만큼 그 신자의 숫자는 급감하고 있습니다. 그럼에도 여전히 교회의 성직자는 건축물에 집착을 많이 하고 있는 게 현실이기도 합니다. 그에 반해 어떤 형태의 교회가 되어야 하는가, 즉 어떤 신자들의 모임을 형성하여 그리스도처럼 사는 공동체가 될 것인가에 대한 생각은 자꾸 약해져 가고 있습니다. 모름지기 교회 구성원은 하나님이 부르셨습니다. 부름에는 분명한 이유가 있을 것입니다. 사도 바울로는 부르신 목적에 합당하게 살아가라고 권고하고 있습니다. 우리는 '하나님이 우리를 부르셨다', '그리스도인으로 부르셨다'는 말에 대해서 다만 구원을 위해서 불렀다는 이기적인 생각만 합니다. 그런데 부르심은 거기에, 곧 음성 발생의 근원지에 다다라야 합니다. 하나님의 부르심에 가깝게 다가가는 것이 필요합니다. 구원에 대한 생각은 두 번째입니다. 부르심에 귀를 기울이는 것이 더 중요합니다. 부른 그 주체에게 먼저 다가서는 것, 주체가 무엇을 원하는가를 알아차리는 것이 제일 먼저 해야 할입니다. 부르심의 소리에 내가 가까이 다가가야 내가 존재하는 것입니다. 내가 있어야 부르심을 확인하는 것이 아니라 그 소리의 확인으로 나와 그분의 일치인 선함, 사랑, 인내, 긍휼, 자비로 나타납니다.

우리로 하여금 그리스도인이 되도록 교회당으로 부르셨다는 믿음을 갖고 있다면, 부르심에 한발 두발 다가가서 그 부르신 목소리에 경청해야 합니다. 먼저 부르셨다고 하는 것에 대해서 생각을 하니까, '내가 바라는 소원, 내가 바라는 욕구나 욕망을 아시고 그것을 이루어 주시려고 부르셨구나' 하는 생각을 가질 수 있습니다. 그것은 내 생각입니다. 그렇게 되니 내 생각으로 부르신 음성에 대해서 신앙감각을 가지고 판단할 수 있는 여지가 사라지게 됩니다. 사도 바울로는 "겸손과 온유와 인내를 다하여 사랑으로 서로 너그럽게 대하십시오"라고 말합니다. 평화로 하나가 되라고 전합니다. 이것은 정작 우리 개인이 필요한 신앙의 덕은 아닙니다. 개별 신앙인들은 이것보다 더 갈급한 것들이 있을 수 있습니다. 그런데 애초에 교회당이 설립이 될 때는 개별 신앙인의 욕구보다는 하나님의 바람과 부르신 사람들이 하나님의 뜻대로 살기를 바라는 목적이 있어서 모이도록 했다는 것을 알아야 합니다.

그래서 교회당은 사적인 공간이나 사적인 생각보다 공적인 공간, 공적인 생각을 품은 하나님의 사명공동체가 되어야 합니다. 여기서 횔덜린의 시를 언급하자면, 〈선함〉에서 말합니다.

"내면이 선함을 알아볼 수 있음을 스스로 증명한다면,

그것은 가치를 인정받을 만하고, 인간이라 불릴 수 있다."(437)

횔덜린의 시구는 단순히 보편적인 인간, 평범한 인간에게만 해당되는 말이 아닙니다. 그리스도인이 선하다고 하는 것은 교회당을 들락날락거린다고 해서 알 수 있는 것은 아닙니다. 그리스도인의 선함의 표지는 신앙의 덕에 입각해야 합니다. 그 사람의 언행을 통해서 초월적 존재가 불렀다는 것을 나타내 보여주어야 합니다. 그것이 무엇입니까? 겸손, 온유, 인내를 통한 궁극적인 사랑이요, 평화를 통한 일치입니다. 우리가 예배 중에 평화의 인사를 괜히 하는 것이 아닙니다. 그것은 사랑의 외적 표지요 하나님의 부르심을 확인하며 서로의 끈끈한 결속력을 다지는 신앙적 언행입니다. 단순히 "주님의 평안을 빕니다"라는 말로는 부족합니다. 진정성을 가지고 사랑을 담아서 서로의 마음에 그리스도의 평화가 가득하기를 비는 마음이 있어야 합니다. 그래야 인간의 보편적인 선함이라는 것을 뛰어넘어서 하나님의 선함이란는 것을 외적으로 드러내 보일 수 있습니다. 보나벤투라(Bonaventura)는 "하나님의 본질은 존재(esse)"라고 말하면서, "하나님에게서 유출(emanatio)을 관상할 때, 주요한 근원은 '선 그 자체'(ipsum bonum)이다. 선은 자기를 부어 넘겨주는 것(diffusivum sui)이다. 따라서 최고선은 자신을 최대한대로 부어 넘겨주는 것이다"라고 말합니다.

따라서 횔덜린이 말하고 있듯이, 인간이 정말 선해서 그 선함이 가치가 있다는 것을 증명한다면, 그 선함이 가치가 있다는 것을 사람들이 알게 될 것입니다. 마찬가지로 하나님의 부르심에 충실하여 거기에 기반 하여 살려고 하는 그리스도인이 많아지면 많아질수록 그리스도인의 선함은 물론 하나님의 선하심도 만천하에 알려지게 됩니다.

그런데 현실은 그렇지 못합니다. 인간이 지닌 선천적인 선은 고사하고 그리스도인 안에 있는 하나님의 품성조차도 보이지 않습니다. 하나님의 품성은 그분의 부르심의 목소리 그 근원지 곁으로 바짝 다가서려고 하는 데서 싹이 틉니다. 하나님이 사람들로 하여금 이 모양 저 모양으로 살라고 하신 것이 있다면, 그 목소리를 낸 근원지인 하나님 앞에까지 가보려고, 올라가 보려고 하는 노력이 필요합니다. 하지만 그 목소리의 근원지인 하나님의 목소리, 즉 부르심의 내용이 발생한 그곳에 다다르려고 하지 않습니다. 부르심의 목적을 확인하는 바로 그곳, 하나님의 음성이 발생한 그곳은 '하나'가 되라는 명령이 말해진 장소입니다. 하나라고 하는 것은 단순히 숫자가 아닙니다. 하나는 충만함입니다. 더 이상의 숫자가 필요하지 않을 정도로 그 숫자로서도 자신을 드러내기에 충분하다는 상징성을 갖습니다. 하나님은 그렇게 자체로 충분하고 자체로 충만한 분입니다.

마찬가지로 그리스도인도 하나입니다. 그것은 개신교, 가톨릭, 정교회 할 것 없이 나누지 않고 바로 하나님이라는 분을 공유한, 공통으로 초월적인 존재로 인정하는 일치된 형제입니다. 그런데 정말 그렇습니까? 교회는 사분오열되어 있고 각 교회나 종단은 이기주의로 팽배해 있으며, 다른 교회나 종단이 사라지든 말든 관심을 기울이지 않는 것은 공통의 하나님을 함께 모시고 있지 않다는 반증입니다. 횔덜린은 다음의 말로 끝을 맺습니다.

"인간들이 대단하게 저항한다는 것을 써먹을 수 있다면,
그것은 주목할 만하고, 유용하며 삶에서 필요한 일이다."(437)

저항이라는 말이 갖는 뉘앙스가 거친 표현처럼 들리지만, 인간 스스로가 삶의 왜곡이나 신앙적 퇴락, 신앙적 분열과 맞서지 않는다면, 더 이상 희망을 기대하기 어렵습니다. 자성적인 교회가 되어야, 우리가 서로 일치된 신앙인이요, 그를 통해서 하나님의 부르심이 도대체 무엇인지를 그때그때 끊임없이 물으면서 나아갈 때에 나의 안일함에 저항하는 존재로 살아가게 됩니다. 저항은 다시 서기 위함입니다. 저항은 다시 나의 입장과 위치를 확인하는 것입니다. 그리스도인인 내가 하나님의 부르심에 근거하여 살고 더불어 이웃들과 하나 되는 삶을 살아야 하는 것이구나, 하는 것을 깨닫는 자기 저항적 몸부림이 있어야 교회가 살 수 있습니다.

여기서 우리는 교회당 혹은 교회의 중요한 존재 이유를 발견하게 됩니다. 그것은 비신앙적인 것에 대한 저항, 일치 되지 못한 공동체에 대한 저항이라고 말할 수 있습니다. 하나님이 각 개인을 교회당으로 부르시고, 그리스도인으로 만드신 것은 하나님의 뜻을 실현하는 데 필요한 여러 은총을 나누어 주시기 위함입니다. 그렇다면 우리는 어떤 은총을 통해서 예수의 교회를 일치된 공동체로서 든든하게 세워나가고 있습니까? 우리는 하나님의 부르심의 은총을 통하여 자신에게 해야 할 몫을 나누어 준 것에 대해서 깨닫지도 못하고 혹여 깨달았다고 하더라도 아무런 응답을 하

지 않은 채 직무유기를 하고 있는 것은 아닌가요? 선물로서 주어진 은총이라고 하지만, 실상은 그 선물은 자신을 위한 몫이 아니라 교회당, 교회 공동체에서 하나님의 선하심을 드러내도록 하기 위해서 준 자기의 역할입니다. 하나님은 사도, 예언자, 전도자, 목자, 교사, 예언하는 사람 등으로 부르시고 일치된 공동체가 되도록 은총을 주셨습니다. 이것들은 봉사직입니다. 교회당 혹은 교회를 위한 봉사직, 하나님의 선을 드러내는 봉사직입니다. 봉사직은 하나님의 노예요 그분의 부르심에 늘 가까이 다가가서 들어야 하는 수족을 의미합니다. 부르심에 가까이 갈수록 교회는 그 부르신 목적에 부합하는 공동체로 성장하게 되어 있습니다. 사적인 공동체로서가 아니라, 수단으로서의 공동체가 아니라 바로 모두가 그리스도 안에서 하나가 된 형제요 자매로서 자라는 교회가 되는 것입니다. 교회라고 해서 완벽할 수는 없습니다. 구설수도 있고 와해가 되기도 하고 오해와 갈등이 있을 수 있습니다.

그러나 우리는 하나님이 부여해 주신 은총으로서의 예수 그리스도를 통해서 성숙된 인간이 되고 그리스도의 완전성에 도달해야 합니다. 그것은 신앙적 저항, 영성적 저항을 통해서 가능합니다. 진리대로 살려고 무진 애를 쓰고 그리스도를 닮아 나가는 교회가 되려고 자신을 성령의 빛 가운데 노출시켜서 신앙적인 비판적 해석에 자율성을 준다면 우리가 어떤 사람들인가를 객관적으로 평가하게 됩니다. 우리는 사랑으로 자라는 그리스도인이어야 하고, 그리스도처럼 조금씩이라고 닮아나가려 하고, 교회가 사랑으로 일치된 모습을 보여줌으로써 하나님의 궁극적인 선이 남김없이 드러내도록 하는 헌신자요 봉사자로 살아간다면 교회는 건실하게 서 있게 될 것입니다.

그러나 반드시 명심해야 할 것은 우리는 서로 하나님에 의한 지체로서 역할이 있는데 서로 연결하고 서로 연대하지 않는다면 교회는 역사 속에서 우연성의 산물로 사라지게 될지도 모릅니다. 부르심의 세계, 나의 세계, 신앙의 세계는 부르시는 하나님의 소리에 잠깐 머무는 것입니다. 근원적인 부르심의 소리로 돌아가야 합니다. 부르심은 거스를 수가 없습니다. 그 부르심의 소리가 새로운 몸짓을 낳고 그 몸짓이 새로운 세계를 일굽니다. 그 부르심의 소리는 늘 새롭습니다. 새로운 소리에 사람이 실려서 사람도 새로운 것입니다. 따라서 우리도 그분의 부르심을 늘 새롭게 확인해야 할 것입니다.   (에페 4,1~16)

하나님을 닮는 삶의 법칙들

사람들이 살아가는 데에는 많은 법칙들이 있는 듯합니다. 그것을 깨닫는 데는 많은 시간이 걸립니다. 그래서 그것을 알게 되면 철이 든다는 말을 하곤 합니다. 철이 든다는 것은 세상의 이치를 판별하는 눈이 뜨였다는 말인데, 다른 말로는 처세를 잘 할 수 있는 나이가 되었다는 말로도 이해가 됩니다. 세상이 어떻게 변하고 사람들이 어떤 감정과 표정을 짓느냐에 따라서 나는 어떻게 반응을 해야 하는가라는 것을 잘 안다면 처신하기가 그만큼 수월하다는 것이 아닐까요? 그러면 그리스도인들에게 있어서 신앙적 처세는 도대체 무엇일까요? 거기에는 하나님의 성품 닮기라는 대명제가 깔려 있습니다. 가능한 한 하나님을 닮은 사람답게 살아가지 않는다면 그리스도인이라고 자부하기 어렵다는 것입니다.

사도 바울로는 먼저 "거짓말을 하지 말고 이웃에게 진실을 말하십시오. 우리는 서로 한 몸의 지체들입니다"라고 권고합니다.

신앙인의 윤리적, 도덕적 법칙 제1명제, 거짓말을 하지 말고 진실을 말하라는 것부터가 덜컥 우리를 걸려 넘어지게 만듭니다. 지금까지 살면서 단 한번도 사람과의 관계에서 거짓말을 하지 않은 적이 있는가?라고 자문한다면 자신이 없습니다. 그것은 그렇다고 하더라도 진실을 말하라는 말도 쉽지는 않습니다. 공동번역에는 "이웃에게"라고 번역이 되어 있습니다만, 영어성경(The New English Bible)에는 "서로에게"(each other)라고 쓰고 있습니다. 이것은 교회 공동체 혹은 생활세계에서 내가 타자에게만이 아니라 타자도 나에게 진실(truth)을 말해야 한다는 것입니다. 왜 그래야 할까요? 우리의 시선을 바꿀만한 시인 횔덜린의 〈알프스 아래서 노래함〉를 인용해보겠습니다.

"성스러운 순결, 그대 인간들과 신들에게
가장 귀엽고 친밀한 것이여! 그대 집 안에서
혹은 밖에서 나이 든 이들의 발치에
앉아 있어도 좋다.
언제나 만족하는 지혜에 찬 이들의 곁에"(162)

횔덜린은 모두가 어린아이들인 것처럼 우리가 그렇게 사심 없이 살 수 있는 존재자여야 한다는 것을 노래하고 있는 듯합니다. 인간의 유한성과 신의 무한성을 같이 갖추고 있는 인간은 점점 더 시간이 갈수록 그 둘의 조화를 깨뜨리고 인간의 유한성으로 기울어져 삽니다. 신의 무한성은 어디로 사라졌는지 마음에는 신조차 의식하는 마음도 없습니다. 무엇을 위해서 교회당을 들락날

락거리는 것인지 습관인지 아니면 어쩔 수 없는 내세에 대한 두려움 때문인지 알 수가 없습니다.

거짓 없이 진실만을 말하려고 하고, 화를 냄으로써 서로에게 상처를 주지 않으려는 태도를 취하려고 한다면 교회 공동체는 그야말로 신의 무한성을 드러내는 집단이 될 것입니다. 끊임없이 신의 무한성을 갈구하는 사람들 내면에는 계산이 없습니다. 비난이 없습니다. 다만 자신의 정신적 고상함, 영혼의 순수함과 신앙적 고고함을 지키기 위해서 부단히 애를 쓸 것입니다. 그것이 타자에게 진리를 드러내는 몸짓이 되기 때문입니다. 반대로 진리를 말하지 않는 사람, 진실을 말하지 않는 사람은 오히려 악마(devil)에게 틈(loophole)을 보여주는 것입니다. 신의 무한성이 자리 잡고 있다면 악마에게 여지를 주지 말아야 합니다. 공동체 내부의 결속을 위해서는 반드시 악마의 틈이 없어야 합니다. 이와는 반대로 선을 좇으려고 노력을 해야 합니다. 횔덜린은 말합니다.

> "왜냐하면
> 사람은 많은 선함을 알기 때문이다. 그러나 들짐승처럼
> 때로 하늘을 향해 놀라워한다. 그러나 그대에겐
> 모든 것, 순수함은 얼마나 순수한가!"(162)

횔덜린은 단순히 선함이라고 말하지 않고 '많은 선함'이라고 표현합니다. 하나님을 닮기 위한 신앙의 법칙들은 그야말로 많은 선함이 필요합니다. 앞에서 말한 것처럼 서로 거짓말을 하지 말고 진실을 말해야 합니다. 화내지 말고 분노하지 말고 상처를 주지도 말아야 합니다. 이것이 인간의 삶에서 어떻게 가능한 것인가, 하고 반문하는 것은 이미 우리 안에 순수함의 순수함을 갖고 있

었던 적이 있다는 사실을 몰라서 그렇습니다. 왜 우리는 순수함의 순수함, 아니 순수함이라는 것을 놓치고 있는 것일까요? 전략적인 인간관계보다 더 중요한 것은 서로에게 진실한 마음뿐입니다. 편견 없는 순수함입니다. 그것이 교회 공동체에게 부여한 하나님 닮기의 신앙 법칙 중 제1요건이 되어야 합니다. 휠덜린의 시로 좀 더 들어가겠습니다.

> "보라! 들판의 거친 짐승, 기꺼이 그대를
> 받들어 섬기며 미더워한다. 침묵하는 숲은
> 제단 앞에서인 양, 자신의 신탁을 그대에게 말하며
> 산들은 일러
>
> 성스러운 법칙을 그대에게 깨우친다. 또한 아직도
> 위대한 아버지 많은 체험 가진 우리에게
> 고지되기를 원하니, 그대 오로지 우리에게
> 분명히 말해도 되리라."(162)

휠덜린이 알프스를 쳐다보면서 그 풍경을 묘사하는 것은 종교적으로 매우 깊은 직관을 보여줍니다. 그가 찬미하는 자연조차도 인간에게 하나님의 성스러운 법칙을 알려주고 있으며, 그들 안에서도 신의 순수함 그 자체가 흘러나오는 것처럼 보입니다. 하물며 인간이라는 피조물은 동물이나 식물, 물이나 공기보다 더 나은 듯이 자부하면서 왜 인간 안에서는 신적 직관을 읽어내기가 어려운 것일까요? 왜 신의 몸짓, 신의 품성을 발견하기가 난감한 일이 되어버린 것일까요? 일반적으로 진화론을 주창했다고 해서 그리스도교로부터 뭇매를 맞는 찰스 다윈(C. Darwin)이 삶의 세계란 생존경쟁과 약육강식으로만 일관하는 듯이 말한 것처럼 호도합니다. 그러나 그것은 매우 지엽적인 해석에 불과합니다. 자연은 서로 돕습니다. 자기가 살기 위해서 다른 생명체를 돕습니다. 그런데 유독 인간만은 자신만이 살기 위해서 남을 죽이려는 욕망과 욕심이 강합니다. 그렇기 때문에 하나님의 선한 성품을 인간 안에서 발견하기가 어려운 것인지도 모릅니다.

사도 바울로가 교회란 서로 돕고 서로 이로운 말로서 같이 사는 삶의 공동체가 되기 위해서 노력을 해야 한다고 말을 하는 것은 결국 신적 직관, 신의 형상이란 서로 돕고 서로 세우는 것임을 강조하기 위함입니다. 그에 대한 근거는 무엇입니까? 모두가 하나님의 백성이라는 평등성과 수평성에 있습니다. 하나님의 백성은 동일하게 하나님이 보이는 모습을 간직한 사람들입니다. 언어, 행동, 표정, 감정, 이성 등이 성스러운 하나님의 법칙으로 나타나야 합니다. 포장이 되어서는 안 됩니다. 솔직하고 담백하며 진실되고 순수해야 합니다. 횔덜린의 시를 조금 더 읽어보겠습니다.

"하여 천상적인 힘과만 함께하고 빛이
스쳐 지나갈 때, 또한 강물과 바람 그리고
시간이 서둘러 자리를 찾아갈 때, 그들 앞에서
여일한 눈길과 함께 할 일.

그밖에 더 축복됨을 내 알지 못하며 원치도 않노라.
수양버들처럼, 홍수가 나를 또한 떠메어가지 않는 한,
하여 아늑히 들어올려져 잠자는 듯 물결에 몸 실어
거기로 흘러가야만 하리.

그러나 충실한 가슴속에 신성을 지니는 자, 기꺼이

제 집에 머무는 법, 하여 내 자유롭게, 허락되는 한

그대 모두, 천국의 말씀들이여! 그 모두를

뜻 새기고 노래하리라.˝(162~163)

그리스도인의 몸속에는 하나님의 뜻이 새겨져 있습니다. 그것은 해방의 뜻, 구원의 뜻, 화해의 뜻, 용서의 뜻입니다. 그러한 것들을 몸에 새긴 그리스도인은 하나님을 닮은 삶의 법칙들을 통하여 하나님의 존재를 나타내는 삶을 살아야 하는 것이 마땅한 일입니다. 자연만물이 자신의 생명을 순응적으로 살아가듯이, 우리도 하나님의 뜻, 천상의 뜻에 순응하여 가능한 한 좋은 말, 가능한 한 축복의 말을 서로 나누는 것이 좋습니다. 다시 말해서 사랑 안에서(in love) 살아야 합니다. 하나님처럼 되려고 해야 합니다(try to be like him). 하나님처럼 존재(to be)하려고 해야 합니다. 그리스도인을 보면 하나님이 존재하는 것처럼 살아야 합니다. 하나님처럼 존재한다거나 하나님을 닮는다는 것은 그 닮은꼴의 원형을 보여준다는 것을 의미합니다. 보나벤투라에 의하면, 하나님은 존재 그 자체라고 하였습니다. 없음이 아니라 있음이라는 말로도 설명할 수 있습니다.

횔덜린이 말한 시의 내용들은 하나 같이 자연을 통해서 신을 드러내고 있습니다. 자연 안에서 직관적으로 신을 볼 수 있고 말할 수 있다는 것입니다. 자연 안에 하나님이 존재한다는 말로 해석할 수 있습니다. 마찬가지로 우리가 하나님과 같이 성스러운 삶의 법칙으로 산다면, 하나님이 존재한다는 것을 보여준다는 것입니다. 하나님의 뜻, 하나님의 많은 선함을 우리도 품고 있는데, 우리가 그것을 드러내 보여주지 못하고 있고, 반대로 하나님의 없음, 하나님이 안 계신 듯이 말하고 행동하고 있다는 것입니다.

사람들은 자신의 이익을 위해서 그런 것도 안 그런 것처럼 말을 합니다. 또는 안 그런 것을 그런 것처럼 말을 합니다. 물론 상대방을 배려하기 위해서, 어쩔 수 없이 그렇게 해야 하는 윤리적인 딜레마 속에 빠지는 경우도 있습니다. 하지만 어디까지나 자신의 욕망과 이익을 위해서, 순간적인 처세로 위기를 모면하기 위해서 속물적인 동물의 본능적 법칙에 따르는 것을 볼 수 있습니다. 그러나 횔덜린은 자연에게서 배우라고 말합니다. 자연은 하나님을 드러내는 순수함의 순수함입니다. 하물며 우리 인간이 그렇게 하지 못할 것이 무엇이 있을까요? 특히 그리스도인이 하나님의 존재를 인식하고 믿는다면, 그 있음을 드러내는 성스러운 삶의 법칙에 따라 살아야 합니다. 그것이 고통스러울 때가 있습니다. 그래서 회피하고 싶을 때가 있습니다. 그러나 그리스도는 자신을 제물이 되게 하고 목숨을 내놓음으로써 하나님이 실제로 존재한다는 것을 증명했습니다. 그의 고통과 죽음의 대가는 하나님에 대한 사랑이요 인간에 대한 깊은 애정입니다. 그렇다면 우리도 그 신앙적 태도를 저버리면 안 됩니다.

그리스도인의 신앙적 삶의 법칙, 성스러운 법칙은 세상의 처세술과는 사뭇 다릅니다. 수단이 아니라 목적의 목적이요 순수함의 순수함이기 때문입니다. 사도 바울로는 이렇게 우리에게 충고합니다. "여러분은 하나님의 사랑을 받는 자녀답게 하나님을 닮으십시오. 그리스도를 본받아 여러분은 사랑의 생활을 하십시오."

(에페 4,25~5,2)

그리스도교 신자의 신앙처세술

종교인들은 감히 자신을 신자라고 말합니다. "나는 개신교 신자입니다", "나는 가톨릭 신자입니다", "나는 불교 신자입니다", "나는 무슬림입니다", "나는 … 신자입니다"라고 말을 합니다. 이것들은 자신이 어떤 일정한 종교를 믿는 사람이라는 정체성의 표명입니다. 하지만 문제는 정작 그렇게 살고 있는가 하는 것입니다. 리영희 선생님은 종교인들의 일반적인 정체성 발언을 몹시 못마땅하다는 투로 말을 한 적이 있습니다. 그리 살지 못할 바에야 그냥 예수님, 하나님, 알라, 부처님, 공자님 등 이런 식으로 말을 하는 것이 겸손한 표현이라는 것입니다. 일리가 있습니다. 사도 바울로는 바로 그와 같은 신자들과는 다른 올바른 신앙의 처신법을 말하고자 하는 것입니다. 그는 먼저 '깊이 생각하라'고 말합니다. The New English Bible에서는 'careful'이라고 번역을 했습니다. 이는 '주의 깊은', '신중한', '조심스러운'이라는 뜻입니다. 내가 정말 그리스도교 신자라고 말할 수 있을 정도의 면밀함, 신중함, 조심성, 사려 깊음이 있는 것일까? 하고 물음을 던져야 합니다. 물음을 던지지 않는다는 것은 생각하지 않는다는 것을 뜻합니다. 생각하지 않는 종교인이 자신이 몸담고 있는 종교에 대해서 성찰적으로 접근한다고 볼 수 없습니다. 그럴 때는 그저 각자가 믿고 있는 신의 이름을 부르면서 겸손을 다지는 길밖에 없습니다. 적어도 종교인이 되어 진짜배기 종교생활을 해야 한다면 말입니다. 횔덜린은 〈시인의 사명〉 중에서 이렇게 말합니다.

"근심하고 섬기는 일은 시인들에게 맡겨진 일이로다!

우리가 몸 바쳐야 할 이, 바로 드높으신 분이니

하여 더 가까이, 언제나 새롭게 찬미되어

친밀해진 마음 그분을 들어 알 수가 있기 위함이도다." (170)

시인이 만능이 될 수는 없을 것입니다. 그러나 적어도 시인은 세계를 해석하고 용기 있게 살아내려고 하는 사람들입니다. 시인들의 처신술인 셈입니다. 그러면 종교인, 그리스도인의 처신법은 어떻게 해야 합니까? 주님의 뜻, 주님의 의지(will)가 무엇인지를 알려고 해야 합니다. 하나님을 알려고도, 이해하려고도, 깨달으려고 하지 않는 그리스도인은 되레 자신이 자청해서 시인이 되려고 합니다. 다른 것은 차치하고 시인의 마음이면 좋겠습니다. 시어들로 넘쳐 나는 교회가 된다면, 메마른 교회가 아니라 감성이 풍부한 교회 공동체가 될 수 있으니 말입니다. 그도 아니라면 말로 섬기는 일은 그만해야 합니다. 입의 감각적인 본능은 맛을 추구하고 동시에 말을 쏟아내는 역할을 하는 이성적 창구역할을 합니다. 그런데 자칫 감각적인 본능과 이성의 창구를 혼동하면 감각적인 본능에만 치중해서 교회 공동체를 판단하기 시작합니다. 감각적인 본능의 입으로는 아무리 서로를 보듬고 하나님을 섬기려고 해도 채워지지 않습니다. 그때뿐이기 때문입니다. 하지만 진정성이 있는 이성적인 말은 교회를 세우고 건강하고 건전하게 할 수 있습니다. 그 이성적인 말은 자신의 생각이나 경험에서 흘러나오는 것이 아니라 하나님의 의지에서 비롯되는 것이기 때문입니다. 그래서 알기를 원하고 이해하려고 노력하는 신자들이 되어야 합니다.

그러면 하나님을 알기 위한 가장 중요한 신앙적 처신법은 무엇인가요? '성령'을 가득히 받아야 합니다. 하나님의 영, 하나님의 정신, 하나님의 호흡에 의해서 살려고 부단히 애를 쓰려고 할 때 그분과 가까워질 수 있고 동시에 신자들과도 친밀해질 수 있습니다. 거룩한 정신으로 가득해질수록 교회가 거룩해지고 생기가 날 수 있습니다. 거룩한 정신은 내가 불러들이는 것이 아니라 그 정신이 내게 오도록 열어놓아야 합니다. 횔덜린은 그것을 이렇게 말합니다.

> "넓은 세계에서의 그대들 쉼 없는 행동들이여!
> 그대들 운명의 나날이며 격동하는 나날들이여,
> 신이 말없이 생각에 잠겨, 거대한 말들이
> 분노에 취해 그대를 옮겨다줄 곳으로 조정하고 있을 때,
> 우리가 그대들에게 입 다물어야 하는가?"(171)

하나님의 말씀은 없으면서 들려주는 말입니다. 없는 듯하기 때문에 말들이 분노합니다. 말들이 날 뛰기 때문에 공동체가 제대로 서로 신앙적인 처신을 못하고 흩어집니다. 말이 분노하는 것을 하나님이 원하시는 것이 아닌데도, 사람들은 말이 분노한 듯이 쏟아냅니다. 그것은 거룩한 정신의 말이 아닙니다. 분노한 말, 그것도 무지막지한 말들이 우리를 어디로 끌고 가는지, 그 말에 짓눌려 말을 하지 못합니다. 말을 하더라도 맑은 말이 아닙니다. 맘에서 나는 말도 아닌 목에서 나오는 소리일 뿐입니다. 거룩한 정신을 받은 사람, 거룩한 정신에 의해서 살아가려고 무진 애를 쓰는 사람은 말이 다릅니다. 다른 사람들이 분노의 말에 취하다 못해 입을 열어서 그 소리를 내뱉을 때, 그는 다만 침묵을 할 뿐 동일한 감정적 본능과 욕구에 의해서 발언하지 않습니다.

종교인이 종교인답기 위한 처신법 중의 또 다른 하나는 '시편과 성가와 영적인 노래'를 모두 같이 부르는 것입니다. 이것도 입을 도구로 하는 일들입니다. 그러나 노래는 마음에서 나와야 합니다. 진정한 마음으로(in your hearts) 해야 합니다. 횔덜린은 이렇게 노래합니다.

"또한 우리의
마음속에 변함없이 쉬고 있는 연륜의 화음이 울릴 때
마치 거장의 아이 기분 내키는 대로 태연히
축복받은 현금을

장난삼아 건드려 켜듯이 그렇게 울려야 하겠는가?
그 때문에 그대 시인이여! 동양의 예언자들과
그리스의 노래를 들었으며 근래에는
천둥소리를 들었던 것인가? 그리하여

정신을 멋대로 이용하고, 착한 정신의 현존을
우롱하는 가운데 지나쳐버리고, 순진한 정신을
가차 없이 부정하며, 사로잡힌 들짐승처럼
그 정신을 놀이 삼아 흥정하는 것인가?"(171~172)

종교적인 음악이 그렇듯이, 시편이나 성가와 영적인 노래는 신에게 경건한 마음을 드리는 것입니다. 거룩하고 성스러운 마음을 표현하는 행위입니다. 가볍거나 유치한 마음의 울림이 아닙니다. 악기와 인간의 목소리가 한데 어울려 거룩한 정신 그 자체를 불러내고 그 거룩한 정신을 받아들이는 작용이 노래여야 합니다. 그런데 오히려 우리의 노래는 거룩한 정신을 우롱하거나 현존의 의미마저 퇴색하게 만들고 있습니다. 그것을 어찌 그리스도인이라고 말할 수 있을까요? 아니 종교를 가진 사람들이라고 자부할 수 있을까요?

마지막으로 사도 바울로가 내세우는 종교인의 올바른 처신법은 '감사'입니다. 고마움(Danken)의 증여는 그것을 알게 해주고 느끼게 해준 존재에 대한 생각(Denken)이 없으면 표현할 수가 없습니다. 다시 말해서 생각이 먼저이고 고마움이 나중입니다. 고마움을 느끼도록 한 주체에 대한 생각이 없고 감정이 없는데 어떻게 고마움을 느낄 수 있을까요? 횔덜린은 또 이렇게 나무랍니다.

"모든 신적인 것 너무도 오랫동안 값싸게 이용되었고
모든 천상적인 힘 소모하면서 그 선한 힘
농 삼아 감사함도 없이 교활한 인간들은
헛되이 써버리고 있도다. (…)

너무도 현명한 것 그래도 좋은 일이다. 우리의
감사가 그를 알고 있을 따름, 그러나 시인 홀로
감사함 담기 쉽지 않아 기꺼이 다른 이들과 어울리도다.
하여 그가 이해를 다른 이들이 돕도록.

그러나 시인 어쩔 수 없이 외롭게 신 앞에 서야 할지라도
두려움 없도다. 단순함이 그를 보호해주며
그 어떤 무기도 지략도 필요치 않도다.
신이 없음이 도울 때까지는"(172~173)

고마움이 없는 신자들은 신을 값싸게만 생각하는 사람들입니다. 적어도 자신이 신자라고 생각한다면, 종교인이라고 생각한다면 신에 대한 고마움 정도는 생각할 수 있어야 합니다. 자칫 우리의 고마움이 사라지게 되면 고마움이라는 감정, 이성적 증여가 우리 대신 신에게 자신을 알리고 말 것입니다. 어떤 시어나 미사여구로도 고마움을 표현할 수 없을 수도 있습니다. 그것이 인간이 가진 한계입니다. 오죽하면 시인도 감사를 다 담아낼 수 없다고 말을 했을까요? 언어로 고마움을 다 담아낼 수 없으니 그저 하나님 앞에 외롭게 서 있을 뿐입니다. 인간과 인간 사이에도 고마움의 증여, 고마운 감정의 교환이 존재하지 않으면 삭막합니다. 그 사람 앞에서 외롭고 고독해집니다. 마른 감정만이 남아 있는 듯하기 때문입니다.

그리스도인을 포함한 종교인들의 처신법 중에 가장 어려운 것이 바로 이 감사입니다. 고마움을 떠올리고 느끼고 그것을 상대방에게 전하는 것은 상대방의 존재에 대해서 먼저 깊이 생각하기 때문에 가능한 일입니다. 사도 바울로가 말한 것처럼, 매일 모든 일에 있어서 항상 그 고마운 대상을 사유해야 고마운 마음이 절로 생기는 법입니다. 특히 하나님께는 말입니다. 만일 그것도 난감한 일이라고 생각하거늘 마음속에 '예수 그리스도의 이름'을 수없이 되뇌십시오. 그러면 내가 왜 하나님께 고마운 마음을 표현해야 하는가, 그리고 내가 왜 종교인으로서 공동체 구성원들에게 고마운 마음을 전해야 하는가를 알 수 있게 될 것입니다.

(에페 5,15~20)

종교의 작동 원리

우리가 살아가면서 일상의 위기는 잘 알면서, 신앙의 위기는 잘 모르는 것 같습니다. 아니 좀 더 면밀하게 따져보면 둘 다 잘 모르는 게 아닌가, 하는 생각이 듭니다. 우리는 살인, 폭염, 홍수, 테러, 교통사고, 화재 등 수많은 위기와 위기의 가능성 속에서 살고 있습니다. 그것은 결국 인류학자 마르셀 모스(Marcel Mauss)가 말한 "총체적인 사회적 사실"과 연관된 것들입니다. 다시 말해서 이러한 사건과 사고들은 인간 사회 그 자체의 문제라는 것입니다. 하나의 전체로서 조직되어 작동되고 있는 인간 사회가 품고 있는 문제들이 나타난 결과라고 봐야 할 것입니다. 그렇다면 여기에 사회적 부검을 어떻게 해야 하는가에 따라서 사회적, 조직적 문제의 해법이 달라질 것이라고 봅니다. 일상의 위기가 개인의 문제, 개인의 태만으로 생길 수도 있지만, 그것은 사회적 조직망, 사회라고 하는 구조와 떼려야 뗄 수 없다는 말입니다.

그러면 신앙의 위기는 어떤가요? 신앙도 개인의 신심에 따라서 신앙이 상승하기도 하지만 추락하기도 합니다. 하지만 또 따지고 보면 신앙도 공동체라고 하는 종교적 구조나 관계망, 체제 때문에 발생합니다. 악마는 틈을 주지 않고 그런 구조를 통해서 공격합니다. 신앙적 사실, 신심을 일으키는 사실조차도 흔들거리게 만듭니다. 그럴 때, 신앙을 가진 신자들은 개인의 잘못으로 종교와 멀어지거나 벌을 받는다고 생각하곤 합니다. 구조나 체제를 보지 못하고 개인 탓으로만 돌립니다. 또 구조나 체제 유지자들은 교묘하게 개인을 몰아세워 조직과 구조의 잘못을 뒤로 감추려고 합니다. 그럴 때 종교가 작동하기 위한 메커니즘은 무엇일까요? 사도 바울로는 먼저 진리와 정의를 말합니다. 종교의 무기는 무엇보다도 진리(truth)와 통합(통전성, integrity)이어야 합니다. 횔덜린은 〈평화의 축제〉에서 말합니다.

> "그러나 우리는 신적인 것을 또한
> 너무 많이 받았다. 그것은 불꽃으로
> 우리 손에 쥐어졌고, 강안과 바다의 밀물로 주어졌다." (235)

종교가 신앙을 간직하면서 올곧은 신앙생활을 하기 위한 도구는 신적인 것으로 주어진 진리와 통전성의 관계입니다. 진리를 통해서 전체를 지향하는 태도, 그것은 와해나 왜곡 그리고 갈등과 반목이 아니라 진리 안에서 사는 것, 전체를 위해서 사는 것입니다. 그것이 신적인 것입니다. 그리스도인들이 신적인 것을 많이 받았음에도 불구하고 그것을 인식하지 못하고 구조와 조직 안에서 떠밀려가면서 신앙의 위기를 맞이하게 되는 것입니다. 손에 쥐어진 듯, 우리의 눈앞에 감각적으로 주어진 듯이 그렇게 신적인 것, 곧 진리와 통전성을 구체적인 신앙으로 표출한다면 악의 세계에 대항할 수 있습니다.

지금 신앙의 위기가 발생하게 된 배경에는 바로 그와 같은 진리와 전체를 생각하는 마음이 많이 떠나 있기 때문입니다. 더불어 신앙의 위기를 극복할 수 있는 종교적 순기능적 작동 원리는 "평화"입니다. 평화라는 말은 언제 들어도 좋은 말입니다. 그런데 역설적이게도 평화라는 말이 없는 것이 더 평화에 가까울 수 있습니다. 횔덜린은 이렇게 노래합니다.

"왜냐하면 신은 항상 절제를 알리며

오로지 한순간만 인간의 거처를 어루만지니

알 듯하나 아무도 모른다, 그것이 언제인지?"(234)

평화란 은밀한 것, 조용한 것, 침묵적인 것, 석양과도 같아서 잡기 어려운 것입니다. 횔덜린이 신이 절제를 알린다고 말한 것도 평화란 부산스러운 것이 아닙니다. 평화라고 해서 들떠 있는 것이 아닙니다. 온 듯 안 온 듯 일순간에 신적인 존재가 스쳐지나가면서 인간의 삶의 구석구석을 어루만질 때 평화가 도래하게 됩니다. 소리를 지르면서 평화를 외친다고 해서 평화가 정착되는 것이 아닙니다. 평화가 발에 있어야 한다는 논리를 보면, 걸음걸음 마다 내딛는 것이 자연스러움, 즉 내가 신발을 신었는지 안 신었는지 모를 정도로 지극히 자연스러운 상태가 되어야 한다는 말입니다. 평화는 자연스러움으로 인간이 사는 거처 구석구석을 하나님의 시선이 머물렀다가 그 시선이 완전히 정착되는 것을 일컫습니다. 신앙이 올바르게 작동되고 종교조차도 자신의 문제를 신자의 문제로 떠넘기지 않으려면, 평화라고 하는 신적인 것의 메커니즘이 작동해야 합니다.

그 다음으로 신앙의 위기를 극복하는 종교의 무기 혹은 도구는 "믿음"(faith)입니다. 어느 때는 믿음이 있다 없다라고 판별하는 기준이 애매모호합니다. 그런데도 믿음을 강조하는 게 종교의 현실입니다. 그것은 종교의 개별신앙인이 갖추어야 할 마지막 신앙 덕목이 믿음이기 때문입니다. 그렇다면 그 믿음은 무엇일까요? '존재의 음미'입니다. '무한의 맛을 보는 것'이라고도 볼 수 있습니다. 횔덜린은 이렇게 읊고 있습니다.

"그때 되면 오만함도 스쳐 넘어가며

또한 미개함도 성스러운 곳으로 다가올 수 있나니

저 끝 멀리서 거칠게 손길 뻗으며 광란한다. 그러면 한 숙명

그것을 꿰뚫어 맞히리라. 그러나 감사는

주어진 것에 곧바로 따르지 않는 법이니

붙들기엔 싫은 음미 있어야 하리.

또한 우리에게 마치 그 증여하는 자

이미 오래전에 아궁이의 축복으로

산정과 대지에 불 댕김 아끼지 않는 듯하여라."(234~235)

　믿음은 신앙적 오만을 거두는 것입니다. 믿음은 자신의 무지를 알고 성스러운 존재에게 가까이 다가가는 것입니다. 믿음은 내 삶의 감사의 근원에 대해서 깊게 음미하고 그 존재에 대해서 맛을 보는 것입니다. 인간에게 삶을 선물로서 준 존재에 대해서 아궁이의 불꽃과 같은 고마운 존재로 인식하는 것입니다. 그만큼 믿음이란 존재에 대해서 지속적인 음미와 깊은 사유에서 비롯된다는 것을 알 수 있습니다. 그런 의미에서 믿음은 추상적이지 않습니다. 지금 앉아 있고 먹고 있으며 예배드리고 있는 모든 일상의 근원적 밑동을 낱낱이 살피는 것에서부터 시작됩니다. 믿음이 아궁이의 작은 불꽃이 전체를 불사르고 따스한 온기를 전하듯이, 그 불꽃의 힘으로 악마의 유혹과 입발림에 휘둘리지 않는 것을 의미합니다. 그러므로 종교가 작동하는 힘은 다른 데 있기보다는 바로 그와 같은 작은 불꽃의 인식과 깨달음과 같은 믿음에 있다고 할 것입니다.

　종교가 작동하도록 만드는 것은 제도나 체제나 교리라고 말하

는 학자도 있을 것입니다. 그러나 무형의 힘, 곧 성령이라는 존재를 무시하고는 종교의 형이상학을 이해하기 어렵습니다. 성령은 횔덜린이 말한 인간을 향한 정신, 인간을 향한 드높은 자의 정신, 인간을 위한 세계정신입니다. 흐리멍덩하게 사는 신자는 자신의 신앙의 위기가 무엇인지 잘 모릅니다. 자신에게 향하고 있는 드높은 자의 정신도 깨닫지도 못하고 망각하며 살기 때문입니다. 정신이 살아있고 거룩한 정신과 절대정신이 꿈틀대는 신자에게는 신앙의 위기란 발생하지 않습니다. 구조와 조직이라는 종교적 사회제도가 개별 신자의 신앙을 좀먹고 시들하게 만들더라도 드높은 세계의 정신과 절대정신을 늘 인식하는 신자는 자신의 종교를 유지하는 메커니즘이 바로 위대한 하나님의 정신, 하나님의 거룩한 영이라는 사실을 잘 알고 있습니다. 그런데 그 드높은 정신은 항상 "말씀"(the Words)으로 다가온다는 사실을 잊지 마시기 바랍니다. 말씀이 귓가에 스칠 때에 그 거룩한 바람 소리를 예사로이 듣지 말아야 할 이유이기도 합니다. 그것은 그냥 소리가 아니라 거룩한 말씀의 소리이기 때문입니다.

마지막으로 종교의 작동 원리는 "기도"(prayer)입니다. 이것은 아무리 강조해도 지나치지 않습니다. 기도는 신앙의 근본입니다. 횔덜린은 이렇게 묘사합니다.

"그대를 불린 자 모두
그대들 불멸하는 자 모두
그대들 천국을 우리에게 말하며
우리의 거처에 모습을 보일 때까지
우리 인류 잠들어 눕지 않으리라.

가볍게 숨 쉬는 대기

벌써 너희에게 예고하며

소리 내는 계곡과

천후에 아직 울리는 대지 그들에게 말해준다,

그러나 희망은 뺨을 붉게 물들이고

집의 문 앞에는

어머니와 아들 앉아

평화를 바라본다."(238)

꾸준히, 성령의 도움을 받아 기도하십시오. 그리고 긴 호흡이든 짧은 호흡이든 들숨날숨을 할 때마다 기도하듯이, 하나님과 함께 호흡하듯이 하십시오. 호흡은 내 생명의 가장 기초이지만, 그 호흡을 기울이는 것조차도 그 호흡을 가능하게 하신 존재에 대한 예의입니다. 신앙의 위기에 처한 현대인들에게 가장 참기 힘든 것 중에 하나가 호흡입니다. 정확하게는 호흡의 완급조절입니다. 호흡은 시간이나 속도와도 맞물려 있습니다. 하나님의 호흡, 즉 기도는 속도전이 아니라 신앙적 흐름 속에 있는 느림입니다. 하나님을 부르고 응답하는 관계의 시간은 자본의 시간이나 속도의 시간과는 다릅니다. 그것은 하나님의 나라를 우리 입에 올려야 하기 때문입니다. 하나님의 나라는 그분의 지배가 편만하기를 바라는 마음을 담은 간절함과 절실함에서 비롯되는 호흡입니다. 그래서 어쩌면 숨 쉬는 것과 기도는 자연의 이치와 같이 해야 하는지도 모릅니다.

현대 종교의 기이한 작동 메커니즘은 평화로운 여유를 갖고 자신과 이웃 그리고 가장 가까운 관계에 있는 사람들과의 호흡을 잘 못한다는 데에 있습니다. 평화로운 호흡의 단절입니다. 시토회 수사인 토머스 키팅(Thomas Keating)은 우리 자신의 욕구와 판단의 죽음을 호소하면서 다음과 같이 말합니다. "신앙의 위기에 처했을 때 하나님께서 우리에게 기대하시는 마음자세가 바로 당신이 우리를 어떻게 대하시건 간에 당신의 자비를 믿고 의지하는 것이다. 오직 깊은 신앙만이 표면상의 거절을 꿰뚫어보고, 거기에 깃들여 있는 사랑을 감지하고 거기에 완전히 몸을 내맡길 수 있다." 종교의 작동 원리의 밑바탕에는 여하간에 인내하면서 하나님에 대한 자비에 기대어야 한다는 그의 말이 오늘날의 신앙적 병폐를 극복할 수 있는 길이라고 가르쳐 주고 있는 것 같습니다.

(에페 6,10~20)

실천하는 종교, 실천도 하늘로부터

신앙적인 삶과 보편적인 삶의 동일성

종교의 깊은 가르침은 삶으로 실천해야 제맛입니다. 지구상의 다른 종교들과 마찬가지로 그리스도교도 실천하는 종교입니다. 믿는 대로, 배운 대로, 깨달은 대로 실천해야 참 종교인이라고 말할 수 있습니다. 그러지 않는다면 종교는 개인의 이익과 영달을 위한 수단으로 전락합니다. 물론 신앙과 지식 그리고 신과의 합일이라는 것도 매우 자의적일 수 있습니다. 그래서 이것을 경계하고 판단할 수 있는 기준을 설정하는 게 중요합니다. 야고보는 온갖 좋은 것들, 모든 선물은 위로부터, 즉 하나님 아버지로부터

(come from above) 온다고 말합니다. 신앙에서 추구하는 최상의 것들은 가시적으로 보이는 세계의 것들과는 다릅니다. 그것은 비가시적인 세계에서 오기 때문입니다. 모름지기 그리스도인은 하늘로부터 기원한 것들을 보고 듣고 체험하면서 그것을 삶으로 풀어내는 사람들입니다. 계시된 말씀을 토대로 최상의 삶의 가치들을 깨달은 그리스도인은 자신의 생활세계에서 그 신앙적 삶이 보편적인 삶이 되도록 살아내려는 사람들입니다. 앞에서 말한 것처럼 참 종교인은 자신의 종교가 표방하는 가치들을 가장 잘 구현하는 사람들입니다. 사적인 것이 아니라 공적인 것, 조금 더 나아가서 신적인 것을 구체화하려는 사람들입니다. 달리 말한다면 그리스도인은 일반적인 사람들과는 다른 초월적인 가치를 자신의 삶으로 표현하고 표출하면서 하나님을 보여주려고 하는 것입니다. 그렇게 신적인 것, 신적인 현현을 마음과 행동으로(act on) 말하려는 신앙인이 진리를 품고 있다고 말할 수 있습니다. 하나님께서 "진리(truth)의 말씀으로" 그리스도인을 낳았기 때문입니다. 진리가 몸에 배어 있는 사람들, 진리의 흔적이 지워지지 않게 하려고 노력하는 사람들, 반진리 혹은 비진리에 저항할 수 있는 사람들이 바로 신적인 현존을 인식하도록 만드는 그리스도인이라는 실존입니다.

구원의 위험한 역설, 신앙적으로 말하고 듣기

휠덜린은 〈파트모스, 홈부르크의 방백에게 바침〉에서 말합니다.

"가까이 있으면서(Nah ist)

붙들기 어려워라, 신은(Und schwer zu fassen der Gott)

그러나 위험이 있는 곳엔

구원도 따라 자란다."(252)

신을 감각적으로 파악하고 자기 기분과 안정을 위한 존재로서 눈앞에 두기에는 녹록치 않습니다. 하나님이 그런 존재라면 모두에게 신앙생활은 지금보다 훨씬 편했을 것입니다. 하나님에 대한 체험과 인식은 믿음에 행위를 동반해야 가능합니다. 그런 긴장이 없이 신앙생활을 한다는 것은 너무나도 간단한 일이거니와 매력도 없을 것입니다. 잡기 어렵고 도달하기 어려운 것을 힘을 써가며 자신의 눈앞에 보이도록 하려는 신앙이 깊이를 더욱 달리할 수 있습니다.

그렇다면 신적인 것이 눈앞에 나타나도록 하는 구체적인 방법은 무엇일까요? 인간이 가장 하기 힘든 인식과 감각의 습관인 듣고 말하기 입니다. 우리가 살면서 정말 제대로 타자의 말을 잘 알아들을 뿐만 아니라, 말을 올바르고 진정성이 있게 전달한다면 세상은 달라질 것입니다. 그것이 무엇이 힘들겠느냐고 할 수 있을지 모르나, 가장 어려운 일입니다. 분명히 듣는다는 것, 말한다는 것은 두 가지 다 하늘로부터 기원합니다. 그것은 신앙의 삶에서 최상의 것을 부여받은 것이요, 인간으로서 가장 완전한 선물이자 은총이라고 할 수 있기 때문입니다. 그런데 듣는 것을 건성으로 듣습니다. 이른바 경청이 안 됩니다. 귀를 기울이지 않습니다. 듣고 싶은 것, 내가 욕망하는 것만 듣고 싶어 하기에 지금 나의 앞에, 나의 옆에, 나의 뒤에 있는 사람들의 말을 하늘에서 온 것이라고 생각하지 않습니다. 아니 하늘에서 내려온 로고스라고 믿지 않으니 사람들의 말을 가볍게 여깁니다. 그래서 사달이 납니다. 충분히 듣고 많이 들으면서 이해하려는 습관은 타자의 말을 쉽게 판단하지 않습니다. 그의 입에서 나오는 말이 경고이든 칭찬이든 조언이든 비난이든 분노이든 "빨리"(be quick), 예민하고 민감하게 받아들이고, 대신에 말은 천천히 내뱉는 것은 신적인 현존과 신적인 진리를 의식하고 있다는 신앙지표입니다.

듣고 말하기의 신적인 공평한 감성

이는 듣고 말하는 것, 즉 청자와 화자의 관계, 그 사이에 신의 현존, 신적인 느낌이 개입된 것을 알아차리기 때문입니다. 그렇게 되면 화를 내는 일도 천천히 하게 될 것입니다. 화를 내지 않을 수는 없을 것입니다. 화를 다급하게 내게 되면 실수를 합니다. 관계가 깨지고 공동체가 와해됩니다. 인간사에서 듣고 말하고 그리고 화를 더디게 하는 모든 몸의 감각기관을 적절하게 사용한다는 것은 그만큼의 신앙적 훈련이 필요한 것인지도 모릅니다. 성서의 저자가 신앙과 삶에서 가장 기본이 되는, 말을 듣고 말을 하면서 그 관계에서 발생되는 화의 감정을 어떻게 조절할 것인가를 괜히 언급하는 것이 아닙니다. 오죽하면 마르틴 하이데거조차도 횔덜린의 시에서 철학적 영감을 얻었을까요? "위험이 있는 곳엔 구원도 따라 자란다."(Wo aber Gefahr ist, waechst/ Das Rettende auch) 그만큼 나의 눈앞에 신을 나타나게 하고 보게 하는 것은 나의 삶의 습관들에 대한 변혁이 아니면 어려운 일입니다. 들음과 말 그리고 감정의 조절은 신의 현현과도 밀접한 연관성을 가질 수밖에 없습니다. 자칫하면 사람들과의 관계를 수렁에 빠뜨릴 수 있고 공동체를 완전히 분해시킬 수 있기에 위험천만한 것입니다. 그러나 역설적으로 거기에 그만큼의 구원이 동반된다는 사실입니다. 몸의 감각기관들과 인식기관들을 잘 절제하고 감정까지 다스릴 수 있다면, 하나님의 올바르심, 즉 정의라고 하는 것을 통해서 구원의 실제를 경험하기 때문입니다. 말하는 것과 듣는 것은 모두 공평한 감성입니다. 게다가 노하는 것조차도 누구에게나 평등한 감정이니, 이를 통한 신적인 것, 하늘로부터 온 것을 절제, 제어하면서 그 사이(inter)를 나누는 것[분배]은 신적인 것의 개입이 아닐 수 없습니다.

정의와 감성의 몫

정의는 진리의 말씀에 따라 탄생시킨 인간이 하나님의 진리 인식을 통하여 추하고 악한 행위들을 배거하는 것입니다. 또한 말씀을 올바르게 듣고 그 말씀을 자신의 말이 아닌 위로부터 주어진 말이라는 사실을 알고 타자의 감정을 배려하여 화를 돋우지 않도록 말하는 것입니다. 다시 말해서 타자도 동일하게 나의 말을 듣고 감정을 이해하도록 배려하는 것, 모든 감각과 감성, 그리고 감성의 적절한 몫을 인정하는 것입니다. 말을 하는 것이나 듣는 것이나 감정조차도 일방적일 때 문제가 됩니다. 인간관계든 직장이든 사회든 국가든, 교회든 다 마찬가지입니다. 말하기의 균배(均配), 듣기의 균형(均衡), 감정의 균등(均等)은 모두 위로부터 주어진 사람들의 정당한 몫, 즉 정의입니다. 이를 인정하기 위해서는 모든 사람들의 마음에 말씀이 균배(均排)되어 있다는 사실을 인정해야 합니다. 하나님의 말씀은 모든 사람들의 속마음에 자리 잡고 있다는 믿음이 타자를 인정하고, 다름을 인정하면서 모두가 구원을 받을 수 있도록 열어놓을 수 있기 때문입니다. 횔덜린은 요청합니다.

> "그러니 우리에게 순결한 물길을 달라,
> 오 우리에게 날개를 달라, 진실하기 그지없이
> 거기를 넘어가고 다시 돌아오도록"(252)

말씀의 공유와 듣기의 무게감

말씀은 교환이고 반성(reflection)입니다. 말씀은 돌아갔다가 다시 돌아오는 물길이요 날개입니다. 말씀의 길은 위에서 받아서 관계 속에서 말해지는 것을 교환하는 것이니 초월의 말씀은 다시 서로 상대방을 통한 거울 역할을 합니다. 말씀을 통해서 서로를 비춤으로써 말은 넘나듭니다. 말은 누구의 소유도 아니라 위로부터 주어진 초월자의 말씀의 공유에서 비롯된 것임을 깨달아야 합니다. 나의 말이라고 해서 타자에게 무심코 소리로 전달할 수 있는 것은 아닙니다. 나의 말이 말씀에서 파생된 것임을 잘 아는 사람일수록, 말하기보다 듣기를 먼저 하게 되어 있습니다. 말의 신중함이 그 말씀을 진리로 알고 마음에 품은 진리 그 자체에 근거해서 말을 하려고 하기 때문입니다. 성서의 저자가 말하기보다, 듣기를 강조하는 것도 다 그만한 이유가 있습니다. 신앙생활을 잘하고 못하고의 척도가 곧 말의 제어에 달려 있다는 것입니다.

약자를 위한 실천 속의 말씀의 현존

참된 종교적 신앙의 판가름은 실천의 유무, 실천의 강약에 있습니다. 그런데 그 무엇보다도 우리가 평소에 간과해왔던 말하기와 듣기 그리고 감정의 조절이 그 신앙실천에 있어 매우 중요하다

는 사실을 깨닫게 됩니다. 감각과 감성, 그리고 감정의 기원조차
도 초월적인 데서 왔다는 것을 알게 되었기 때문입니다. 사실 인
간의 감각과 감성 그리고 감정을 다 포괄하는 몸이라는 것을 만
드신 이가 하나님이시니 당연한 일일 것입니다. 그것을 잊지 말아
야 합니다. 그러므로 오히려 더 순수한 종교생활을 다지는 신자
라면, 우리와 똑같은 감각과 감성 그리고 감정을 가지고 있는 사
회적 약자들에 대해서 어떻게 돌볼 것인가를 고민하면서 실천으
로 옮기는 삶이 필요합니다. 그와 같은 삶에 하나님의 현존이 있
기 때문입니다. 그 모습 속에서 비종교인들은 하나님의 현존을 포
착하게 됩니다. 타자의 기분은 아랑곳하지 않고 자기 말만 나불
대고, 타자의 말을 성의 없이 듣는 인간 그리고 마침내 상대방을
오해하게 됨으로써 노를 발하는 감정조절장애를 가진 종교인, 그
와 같은 그리스도인에게서 과연 위에서 오시는 하나님을 느낄 수
있을까요? 그리스도인뿐만 아니라 모든 사람에게 주어진 감각과
감성, 그리고 감정의 공정한 몫에 대해서, 특히 약자의 감성의 몫
에 대해서 곰곰 생각해봐야 할 것입니다.   (야고 1,17~27)

부름의 형이상학적인 삶

인간의 피투성과 부름의 평등성

하이데거는 인간이 속절없이 이 세상에 내던져진 것을 '피투성'
(Geworfenheit)이라고 이름붙였습니다. 이를 소설가 밀란 쿤데라
(M. Kundera)는 "삶은 덫이다"라는 한 문장으로 표현합니다. 원치
않는 태어남, 육체의 한계에 갇혀서 죽는 인간의 모습을 보면, 이

말이 쉬 이해가 됩니다. 하지만 애초에 원치 않았던 인간의 태어남조차도 분명히 어떤 부름이 있었던 것입니다. 부름은 세상에 나오기 위해서 내가 준비한 것이 아니라 이미 부름의 힘과 주체가 있었기 때문에 내가 세상과 만나게 되었습니다. 부름의 공평함 속에서 누구는 그 부름을 신의 부르심이라고 생각할 것이고, 어떤 사람은 그저 산파에 의한 부름이라고 믿을 것입니다. 어떤 부름이라고 하더라도 부름은 공평함을 전제로 합니다. 적어도 내가 태어나 세상과 맞대면을 했다는 사실만으로도 말입니다. 인간은 자신의 선택이 아니더라도 이 세계의 사회적 환경이나 질서나 법에 의해서 원치 않는 고통과 좌절을 경험하게 마련입니다. 동일한 선상에서 부름의 형이상학은 그 부름의 실체로부터 기원하는 권위(진지한 사유도 없이 아예 처음부터 신이라고 섣불리 단정 짓지 않더라도) 때문에 모두가 평등하고 공평할 수밖에 없습니다.

공동의 삶터와 부름의 무차별성

더군다나 그리스도인에게 위와 아래 수직적인 차별이 있어서는 안 됩니다. 모두가 그리스도 안에서 하나의 형제자매입니다. 그뿐입니다. 수직적이고 제도적이고 체계적인 질서라고 하면서 차별을 하는 그리스도인이 있다면, 그 사람은 그리스도의 사랑을 모르는 것입니다. 그리스도의 사랑은 차별이 없기 때문입니다. 어느 이웃이라도 나의 몸처럼 사랑해야 한다면(Love your neighbour as yourself), 나는 타자에게 투영되어 또 다른 나로서 살아가는 존재입니다. 따라서 타자에게 나는 더 이상 낯선 타자가 아니라 자기 자신과도 같은 존재입니다. 물론 나와 너 사이에 아무런 차이가 없다는 것이 아닙니다. 다만 차별이 없어야 한다는 말입니다.

차이는 분명히 존재합니다. 차이가 존재하기 때문에 나는 나로서, 너는 너로서의 특수성을 인정해야 합니다. 그러나 특수성이 차별의 전제는 아닙니다. 부름의 형이상학에는 차별이 존재하지 않습니다. 바로 초월적인 곳에서 꿰뚫고 들어오는 부름의 목소리는 모두가 동일한 출발점에서 떠나되 우열과 강약이 서열이 되고 차별이 되어서는 안 된다고 일러줍니다. 횔덜린은 〈우정, 사랑 …〉에서 이렇게 말합니다.

> "우정, 사랑, 교회당과 성자들, 십자가, 영상들,
> 제단과 설교단과 성가, 설교가 그에게 울린다.
> 주일학교는 식사 후에 남자어른과 어린이와 처녀, 경건한
> 여인들을 위한
> 졸리는 가운데 한가한 대화로 보인다.
> 그러고 나서 주님은, 시민이면서 예술가인 그는
> 들녘을 즐겁게 이리저리 거닐고 고향의 초원을,
> 젊은이가 깊은 생각에 잠겨 역시 거닌다."(423)

말과 개념의 차이일 뿐이지 실상은 사람과 사물을 대하는 방식에 있어 조금만 주의를 기울인다면 어느 것 하나 함부로 대할 수 있는 것들이 없습니다. 주의를 기울인다는 것은 차별하지 않겠다는 의지나 다름이 없습니다. 우정이 되었든 사랑이 되었든 모든 것은 하나의 공간과 하나의 근원에서 싹이 터서 나오기 때문입니다. 같은 삶터, 공동의 삶터에 살고 있으면서 왜 어떤 사람은 차별을 받아야 하고, 왜 어떤 동물과 사물은 천대받아야 하는 것일까요?

부름의 형이상학과 이웃사랑

공동의 삶터는 공통적인 부름의 형이상학에 바탕을 두고 있습니다. 삶의 순간적 다양성과 파편들이 존재하더라도 그것은 동일한 연속성과 연대를 가지고 있는 것입니다. 휠덜린의 "한가한 대화"야말로 나와 너, 나와 그것 사이의 평등성과 공통성 그리고 공평성 위에서만이 가능한 행위입니다. 시공간의 평등한 부름 그리고 목소리의 평등한 부름, 공평성과 공통성이라는 지반 위에서 이루어지는 관계는 차별을 두지 않습니다. 한가함은 누군가의 분주함에 의해서 누리는 혜택이고, 대화는 누군가의 귀 기울임이 있기 때문에 가능한 정신과 감정의 교환입니다. 그 속에서 한 사람이라도 수직적 관계를 형성하고 우위를 독점하겠다고 하면 차별이 생깁니다. 삶의 시공간의 불평등과 대화하는 목소리의 불균형이 발생합니다. 그렇게 될 때 우리는 차별이라고 말합니다. 차별을 극복하는 방법은 단 하나, 사랑밖에 없습니다. 예수가 수평적 관계를 강조한 것처럼, 사람과 사람 사이에도 나란히 더불어 삶을 살면서 내 옆 가까이에 있는(근처의, neigh, cf. near) 존재(bor, 농부)를 사랑하면 됩니다.

어떤 사람이라도 자신이 선택해서 이 세계의 고통이나 좌절을 맞보면서 살아가는 것이 아닌 것은 분명한 사실입니다. 그럼에도 불구하고 부름의 형이상학적인 힘에 의해서 이 세계와 맞선 자신이 되어 힘겹게 살아가는데, 거기에 차별 대우까지 받는다면 살 의지가 없을 것입니다. 그것을 빗대어 영어성경(The New English Bible)에서는 snobbery, 즉 신사인 체하기, 속물적 언동이라고 말합니다. 신분, 학식, 지위, 빈부귀천에 따라서 사람을 판단하는 속물적 태도가 그리스도인도 있을 수 있다는 것입니다. 과연 그들을 편견 없는 이웃으로 보는가, 공평무사한 시선으로 보는가를 묻고 있는 것입니다. 특히 가난한 사람들에 대해서 사랑의 시선과 마음으로 대하는 것이 그리스도인의 당연한 태도일진대 거짓 표준, 잘못된 기준, 자신의 잣대로 사람을 판단하는 것은 비신앙적인 행위입니다. 휠덜린은 주님을 수평적 존재로까지 묘사합니다. 시민이면서 예술가가 되는 주님은 평범한 존재인 동시에 평범함을 독특한 숭고함으로 격상시키는 존재로까지 말을 합니다. 이처럼 그리스도인도 하나의 존재가 여러 가지의 가능성을 가진 존재가 될 수 있다는 유연한 판단 잣대가 있어야 합니다. 차별이나 그로인한 모순된 판단을 내리는 공동체는 하나님의 아들이자 인간의 아들이라는 두 신분을 조화시킨 예수를 이해하지 못한 처사일 수 있습니다. 예수의 사랑은 두 신분의 사랑을 충족시키면서 하늘의 사랑과 땅의 사랑이 일치될 수 있음을 보여주었기 때문입니다.

믿음, 가난한 자를 향한 사랑의 실천

하늘의 사랑과 땅의 사랑이 다르지 않습니다. 마치 자신은 하늘의 사랑을 말하고 행동하는 것처럼 하면서 실제로는 그 사랑이 땅의 사랑으로 표현되도록 하지 못한다면, 일관성이 결여된 사람입니다. 땅의 사랑을 통해서 하늘의 사랑이 어떠한가를 가르쳐준 예수를 생각해볼 때, 그는 결단코 땅의 사랑은 천박하고 하늘의 사랑은 고상하다는 식으로 말하지 않았습니다. 자신의 행동으로 사랑을 나타내고 그 사랑의 징표가 곧 하늘나라의 현현임을 말한 것을 보면, 하나님의 사랑은 곧 인간이 수평적 관계에서 가난한 사람을 어떻게 사랑하는가를 보면 알 수 있습니다. 하나님의 사랑은 가난한 사람을 사랑하는 곳 속에 나타납니다. 가난한 사람을 사랑하는 곳에 하나님이 존재합니다. 그러니 사랑도 속물적이거나 그럴 듯하게 속이는 것이 되어서는 안 됩니다. 가난한 사람을 거짓 사랑으로 속이는 것은 자신을 속이는 것이기도 하거니와 하나님을 속이는 것입니다. 더욱이 믿음과 실천은 종교에서 동전의 양면입니다. 이 둘이 떼려야 뗄 수 없는 관계입니다. 그럼에도 신앙이 좋다고 하는 사람일수록 믿음을 말로 하는 경우가 많이 있습니다. 믿음과 실천이 일치가 안 되는 것입니다. 특히 가난한 사람에 대해서 이중적인 마음과 태도를 취하는 것은 비신앙입니다. 지위, 학식, 부유, 복장, 생김새와 같이 겉만 보고 판단하고 사랑하는 척하며 너스레를 떤다면, 그것은 믿음도 없는 것이고 믿음에 따른 행위도 서로 부조화된 것입니다.

다시 밀란 쿤데라의 말을 언급하겠습니다. "삶은 덫이다." 삶을 조금만 살아보면 이 말을 금세 이해할 수가 있습니다. 태어나서 죽을 때까지 삶은 끊임없이 우리를 속이는 것 같습니다. 거기에다가 종교생활을 한다는 그리스도인까지 가난한 사람에 대해서 속물근성적인 태도를 취한다면, 인생은 정말 서글프기 짝이 없을 것입니다. 외모와 외형에 따라서 사랑을 받고 안 받고 판단되고 결정된다면 부름의 형이상학적 힘에 의해서 세계에 나온 모든 인간은 두려움과 불안에 사로잡혀서 살아야 합니다. 타자에 의해서 내가 어떻게 평가받을지, 그 평가기준이 도대체 무엇인지를 해석하면서 부단히 거기에 맞추며 살아가려고 하기 때문입니다. 그러나 부름의 형이상학적 힘에 의해서 모든 사람이 태어나고 늙고 죽는다는 사실을 깨달아야 합니다. 그리하면 누구나 불러서 나온 공평한 삶, 평등한 삶, 공정한 삶에 대해서 차별대우를 받지 않고 모두가 사랑받는 존재가 되지 않을까요?

부름의 올바른 응답, 서로 사랑

우리가 죄 짓지 않으려면 세상의 모든 사람들을 그리스도의 사랑의 잣대로 사랑할 수 있어야 합니다. 가난한 사람에 대해서는 더욱 그러합니다. 가난한 사람에 대해서 사랑으로 믿음을 표현할 수 없다면 구원도 받을 수 없습니다. 공자(孔子)도 비슷한 말을 합니다. "하늘에 죄를 지은 사람은 아무 곳에도 기도할 수 없다." (獲罪於天 無所禱也) 성서는 우리에게 이렇게 가르칩니다. "무자비한 사람은 무자비한 심판을 받습니다. 그러나 자비는 심판을 이깁니다." 그리고 또 이런 말로 덧붙입니다. "믿음에 행동이 따르지 않으면 그런 믿음은 죽은 것입니다."

인간이라면 한번쯤 자신의 부름이 어디서 비롯되었으며, 그 부름의 의미는 무엇인가, 그리고 그 부름의 형이상학적인 가치는 무엇인가를 곰곰 생각해보아야 합니다. 그리하여 부름의 형이상학적인 힘에 이끌려 이 세계에 나온 모든 사람들이 공동의 삶터, 공통의 삶터에서 서로 사랑하면 됩니다. 그러면 그 삶터가 예수와 함께 거니는 구원의 삶터, 자비의 삶터가 되지 않을까요?

(야고 2,1~17)

———

그리스도인의 신앙언어 사용법

언어대중과 신앙언어, 말의 진중함

모름지기 인간은 언어를 사용하는 동물입니다. 특별히 무리를 지어 서로 의사소통을 하는 집단을 언어대중이라고 한다면, 좀 더 특정한 언어를 사용하는 공동체를 일컫는다고 볼 수 있습니다.

그중에서도 신앙언어라는 특수언어를 사용하는 집단을 그리스도교라고 합니다. 신앙언어는 신앙인들이 사용하는 독특한 개념과 말과 표현이 있어서, 일반 대중들은 이해하기 어려운 경우도 종종 있습니다. 그런데도 신앙인들은 자신의 신앙언어가 마치 보편적인 일상언어인 것처럼 착각을 하고, 다른 언어대중들에게 아무 거리낌이 없이 말을 하곤 합니다. 문제는 신앙언어를 사용하는 그리스도인이나 일상언어를 사용하는 비종교인이나 똑같은 실수를 저지르는 것이 있는데, 그것은 말을 가볍게 취급하여 함부로 사용한다는 점입니다. 언어대중의 언어 규약을 무시한다거나 배려하지 않고 말을 한다거나, 고성과 고함을 치면서 자신의 주장을 강제하여 타자에게 상처를 입히는 일도 비일비재합니다.

인격언어, 배려언어

말은 그 사람의 인격이고 내면의 깊이를 가늠하는 기준이 되기도 합니다. 오죽하면 야보고는 말에 실수가 없으면 몸을 다스리는 것과 다르지 않다고 말을 했을까요? 몸의 여러 기관을 거쳐서 뿜어져 나오는 목소리 혹은 말은 몸의 감각과 몸의 느낌을 승화시켜서 가장 적절한 말로 표현해야 합니다. 신칸트학파의 철학자 에른스트 카시러(E. Cassirer)는 "언어가 없으면 사람들의 공동생활이 있을 수 없을 것"이라고 말했습니다. 그러면서 언어야말로 공동생활에 있어 많은 장애요소를 가지고 있다고도 보았습니다. 그만큼 한 집단 안에서 언어라고 하는 것은 자신뿐만 아니라 타자를 존중하고 배려하는 척도로서 기능한다고 볼 수 있습니다. '말 한 마디로 천냥 빚을 갚는다'는 우리나라 속담은 사람과의 관계에서 그만큼 말이 차지하는 힘이 매우 크다는 것을 단적으로 말해주고 있습니다. 말은 공동체를 지속가능하게도 하지만, 동시에 공동체를 완전히 와해시킬 수 있는 가능성도 존재하는 것이 사실입니다.

신앙언어, 섬김언어

신앙인들이 제일 먼저 범하기 쉬운 실수는 자신의 말을 앞세워 다른 사람들을 가르쳐 들려고 한다는 데 있습니다. 횔덜린은 〈시인의 용기-두 번째 원고〉에서 위로하고 있습니다.

> "모든 생명들 그대와 근친으로 마음 통하지 않는가,
> 운명의 여신 또한 스스로 봉헌 가운데 그대를 키우지 않
> 는가?
> 그렇다, 때문에 아무런 보호 없이
> 삶을 통과해 거닐며 아무것도 두려워하지 말라!"(166)

생명들이 서로 마음이 통하듯, 생명들은 서로를 위해서 존재하기도 합니다. 생명을 생명이 키우고 자라게 하는 것입니다. 그러니 시인의 언어 속에서 보면 모든 생명들은 서로 경쟁관계가 아니라 상보적 관계라고 볼 수 있습니다. 마찬가지로 언어는 서로 마음을 통하게 하는 수평적 관계의 매체이지 지배자와 피지배자의 관계를 지칭하는 위압적인 도구가 아닙니다. 언어는 살리는 것이고 생명을 가지고 있어서 그 언어를 사용하는 사람은 타자의 생명을 유린하거나 상처를 입히는 것이 아니라 보호하고 위로하고 격려해야 한다는 것입니다. 더욱이 신앙언어는 교회 공동체를 좌지우지 할 수 있는 중요한 신앙매체라는 것을 잊으면 안 됩니다. 신앙언어는 교회 공동체 안에서 행동으로 뿐만 아니라 말로서 하나님

께 봉헌하고 사람들을 섬기는 언어입니다. 신앙언어는 다른 언어와 달리 사람을 높이고 타자에게 바치는 말입니다. 타자에게 바치는 언어, 타자에게 드리는 언어는 내 언어가 아니라 하나님에 의해서 흘러나오는 신앙의 공통된 언어라는 고백에 근거합니다. 하나님께 드려야 할 성스러운 언어, 타자에게 바치는 사랑스러운 언어는 서로를 세우고 신앙을 키우는 언어가 됩니다. 서로 군림하고 높아지려고 언어를 사용하는 신앙인은 상대방을 폄하하고 비난하는 언어를 사용합니다. 겸손한 사람은 언어가 자신의 언어가 아니라 하나님의 언어라는 것을 깨달으면서 언어 사용의 신중함을 드러냅니다. 나의 신앙언어가 타자를 섬기고 언어로 마음을 바치고 사랑을 드리는 언어가 아니라면, 차라리 침묵함으로써 신앙의 배가 좌초되는 것을 방지하는 것이 더 바람직합니다.

신앙언어, 평화의 기호

신앙 공동체가 망가지거나 오랜 지속성을 유지하지 못하는 것을 보면, 거기에는 반드시 말 사용, 신앙언어의 부작용이 있음을 알 수가 있습니다. 몸과 마음을 움직이는 말 한 마디가 자신을 죽이는 것은 물론 주변의 많은 신앙인까지도 말이 갖고 있는 좋지 않은 기운으로 상처를 주기에 그렇습니다. 야고보는 그래서 혀는 불과 같고 악의 덩어리라고 단정 짓습니다. 인간의 몸에서 지극히 작은 일부분에 지나지 않음에도 불구하고, 그 세 치 혀를 잘못 사용함으로써 자신을 더럽히는 것뿐만 아니라 주변까지 분란을 일으키기 때문입니다. 횔덜린은 이렇게 읊고 있습니다.

"일어나는 일, 그 모두 그대를 축복하니

기쁨으로 변하도다! 아니면 그대를 괴롭히는

그 무엇 어디에 있으며, 마음이여! 그대 가야만

할 곳 막아서는 그 무엇 있을 수 있는가?

왜냐면, 노래가 필멸하는 자의 입술을

평화롭게 숨 쉬면서 훔쳐버린 이래로, 고통과 행복 속에서

이롭게 하며 우리의 노래 인간의

마음을 기쁘게 한 때문에. 그처럼 기꺼이"(166)

우리 일상에서 일어나는 일들이 복으로 이어지는 것들이라면 얼마나 좋겠습니까? 되레 인간을 괴롭히는 것이 있다면 말의 높낮이와 리듬에 의해서 이루어진 음성적 기호가 입에서 소리로 흘러나온다면, 비록 고통의 음성적 떨림은 있을지언정 기쁨과 행복으로 이어질 것입니다.

신앙언어, 살리는 말

우리는 간혹 입술 위에 올려진 단어나 소리 그리고 음성적 발화를 통해서 마음이 흘러나오는 것이 평화, 기쁨, 행복을 의미하는 것인지를 살펴야 합니다. 입술의 떨림, 성대의 울림을 통해서 나오는 소리 이전에 충분히 마음의 작용이 어떤 상태이며 어떤 지향성을 가지고 있는지 알아야 독이 되는 말을 하지 않습니다. 짐승들이나 동물들을 길들이는 말 따위는 소용이 없습니다. 마찬가지로 낯선 타자나 신자를 말로서 길들이겠다는 발상은 위험하기 짝이 없고 아무짝에도 쓸모가 없습니다. 입술에 올린 말은 순간적으로 독이 될지 약이 될지 판단을 하기 어렵습니다. 찬양이 될지

저주가 될지 알 수도 없습니다. 그러기에 한 가지의 말을 하도록 해야 합니다. 죽이는 말이 아니라 살리는 말, 불경한 말이 아니라 거룩한 말을 하는 입술이 되도록 마음을 다 잡아야 합니다. 입술에 올린 말은 결국 마음에서 나온 말이기에 그렇습니다. 이와 같이 신앙언어를 내뱉는 것이 얼마나 어려운가는 더 이상 설명하지 않아도 잘 압니다. 습관적으로 입에 올리는 말에 신중을 기해야 하는 이유이기도 합니다.

삶의 곁에서 속삭이는 신앙언어

횔덜린은 이렇게 말합니다.

> "민중의 가인들, 우리도 살아 있는 자들 곁에 자리했었도다.
> 거기 많은 것들이 어울리고 기뻐하며 모두에게 사랑스럽고
> 모두에게 탁 트인 곳, 그처럼
> 우리의 선조, 태양의 신, 물론 그러하도다. (...)
> 그처럼, 언젠가 때가 되고 그의 권리가
> 정신을 어느 곳에서도 궁핍케 하지 않으면, 그때 사라져 가리,
> 그처럼, 삶의 진지함 가운데
> 우리들의 환희 죽어가리, 그러나 아름다운 죽음을!"(166~167)

시인들은 민중을 위해서 노래하는 사람들이고 세계의 창작자들입니다. 그래서 때에 따라서 태양신 같기도 하고 선조의 정신을 기억나게 하며 전통과 전승을 축조하는 사람들처럼 여겨지는 것입니다. 게다가 시인들은 죽은 자들의 가객들이 아니라 산 자들을 위한 가객들입니다. 살아 있는 자들을 위해서 노래하는 것은 들을 수 있고 반응할 수 있는 존재들을 위해서 말을 만든다는

뜻입니다. 말을 만들어야 하는 이유 또한 산 자들이 삶을 살도록, 삶이 중요하다는 것을 그들의 곁에서, 삶의 곁에서 속삭여주기 때문입니다. 신앙언어가 상황에 따라서는 산 자들에게 힘을 주기도 하고, 때에 따라서는 무덤 곁에서 말을 하듯이 죽은 언어를 내뱉는 것처럼 들릴 때도 있습니다. 교회 공동체 안에서 각자의 입술에 올린 말이 서로를 살리기보다 죽이는 역할을 하는 것처럼 느껴질 때, 말이 산 자들 곁에 있는 것이 아니라 죽은 자들 곁에 있는 것처럼 보이는 것입니다.

신앙언어의 신중함과 순수함

한 입으로 두 말을 할 수 없습니다. 그 사람은 위선자입니다. 하나의 말로 두 가지 생각을 담아낼 수 없습니다. 그 사람은 사기꾼입니다. 하나의 소리로 두 가지의 마음을 표현할 수 없습니다. 그 사람은 이중인격자입니다. 때에 따라서 거기에 맞게 말하고 적절하게 단어를 선정하는 것은 매우 중요합니다. '그럴 때 말은 사라지고 마음만이 남게 됩니다.' 말이 남아도 마음을 읽어낼 수 없으면 그것은 진정한 말이 아닙니다. 정신을 황폐하게 하지 않고 오히려 말을 주고받는 사람들이 서로 풍요로워지려면, 말을 사용한다는 생각조차도 들지 않을 정도로 '말이 목적 그 자체로' 다가오도록 해야 합니다.

한 입에서 같은 말을 사용하더라도 그 말이 아름답다는 생각이 들도록 하려면 진지한 말과 진실한 마음에 기원을 둬야 합니다. 한 입에서 독설과 아첨, 사랑과 정의가 동시에 나올 수 있다는 것을 부정하고 또 부정할 수 있어야 합니다. 그 부정하는 힘에 의해서 신앙언어의 순수함이 살고, 말과 목소리의 죽음으로 삶의 진지함과 관계의 솔직함 그리고 그 언어로 인한 하나님의 현존까지도 알아차릴 수 있게 됩니다. 중용(中庸)에서 "군자의 말은 모든 사람의 모범이 된다"(言而世爲天下則)고 했습니다. 그리스도인의 말이 그 정도는 아닐지라도 말의 실수를 줄이려고 노력만 해도 훌륭한 일입니다. 사람이 말의 실수가 없을 수는 없습니다. 하지만 그것이 사라지도록 혹은 그것을 줄이도록 내 입술에 올린 아름다운 말조차도 거짓이 아닐까를 늘 성찰한다면, 그리스도인으로서의 완전한 인격자가 될 수 있을 것입니다. (야고 3,1~12)

그리스도인의 믿음의 결, 그리고 거기(Da)

사람이 지혜롭다는 것과 자기 자신을 인식한다는 것은 떼려야 뗄 수 없는 관계입니다. 지혜는 그리스어로 소피아(sophia)라고 합니다. 마르틴 하이데거에 따르면, 여기에서 파생된 형용사 소포스(sophos)는, "이것은 무엇인가에 대해서 적합한 맛", "냄새를 맡는 능력"과 본질적인 것에 대한 본능을 소유한 사람을 말합니다. 그 때문에 어떤 것을 직접 근거로부터 이해하는, 즉 모범적이고 뛰어난 방식으로 어떤 사태에 잘 대처할 수 있는 사람을 뜻"합니다. 따라서 지혜로운 사람은 본질적인 것을 판별해내는 뛰어난 능력이 있는 사람을 의미합니다. 더 나아가 지혜로운 사람은 어떤 사태를 본질로부터, 근거로부터 사유하는 대처능력이 탁월한 사람을 일컫습니다. 여기서 중요한 것은 본질로부터 혹은 근거로부터라는 말입니다. 이에 따라 그리스도인이 지혜롭다는 것은 바로 철학과 동일한 맥락에서 본질과 근거로부터 사태를 이해하려고 하는 사람이 되는 것입니다. 물론 본질과 근거는 바로 하나님입니다. 그러므로 그리스도인은 하나님으로부터 오는 지혜로 사태를 바라보는 눈이 필요합니다.

또 한 가지 중요한 신앙인의 능력은 자기 인식입니다. 『공동번역』에서는 에피스테몬(episthemon)을 '지식'으로 번역을 했습니다만, 인식이라는 번역어가 좀 더 정확한 개념이라고 봅니다. 인식에 있어 경험적이고 감성적인 앎을 독사(doxa, opinion; 억견)라고 한다면, 참된 앎을 에피스테메라고 합니다. 참된 앎에 도달한 사람은 온유한 마음을 가질 뿐만 아니라 선한 삶을 살게 됩니다. 그 참된 앎의 본질이 되는 하나님을 올바르고 깊이 깨달아 알고 있기 때문입니다. 횔덜린은 〈하늘에서부터…〉에서 노래했습니다.

> "하늘에서부터 해맑은 환희가 쏟아져 내리듯이
> 하나의 환희 인간들에 이르러
> 그들 눈에 보이는 많은 것들, 들리는 것들
> 만족하게 하는 것들에 대해 감탄한다."(432)

자기에 대한 참된 앎과 신에 대한 참된 앎은 하늘에서 내린 것입니다. 영어성경(The New English Bible)에서도 이성에 열려 있는 사람은 하늘의 지혜로부터 기원한다고 풀어 밝히고 있습니다. 경험에 의존하거나 감각에 의존하여 판단하는 신앙적 지식과 하나님은 자칫 억측이나 편견이 될 수 있습니다. 그러나 참된 앎에 근거를 두고 있는 사람들은 하나님을 하나님답게 만듭니다. 하나님을 안다고 하고, 하나님으로 인해서 자기 인식에 도달했다는 사람은 시기나 이익을 품고 있지 않습니다. 오히려 감각적인 것들, 즉 시각이나 청각에 의해 포착된 것들은 하나님에 대해서 감탄을 하게 만듭니다.

존재자에 대한 감탄과 자기 인식

감탄이 없는 신앙은 자기 자신에 대한 올바른 인식, 참된 앎이 부족하기 때문입니다. 자기 자신에 대한 참된 앎을 가지고 있는 사람은 시기심, 이기심, 위선을 멀리하게 됩니다. 그것들이 동물적이며, 본능적이며, 악마적이기 때문입니다. 감각기관들을 통해 파악된 사물과 대상에 대해서 감탄을 할 수 있는 존재는 인간밖에 없습니다. 감탄할 수 있어야 비로소 자기 인식이 가능해집니다. 감탄한다는 것은 민감하게 감각을 통해서 접한 존재를 알아본다는 것을 뜻합니다. 그것이 얼마나 놀라운 존재인가를 앎으로써 자기 존재의 근원에 대해서 생각해 보게 됩니다. 자신의 근원과 근거가 바로 지혜로우신 하나님 자신에게 있다는 것을 알게 됩니다. 횔덜린은 그것을 해맑게 표현하고 있습니다.

"게다가 얼마나 멋지게 성스러운 노래 울리는가!
얼마나 가슴은 노래 가운데 진리를 향해 웃음 웃는가.
하나의 유대에 기쁨 있다는 진리-
가물거리는 숲들로 뻗어 있는

오솔길로 양떼들 행군을 시작한다.
그러나 초원은 청순한 초록으로
뒤덮이어, 늘 보는 대로 임원이 그러하듯
어두운 숲에 가까이 놓여 있다."(432)

참된 진리인식의 발현인 평화와 정의

신에 대한 감탄, 자연에 대한 감탄, 좀 더 정동적인 표현을 쓴다면 놀라움은 하나의 유대와 하나의 기원을 깨닫게 합니다. 모든 자연은 인간의 감성을 자극하고 자연으로 돌아가는 길목에서 자연이 말하는 소리에 그만 시기심과 이기심을 버리고 하나의 기원만 생각하도록 합니다. 거기에는 분란이 없습니다. 조화와 평화, 순결과 거룩함, 기쁨과 웃음이 인간의 삶의 활력소로 자리를 잡게 됩니다. 그것은 하나님으로부터 시작되는 삶의 지혜, 신앙의 지혜에서 비롯되는 것이니 누가 보아도 단박에 그 지혜를 알아보게 될 것입니다. 평화, 부드러움, 성숙한 이성, 사랑과 그에 따른 선한 실천들이 모두가 지혜의 근원인 하나님으로부터 나온다는 것을 알아차리게 됩니다. 노래가 흥얼거릴수록, 가슴에서 우러나오는 신앙의 기쁨일수록 모두가 진리의 한 가족이요 진리의 원천 안에서 묶여 있다는 것을 모를 리 없을 것입니다. 그러므로 그 사람이 참으로 진리의 근원이신 하나님과 맞닿아 있는지, 참된 앎에 도달해 있는지는 평화를 위한 삶과 정의를 위한 삶으로 일관하는지의 여부를 살펴보면 판별할 수 있습니다. 평화를 위해서 노력하는 종교인은 온통 초록입니다. 초록 가까이에 초록이 덮여 있으면 검게 보이는 숲이 이루어집니다. 그 숲 한 가운데는 동물들과 식물들이 평화롭고 조화롭게 살아가는 길이 보입니다. 바로 진리의 길입니다. 그러므로 진정한 정의는 평화의 정신을 가지고 씨를 뿌리는 사람들에 의해서 거두어들이는 열매입니다. 자기 자신이 존재의 근거와 본질에 부합하며, 그런 분의 빛에 의해서 조명되어 참된 앎에 이르게 될 때 세계의 평화와 정의가 도래하는 것입니다.

존재지향적 신앙과 소유지향적 신앙

그럼에도 여전히 갈등과 분쟁, 욕망이 교회와 세계를 지배하는 까닭이 무엇입니까? 그것은 자기 자신에 대한 근거와 본질에 대해서 캐묻지 않기 때문입니다. 그러니 자신에 대한 앎에 도달할 리 만무합니다. 횔덜린은 말합니다.

"거기 초원 위에 역시 이 양떼들
머무르고 있다. 사방에 놓여 있는
산꼭대기, 그 헐벗은 꼭대기는
참나무로 덮여 있고 드문드문 전나무도 있다."(432)

인간이 세계, 대상, 현상을 바라보기는 하는데 보지 못하는 것은 "있다"(sein)는 존재인식을 하지 않기 때문입니다. 더욱이 그리스도인은 단순히 있음이 아니라 살아 있음, 곁에 있음, 더불어 있음, 위하여 있음, 사방에 있음 등 생생하게 우리의 눈앞에 있다는 것을 뜻합니다. 하나님의 있음도 정보나 습관적으로 알고 있다면 막연하게 있음을 믿는 것이므로 실제로 아는 것이 아닙니다. 그야말로 참된 앎이 아닙니다. 하나님을 인식하지 못하고 있는 것입니다. 하나님의 있음은 도처에 있는 존재자의 존재인식, 즉 근원인식을 통하지 않으면 불가능합니다. 하나님의 있음에 대한 현존의식이 없는데 분란과 시기와 쟁투와 갈등과 살인이 사라질 수가 없습니다. 그 와중에 하나님을 찾지 못한다는 것은 가질 수 없는 것을 구하기 때문입니다. 즉 있음(being)이 훨씬 더 중요합니다. 그런데 우리는 가짐(having)이라는 것만 생각합니다.

신앙의 극치, 겸손의 결

하나님 앞에 내가 어떻게 존재하려고 하는가에 대한 관심보다는 세속에서 추구하는 것처럼 내가 얼마나 더 가질 수 있는가에 초점이 맞춰져 있습니다. 그러니 분란과 갈등과 쟁투와 시기와 살인과 전쟁이 일어날 수밖에 없습니다. 횔덜린은 노래합니다.

"강의 출렁이는 물결 있고
하여 길을 넘어온 자가 즐겁게
내려다보는 그곳, 산들이 산뜻한 모습을
쳐들고 포도원도 높이 일어서는 그곳.

포도넝쿨 아래 계단들은 높은 곳에서
아래를 향해 있고 과일나무들 그 위에 꽃피어
서 있으며 향기도 거친 울타리에 머문다.
거기 숨어 오랑캐꽃은 움트고 있다."(432~433)

자연에도 결이 있고 인간의 삶에도 결이 있습니다. 자연에도 시공간이 있고, 인간의 삶에도 시공간이 있습니다. 모두 존재가 나타난 모습입니다. 자연에는 바람결, 구름결, 물결, 나뭇결 등이 있는 것처럼, 인간은 살결, 숨결(영혼결), 맘결(정신결) 등으로 바로 거기(Da)에 나타나게 되어 있습니다. 그곳은 하나님을 닮은 인간의 수많은 결들이 나타나는 시공간입니다. 그 시공간은 도처에 있습니다. 사방에 하나님을 닮은 결들이 자리 잡지 않는다면 하나님과 짝할 수가 없습니다. 하나님은 자신의 숨결과 맘결을 닮은 사람들에게 사랑과 은총을 주시기를 원합니다. 특히 겸손한 삶을 살며 악에 저항하는 사람들에게는 하나님의 결이 무수히 나타나게 됩니다. 그 결이 지금 우리에게 필요한데 결을 찾아볼 수가 없이 흉측하게 되어버렸습니다. 겸손한 그곳, 겸손이 나타나는 그 시간과 장소를 찾아야 합니다. 겸손이 내게 주어지는 것이 아닌, 겸손이 나타나야 할 시간과 장소, 거룩한 그곳에서 받아야 합니다. 겸손이 나타나는 그곳에서 신앙의 좋은 결이 생기고, 일치의 굳은 결이 생기고, 천사와 같은 아름다운 결이 생김으로써 머물러 쉬고 싶을 때는 한결 같은 마음을 내어줄 수 있는 법입니다.

하나님께 다가감과 존재 도래의 시공간성

횔덜린은 마지막을 이렇게 갈무리합니다.

> "그러나 물줄기는 졸졸 아래로 흐르고 그곳에서
> 종일토록 살랑대는 소리가 들린다.
> 그러나 그 경계의 장소들은
> 오후 내내 편안히 쉬며 침묵한다."(433)

좋은 심성의 결, 즉 신앙의 결과 마음의 결을 지닌 사람은 늘 누군가를 "향해 있고", "서 있고", "머물러 있고", "숨어 있고", "움트고 있"게 마련입니다. 우리는 누군가에게 그렇게 있어야 합니다. 누군가를 위해서 그렇게 존재해 본 적이 있습니까? 신앙의 결이 아름답고 깊게 새겨진 사람은 늘 하나님께 가까이 다가감으로써, 오히려 그분이 자신에게 가까이 오신다는 역설을 체험합니다. 바로 하나님과 자신이 만나는 그곳에서 말입니다. 그곳에서만 들리고 그곳에서만 쉴 수 있고 그곳에서만 침묵할 수 있는 바로 그 경계의 장소, 그렇다면 우리가 그분을 만날 수 있는 장소는 어디일까요? 그곳은 다만 하나님께 가까이 다가감에 있을 뿐입니다. 다가갈수록 만날 시간은 곧 도래하고 다가갈수록 그분의 존재의 터는 뚜렷하게 보이기 때문입니다. 그래서 야고보는 다음과 같이 우리에게 일러줍니다. "하나님께 가까이 가십시오. 그러면 하나님께서 여러분에게 가까이 오실 것입니다."

(야고 3,13-4,8a)

제4장

신의 현존을 기다리는 언어의 고통
신의 현존을 기다린다는 것

기도, 하늘의 창문을 여는 것

그리스도교를 비롯하여 세례의 여러 종교들은 기도라는 행위가 중요한 의례로 틀 잡혀 있습니다. 따라서 종교에 입문을 하자마자 기도라는 말만큼 많이 듣는 말도 없을 것입니다. 그런데도 기도는 참으로 어려운 것으로 인식되기도 합니다. 그보다 어쩌면 우리가 하는 기도라는 것이 정말 올바른 기도행위인가, 라는 의심이 생기기도 합니다. 왜냐하면 기도는 하는 것 같은데 그에 상응하는 결과가 발생하지 않거나, 정반대의 상황이 일어나기 때문입니다. 그럴 때 기도에 대한 회의를 품게 됩니다. 그러나 기도란 어떤 상황이 일어나도록 하는 데 있지 않습니다. 오히려 기도는 마음이 하늘에 닿도록 하는 데 있습니다. 또한 기도는 땅에 발을 딛고 있고 몸이 현실이라는 시공간에 묶여 있지만, 그 현실을 넘어서 시선을 하나님께 두도록 하는 데 있습니다. 횔덜린의 시 〈가장 가까이 있는 것-두 번째 착상〉를 보면 그 생각이 좀 더 명확해집니다.

"하늘의 창문 열려진 채이고
또한 하늘의 폭풍 일으키는 자, 밤의 정령이
풀려난 채, 우리의 땅에 대해
지껄이고, 여러 가지 언어로, 제약 없이, 그리고
파편을 굴리고 있었다,
시간에 이르기까지,
그러나 내가 원하는 것 온다."(348)

기도는 하늘의 창문을 여는 것, 아니 열려진 채 그 창문을 통하여 하나님의 시선이 내게로 향하고 있음을 알아차리는 것입니다. 수많은 시간과 시각을 촘촘하게 나누어 쓰고 있는 사람들에게 자연을 향하게 하고, 억압된 정신을 해방시키는 것은 기도, 즉 성스럽고 깊은 마음 씀씀이가 아니면 불가능합니다. 사람들은 고난과 고통과 아픔과 상처와 무기력에 시달립니다. 그럴 때 기도를 해야 합니다. 자신의 억압된 마음과 기분, 그리고 정신이 현실에 묶여있고 아무런 의식이 없이 헛소리만 난무하도록 내버려둘 수 없다면, 거룩한 언어, 신비한 언어로 자신과 타자를 위해서 하늘을 향해 마음을 전달해야 합니다. 땅에 살고 있다고 해서 정신마저 중력을 이기지 못한다면 의미 없고 진실하지 못한 언어만 서로 주고받을 뿐입니다. 그 말은 전혀 가치도 없는 언어와 시간의 파편으로 흩어질 뿐입니다. 성서의 저자가 병자가 병이 낳고, 죄인이 죄를 용서받기 위해서 기도를 해야 한다고 강조하는 것은, 지금까지 분리되고 분열되었던 자기 자신의 정신을 하나님과 연결하도록 해야 한다는 것을 뜻합니다. 하늘의 창문이 열리고 그 사이로 진리의 빛이 들어오고, 성스러운 목소리가 들려올 때 인간의 삶에 서광이 비추는 것입니다. 기도란 그렇게 인간의 삶에 빛이 비치고 희망을 주는 힘입니다. 횔덜린은 이렇게 말합니다.

"만일
그 때문에 환호성 울리는
찌르레기들처럼,
올리브나라에서
사랑스러운 의지에서

태양이 찌르는 듯하고
또한 대지의 심장이
열리면

그리고
문턱들이 손님을 반겨 맞는 곳,
꽃들로 장식된 거리에서,
그들은 말하자면 고향을 알아챈다."(348)

　시인이 말하는 "만일"이라는 조건과 가정을 시문장의 어느 부분에 붙여야 할지 애매모호합니다. 기도는 가정이나 가능성을 넘은 현실성입니다. 가정과 조건이 붙는 기도는 기도라 할 수 없습니다. 기도의 언어를 발언하는 순간 그것은 이미 현실이라고 믿어야 효력발생이 됩니다. 기도는 타자를 받아들이는 하나님의 심정을 읽어내며 곳곳에서 현존하는 그분을 인식하는 것입니다. 그중에서도 고백을 하고 남을 위하여 대도(代禱)를 하는 것은 기도란, 나의 언어가 아니라 상호주관적인 언어라는 것을 말해줍니다. 기도는 나의 사적인 행위만이 아니라 서로 주체가 된 사람들이 공통의 신앙을 하늘 창문에도 표현합니다. 하늘 창문에 닿으면 그동안 우리가 '만일'이라고 말했던 가정법이 현실이 됩니다. 기도를 하면서 기도의 언어나 마음이 곧 나의 것으로만 생각하면 안 됩니다. 서로를 향하고 삶이 어려운 사람들에게 향하는 것은 기도의 공공성을 나타내는 것입니다. 기도가 사적인 것이고 단지 내밀한 언어나 심정으로만 끝나지 말라는 의미입니다.
　기도의 방법이 어떠하든지, '만일'이라는 가정법을 뒤로 하고 나와 타자 그리고 공동체를 위한 올바른 기도, 올바른 언어를 사용해야 합니다. 공동체(community)라는 말이 '함께 선물을 나누는 집단'을 일컫는 것이라면, 기도는 결국 집단과 개인, 개인과 개인의 마음을 나누는 것이고, 하나님의 마음을 나누는 것입니다. 그렇게 나눌 때에 '만일'이 현실이 됩니다. 다시 말해서 기도의 효과가 발생하는 것입니다. 무엇보다도 반기는 말, 무엇보다도 내 말이 아니라 타자의 말, 무엇보다도 나의 절박함보다는 공동체의 절박함을 떠올리며 기도한다면 그 바람이 하늘의 창문을 두드리는 것이나 다름이 없습니다. 하나님의 마음의 창문을 두드리는 것은 그분이 낯선 나를 환대한 것처럼, 나의 언어를 통하여 낯선 타자를 향해 그분의 마음 창문이 열리도록 하기 위함입니다. 기도가 무엇을 얻기 위한 사적인 고백과 소리나 말의 발언이라고 생각하기 쉽습니다. 그러나 기도는 타자를 위할 때 더 좋은 결과를 가져옵니다.

그것은 길을 벗어난 타자에게 하늘이 명령하고 제시한 길을 가도록 하기 때문입니다. 우리가 원하는 것이 하늘로부터 온다는 것은 기도의 길을 따라서, 기도의 도를 따라서, 기도의 언어(logos)를 따라서 그분이 온다는 것을 뜻합니다. 올바른 길을 따라 오는 그분을 맞이하고 받아들이는 것은 내 안에, 타자 안에 사랑과 자비, 희망과 용기의 길을 내기 위함입니다. 기도가 길이라는 이유가 여기에 있습니다. 그릇된 길에 있거나 길을 잘못 들어섰거나 할 때 마음에 하나님을 기억하고 말-길을 내면, 그 말-길 혹은 소리-길을 통해서 그분이 삶의 길을 새롭게 열어주게 되어 있습니다. 사람들이 땅을 밟고 다니는 길만 길이 아닙니다. 마음의 길, 말의 길, 소리의 길, 진리의 길은 하나님이 내시는 길을 통하여

만 의미가 있습니다. 기도의 언어, 기도의 말이 '나'에 집중되지 않고 타자 혹은 서로를 지향하게 될 때, 그 기도를 통한 길은 분명히 생명과 희망의 길이 될 수 있습니다. 횔덜린의 말입니다.

"만일
샤랑트 강의 촉촉한 초원 위에,

그리고 북동풍이 날카롭게 불어서
그들의 눈을 대담하게 만들면, 그들은 날아오른다,

헤센 지방
그리고 뷔르템베르크의
밀밭,

그리고 유명해지는 곳

그대들 영원한 달램
그대를, 그리고 구석진 곳,
그리고 아이들이 놀았던 곳"(348~350)

기도는 특정한 공간과 장소를 초월합니다. 진리의 길, 희망의 길, 치유의 길, 회복의 길을 내야 할 곳이 있는 곳이라면 반드시 하늘의 창문을 열어 하나님의 시선을 보여줍니다. 기도는 그래서 그 시선을 의식하여 하나님의 창문을 통한 강렬한 빛에 자신의 추악하고 더러운 마음을 내보이게 되어 있습니다. 하나님의 열려진 창문 틈사이로 비치는 사랑과 자비의 빛을 인식한 사람들은 죄의 용서를 구하고 자신의 마음과 의식과 정신이 정화되도록 더욱 더 하늘 창문을 응시하려고 합니다. 땅을 응시하는 것이 아니라 하늘을 응시하는 것이 기도라면 그 하늘 창문을 통해서 비추는 빛 때문에 자신을 감출 수가 없으며 하늘 창문처럼 순수한 신앙과 마음을 가지려고 할 것입니다. 횔덜린은 그것을 이렇게 묘사합니다.

"독일에는 많은 것들이 있다

한데 속해 있는 다정한 정령들의
거처가 거기에 있다. 그리하여 순결한 자들을
같은 법칙이 구분해낸다.

그러나 일상이 머물면
대지의 망각
그러나 거기에다 진리를
숨 쉬고 있는 자들에게 영원한 아버지가 주신다."(350).

기도가 있어야 할 거처, 기도는 있어야 할 곳은 사방에 있습니다. 기도가 있다는 것은 기도해야 할 존재가 있다는 것과는 다릅니다. 기도가 있다는 것은 기도를 해야 할 당위성이 존재한다는 말입니다. 정신적인 존재가 아픔을 겪는 시대에는 기도가 있어야 할 곳, 기도가 드러나야 할 곳이 많다는 것을 의미합니다. 기도는 항상 그렇게 존재합니다. 그리스도인이라서 기도하는 것이 아니라 기도가 마땅히 있어야 할 그곳 때문에 기도하게 되고, 그 목소리를 다만 그리스도인이라는 특수한 존재자에게 의탁할 뿐입니다. 누구나 기도를 합니다. 일상의 기도가 그래서 중요합니다. 일상은 땅도 하늘도 망각하게 하지만 진리를 인식하고 갈망하는 사람들에게는 기도를 선물로 받습니다. 삶을 망각하고 신을 망각한 자리에 기도가 싹트고 기도를 통해서 신이 비로소 다시 존재하도록 만듭니다. 기도는 우리가 존재하기 때문에 있는 것이 아니고, 인간의 영리나 욕망을 위한 방편이나 도구로 존재하는 것이 아닙니다. 기도는 땅과 맞닿아 있다는 자신의 정체성을 잃어버리면서까지 진리 안에서 호흡을 하고자 하는 모든 사람을 위해서 존재합니다. 기도의 존재조차도 망각한 사람들에게 진리의 숨을 불어 넣어주는 것도 기도입니다. 하지만 그렇게 하기 위해서는 기도가 마땅히 있어야 할 거처, 바로 그곳을 정확하게 바라보아야 합니다. 그 시선은 나의 시선이 아니라 하늘 창문을 통하여 비춘 그 빛에 의해서 따라가는 거룩한 시선입니다. 그 시선 속에서 기도가 자신의 모습을 드러냅니다.

그러므로 우리는 기도가 머무는 곳을 찾고 그 기도를 따라가야지, 기도가 우리를 위해 따라가는 방편이 되어서는 안 됩니다. 기도는 인간을 도구로 삼아 하나님의 빛과 의지를 드러내기 위한, 하나님의 창문이자 하나님의 거처이기 때문입니다.

(야고 5,13~20)

하나님을 위해 존재하는 인간과 세계

독일의 철학자 헤겔(G. W. F. Hegel)은 『역사철학강의』에서 "인간만이 정신이다"라고 설파합니다. 그는 이 문장을 인간이 자기 자신을 인식하고 있다는 말로 풀어 밝히고 있습니다. 다시 말해서 인간은 자각존재(Fürsichsein)라는 말입니다. 이는 보편적인 신적 정신과 분리되어 타락하고 만 정신적 존재를 일컫습니다. 인간은 자기 정신이 타락된 정신이기 때문에 결국 그리스도를 통해 화해 (Versöhnung)하지 않으면 안 되는 한계를 지니고 말았습니다. 하나님은 보편적인 신적 정신으로 존재하지만 그 근원성에서 이탈된 인간은 이 세계가 하나님의 순수한 정신이 내재되어 있다고 인식하지 못합니다. 세계는 하나님의 순수한 정신이 담겨 있습니다. 그럼에도 세계가 황폐하고 상처투성이인 것은 세계가 하나님의 순수한 정신에 의해서 형성되었다는 사실을 인간이 인식하지 못하기 때문입니다. 하나님이 세계를 창조하셨다면 마땅히 그 안에는 하나님의 보편적인 신적 정신이 깃들어 있다고 봐야 할 것입니다. 그럼에도 여전히 세계와 인간이 조화롭지 못한 것은 자신과 세계의 근원성에 대한 불분명한 인식 때문에 그렇습니다. 횔덜린은 인간과 세계에 대한 상호존재성을 〈나무〉에서 이렇게 묘사합니다.

"내가 한 아이였을 때, 수줍어하며 나는 너를 심었다
아름다운 초목이여! 우리가 이제 변화되어 서로를 보고
있구나
너는 당당하게 서 있구나 그리고
마치 어린아이처럼 앞에"(394)

인간의 정신은 보편적인 신적 정신에 의해서 창조된 세계가 수줍음을 타는 아름다운 존재임을 잘 인식하지 못합니다. 더군다나 인간의 정신은 자신과 세계가 서로 마주 보고 있다는 사실조차도 잘 깨닫지 못합니다. 바로 타락된 정신으로 인해서 세계에 드러난 보편적 신적 정신을 잘 포착하지 못하기 때문입니다. 히브리인들에게 편지를 쓴 저자는 세계가 바로 그리스도를 통해서 창조되었다고 말하고 있으며, 하나님은 이 세계를 아들에게 물려주시기로 하셨다고 말합니다. 그리스도를 통한 창조인식, 그리스도에 대한 보편적인 신적 인식을 하지 못한다면 세계의 창조주에 대한 인식에까지 이르지 못한다는 것은 자명한 일입니다. 세계 속에 그리스도의 흔적과 하나님의 보편적인 신적 정신의 흔적이 고스란히 묻어남에도 불구하고 인간은 그것을 간과하고 있는 것입니다. 그러니 이 세계가 불행과 상처, 추락으로 이어지고, 인간에게는 전쟁, 살인, 폭력, 죽음, 환경재앙 등의 심각한 삶의 위기를 자초하고 있는 것입니다. 횔덜린은 우리가 세계와 마주 보는 존재라는 것을 말하고 있고, 그것은 결국 주체와 대상의 관계가 아니라 동근원적 성격을 띠고 있는 상호주관적인 존재라는 것을 일러주고 있는 것입니다. 그것은 마주 봄이라는 말에서 드러납니다. 당당하게 마주보는 세계는 인간이라는 존재가 아무리 정신적 존재라고 하더라도 하나님의 보편적인 신적 정신을 담지하고 있는 세계-내-존재라는 그 한계를 벗어날 수 없는 존재라는 것을 말해줍니다. 횔덜린은 또 이렇게 말합니다.

"그러나 말-
신은
천둥번개를 통해서 말한다.
나는 자주 그 말을 들었다
말은 분노는 충분하다고 그리고 아폴론에 적합하다고 했다-
그대는 그처럼 화를 내면서 사랑으로 인해서 언제나

충분히 사랑을 지니고 있다.

자주 나는 노래 부르기를 시도했지만, 그들은 그대를

귀담아듣지 않았다."(395)

　하나님의 본질을 간직하고 닮은 그리스도에 의해서 다양한 언어로 인간에게 말을 걸어온 세계이지만, 인간의 정신은 그것을 인지하지 못했습니다. 여전히 수많은 언어로 인간에게 말을 하고 있지만, 인간의 정신은 자신의 욕망대로 살기에 바쁩니다. 그러니 아무리 하나님의 순수한 정신이 녹아들어 있는 이 세계를 향하여 표현하고 있었다고 한들 하나님의 의지와 정신을 알아차릴 리가 만무합니다. 하나님은 "이제 충분히 분노하였다. 나의 상처는 충분하다. 나의 아픔과 고통은 충분히 헤아릴 수가 있다"고 말하고 있지만, 귀담아 듣지 않습니다. 적어도 그리스도와 세계, 그리고 인간이 동근원적으로 하나님의 순수한 정신에 의해서 배태된 존재라면, 세계를 하나님의 의지대로 보존하는 것이 마땅한 일입니다.

　우리가 그리 살지 못하는 것은 인간의 타락한 지성과 정신으로 진리의 내용을 담고 있는 세계를 제대로 바라보지 못해서 일 것입니다. 영광(doxa)은 말 그대로 영화로운 빛입니다. 그 빛을 드러내도록 세계 안에서 드러난 하나님의 순수한 정신을 공유한 인간이 그리스도의 자리에서 세계 위에 군림하려고 하고 있습니다. 하나님의 순수한 정신을 닮은 세계나 인간은 그리스도를 영화롭게 하고, 하나님을 드높이기 위해서 존재합니다. 그럼에도 인간은 자신의 정신으로 스스로 존재하려는 오만을 품고 있습니다. 인간이 스스로 인간이기를 바라는 것은 하나님을 위해서 존재할 때 가능합니다. 세계도 마찬가지입니다. 세계가 하나님의 순수한 정신이 내재되어 있다고 한다면, 그 또한 하나님을 위한 존재의 장이 되기 위해서 그러한 것입니다. 그러므로 인간과 세계는 지배자나 권력자가 아닙니다. 서로 마주보며 하나님의 순수한 정신, 하나님의 보편적인 신적 정신 안에 자신들의 자리를 두어야 합니다. 하나님의 지배, 그리스도의 지배아래에 있다는 것입니다. 인간의 정신자리와 하나님의 보편적인 신적 정신의 자리를 헷갈리지 않는 지혜로움은 어느 것 하나 하나님의 순수한 정신에서 비롯되지 않은 것이 없다는 인정과 승인에서 비롯됩니다.

하지만 여전히 인간의 정신은 그리스도의 보편적인 신적 정신 안에 속하지 않으려고 합니다. 세계는 인간의 타락한 정신에 의해서 찢김을 당하고 상처가 나서 더욱 폭력적이고 공격적인 존재가 되고 말았습니다. 이러할 때일수록 인간의 정신과 세계의 정신은 하나님의 보편적인 신적 정신과 맞닿아 있다는 믿음을 가져야 합니다. 그리스도의 고통과 죽음은 그러한 인간의 정신적 오만과 세계의 폭력과 고통의 결과이기도 합니다. 그로 인해서 그가 인류와 세계를 위한 진정한 구원을 감행한 것이라 볼 수 있습니다. 그렇지만 그러한 사건이 결국 하나님의 은총에 수치를 주는 결과를 초래하고 말았습니다. 인간의 정신과 세계의 정신이 둘 다 보편적인 하나님의 신적 정신을 인식하지 못한다면 또 다른 희생을 통해서 이루어지는 깨달음을 주어야 한다는 것입니다. 횔덜린은 이러한 상황에 대해 경고라도 하듯이 다음과 같이 말합니다.

"그러나 그대들은 이것을 모두 잊었다, 언제나 맏이들은
필멸의 자들이 아니라는 것, 그들은 신에 속한다는 것을.
열매는 비로소 더욱 비천해지고

일상적이 되어야만 할까보다, 그때서야

그 열매 필멸하는 자들의 차지가 될까보다"(395).

　인간의 정신과 세계의 정신은 모두 하나님에게 속해 있습니다. 하나님의 보편적인 신적 정신 안에 있다는 표현이 맞을 것입니다. 모두가 보편적인 신적 정신에서 나온 동근원적 성격을 갖고 있기에 그렇습니다. 이것을 망각하면 안 됩니다. 맞아들이신 그리스도가 하나님의 순수한 정신에 의해서 망각된 존재가 아니라 세계에 온전히 드러난 존재인 것처럼, 인간도 그래야 합니다. 인간의 정신과 세계의 정신은 하나님의 순수한 정신을 드러내는 존재로서 가치가 있습니다. 다시 말해서 인간과 세계는 하나님을 위해서 존재하는 피조물들입니다. 이것을 명심해야 합니다. 한갓 피조물에 지나지 않는 존재자가 하나님의 영광에 초대를 받았다는 것도 중요합니다. 하나님의 보편적인 신적 정신의 자리에 피조물인 인간과 세계를 안내해 주셨다는 것은 맞아들인 그리스도와 동일한 지위를 인정하셨다는 의미입니다. 그러므로 참여는 보편적인 신적 정신, 하나님의 순수한 정신의 나눔과 공유입니다. 그만큼 어느 존재 하나 소외시키거나 배제시키지 않겠다는 하나님의 강한 의지라고 볼 수 있습니다. 우리가 그분의 초월적인 정신의 일부분에 매달려 있는 것 같지만, 맞이와 같이 인식하였다는 것은 보편적인 신적 정신과 하나님의 순수한 정신의 산물을 보여야 할 책무가 있다는 것을 뜻합니다.

　그것은 앞에서 말한 것처럼 우리가 하나님을 위해서 존재하는 것입니다. 하나님이 우리 자신을 위해서 존재하는 것이 아닙니다. 그것은 타락한 정신으로 살고 있는 인간과 애성이가 난 세계를 온전하게 구원하신 하나님의 보편적인 신적 정신을 인식한다면 잘 알 수가 있습니다. 달리 말하면 우리가 그분에 의해서 구원을 받았기 때문입니다. 더욱이 그는 우리를 "형제"라고 부르십니다. 거룩하신 분, 순수한 정신을 소유한 분이 인간과 세계를 거룩하다 하신 것은 모든 존재자가 하나님의 보편적인 신적 정신에 토대를 두고 있다는 것을 방증합니다. 동일한 자리와 영역에서 살 수 있고 공존할 수 있다는 것은 하나님의 보편적인 신적 정신을 소유한 피조물은 결코 사라지지 않는다는 것입니다. 그러므로 지금부터라도 인간들끼리 뿐만 아니라 세계와의 관계에서도 형제요 자매로서 인식하는 태도를 가져야 합니다. 생명의 존재론적 인식의 바탕 위에서 형성된 끈끈한 연대의식은 서로에게 폭력을 행사하는 것을 거두고 서로 마주보는 존재로서 온전히 하나님을 위해서 존재하는 피조물이 될 수 있을 것입니다. 그것이 최소한 보편적인 신적 정신과 순수한 정신에 터 잡고 살아가는 피조물의 도리일 것입니다. 그것은 인간과 세계에게 보편적인 신적 정신과 순수한 정신의 공통분모를 갖게 하셨을 뿐만 아니라 일일이 온 우주를 향해 이렇게 나를(우리를) 호명해주셨기(온 우주로 하여금 나의 이름을 알게 해주셨기) 때문입니다. "내가 당신의 이름을 내 형제들에게 선포하며 회중 가운데서 당신을 찬미하겠습니다."

(히브 1,1~4; 2,5~12)

침묵의 벽을 뚫고 오시는 로고스

귀를 위해서 말이 있는 것 같지만, 말을 단지 귀로만 듣지 않습니다. 귀는 말소리를 듣는 도구이지만, 정작 말을 듣는 곳은 마음입니다. 말이 건드리는 곳은 마음인데, 청각적 기호로만 말을 알아듣는 경우가 많이 있습니다. 아무리 특정한 인간 집단이 언어적 규약공동체로 모였다 하더라도, 말이 오고가는 맥락에 따라서 말을 사용해야 서로 말을 잘 알아들을 수 있습니다. 맥락을 중요하게 여기는 규약공동체를 벗어나면, 똑같은 말이라 할지라도 다르게 들을 수 있습니다. 신앙언어라는 것이 그렇습니다. 교회 안에서는 그 말을 사용하고 있는 공동체의 약속언어이기 때문에 말과 마음이 잘 일치될 수 있습니다. 그러나 똑같은 말이라 하더라도 교회 바깥으로 나가면 다르게 들리기도 하고 오해의 소지가 생기기도 합니다. 모름지기 신앙언어는 그리스도인의 귀를 위해서 있습니다. 들으라고 말을 하는 것입니다. 귀를 향해 말을 하려면 청각적 효과를 극대화할 수 있는 좋은 마이크와 확성기가 필요할지 모릅니다. 그러나 신앙공동체 안에서 이야기되는 말 혹은 말씀은 신앙인의 마음을 향해 발언되는 것입니다. 그 말씀은 교회 공동체 구성원 전체에게 전승되고 합의된 공통된 언어입니다. 하나님과도 규약을 맺은 신앙언어는 사람들의 마음을 찌르고 가르고 꿰매고 어루만지고 파고들어갑니다. 말씀이 마음에 기입되는 것입니다. 말씀이 단순히 음성으로서 들리는 것이 아니라 마치 음성적 쓰기처럼 마음에 각인되도록 하는 것입니다. 미디어 현상학자인 빌렘 플루서(Vilem Flusser)는 "쓴다는 것은 표면 위에 물질을 올려놓는 것이 아니라 표면을 긁는 것으로, 그리스어 동사 graphein이 이를 입증한다"라고 말했습니다. 말씀으로 울려퍼지는 소리는 마음의 표면을 뚫고 들어갑니다. 하나님의 말씀은 신앙인의 마음에 글을 쓰는 것입니다. 하나님의 말씀은 자신의 생각을 신앙인의 마음에 새기는 것입니다. 그래서 말씀을 들으면 신앙인의 마음은 점점 더 하나님의 마음과 생각과 가까워지는 듯합니다. 그것이 올바르게 말씀을 듣는 태도입니다. 횔덜린은 〈백성들 침묵하고 졸고 있었다 … 〉에서 다음과 같이 말합니다.

> "백성들 침묵하고 졸고 있었다, 그때 운명은
> 알았다, 그들 영원히 잠든 것이 아니라는 것을, 그리고
> 자연의 가차 없는, 두려운 아들
> 불안의 오랜 정신이 다가왔다,
> 그 정신, 대지의 심장에 끓고 있는,
> 잘 익은 과일나무 같은 옛 도시들을 흔들어대는, 산들을 잡아채고,
> 참나무들과 암벽을 감아 내리는 불길처럼 일어났다."(291)

졸고 있는 운명에 빠져 있는 사람들, 그러나 영원히 잠들 수가 없는 사람들은 불안한 상태로 존재하는 사람들입니다. 침묵을 한다고 하지만 마음과 생각과 속셈을 다 알아차린 말씀의 주재자는 불안한 사람들의 마음에 다가와 문을 두드립니다. 그 말씀은 오랜 정신이고 익숙한 정신을 담고 있습니다. 거부할 수 없는 말입니다. 그 말을 들으면 졸 수도 없고 잠들 수도 없습니다. 오로지 깨어 있는 상태로 말씀을 받아들여야 합니다. 말씀은 항상 자신을 드러냅니다. 그뿐만 아니라 말씀을 통해서 우리 자신의 정신의 모습을 밝혀줍니다. 그렇게 항상 말씀은 빛으로서 신앙인의 마음을 두루 비추어 줍니다. 말씀을 받아들이고 알아차릴 때마다 자신의 생각과 충돌을 일으켜 마음과 정신은 전쟁터가 됩니다. 마음을 흔들어서 결국은 신앙인의 마음과 정신을 불같이 뜨거울 정도로 생기 있게 만들어 줍니다. 말씀은 사람들로 하여금 몰아

세웁니다. 말씀의 속성은 사람들의 마음을 불안하게 함으로써 그 흔들리는 마음 안에서 새로운 하나님의 정신을 찾게 합니다. 그래서 말씀은 항상 마음을 제대로 들여다 보도록 하는 데 목적이 있습니다. 말씀은 신학적 정보나 세간의 지식도 아니요 더욱이 마케팅 언어(상술적 언어)나 프로파간다도 아닙니다. 말씀은 침묵하고 있는 인간의 마음에 그 오랜 정신을 심어준 것을 다시 되찾도록 해줄 것입니다.

빌렘 플루서는 "말하는 사람은 자신의 말을 고른다"라고 했습니다. 말을 고른다는 것은 상대방에게 해야 할 말을 선별한다는 의미도 있지만, 타인의 마음을 말로서 고르게 한다(가다듬어 평탄하게 한다, 정상적이고 순조롭다, 가다듬어 안정시키다)는 의미도 될 수 있습니다. 심판이란 그렇습니다. 하나님의 말씀에 의해서, 하나님 앞에서 내 마음이 고르게 되는 것입니다. 그래서 말은 엄중합니다. 말하는 사람이 어떤 말을 선택하느냐에 따라서 내 마음이 잠잠하게 되기도 하고 요동치게 되기도 합니다. 침묵하기도 하고 격노해서 언성을 높일 때도 있습니다. 말은 골라서 해야 합니다. 하나님의 말씀도 자신이 인간에게 해야 할 말을 고르고 또 골라서 인간에게 행복한 기분(Stimmung)과 불행한 기분을 번갈아 느끼게 합니다. 우리가 하나님의 말씀을 고를 수가 없습니다. 하나님의 말씀은 그 당사자로부터 오는 것이어서 어떤 말씀이 당도할지 아무도 모릅니다. 다만 그분의 말씀은 우리의 마음을 고르게 하기 위해서 온다는 것은 확실합니다. 횔덜린은 또 이렇게 말합니다.

"마치 끓고 있는 바다처럼 무리들 광란했다.
또한 해신처럼, 들끓는 소동 가운데서

많은 위대한 정신 군림하고 지배했다.

불처럼 붉은 많은 피 죽음의 들판에서 흘러내렸고

모든 소망과 모든 인간의 힘이

한 곳, 엄청난 싸움터에서 광란했다"(291).

오늘날 광란의 기분으로 삶을 살아가는 사람들이 많아졌습니다. 사람들의 기분은 들끓고 정신은 자본과 물질에 지배를 당했습니다. 어떻게 그들이 존재한다고 이해할 수 있을까요? 더욱이 신앙인의 정신도 광란과 지배와 죽음과 전쟁과도 같이 아수라장이 되어버렸습니다. 이때 인간에게 필요한 것이 말씀입니다. 정확하게는 말씀 이면의 예수의 존재입니다. 말씀을 들으면 예수가 현존하는 것을 느낄 수가 있습니다. 폴 리쾨르(Paul Riceour)가 "말하는 사람 이전에는 상징이 없다"라고 이야기한 것처럼, 하나님의 말씀은 예수 현존의 상징입니다. 하나님의 말씀은 예수 현존의 다양한 상징들을 품고 있습니다. 그리하여 광란의 기분으로 살아가는 사람들, 지배를 당한 기분으로 살아가는 사람들, 죽음이 엄습한 기분으로 살아가는 사람들, 전쟁을 치르는 기분으로 살아가는 사람들에게 말씀은 예수처럼 다가옵니다. 그럼으로써 그분이 실제로 존재하는 듯이 우리의 온갖 부정적인 기분들을 극복하게 해주면서 신앙을 지키도록 해줍니다.

그렇게 하나님의 말씀은 예수에 대한 신앙을 잘 간직하도록 도와줍니다. 단, 말씀을 통하여 예수의 상징들을 볼 수 있느냐 없느냐에 따라서 그분의 있음(sein)에 대한 확신을 가질 때 신앙은 의미가 있고 지속적으로 유지될 수가 있습니다. 또한 말씀을 말하는 사람에 의해서 예수 존재에 대한 확신을 갖지 못한다면, 신앙인이 신앙이 있다는 것, 신앙인이 신앙인 자신의 존재조차도 의심을 가질 수밖에 없습니다. 신앙이란 그렇습니다. 말에 대한 확신과 말을 하는 사람에 의해서 흘러나오는 말을 어떻게 신뢰감을 가지고 받아들이느냐에 따라서 신앙의 존재/부재 여부가 결정되기도 합니다. 횔덜린의 시 마지막 부분을 읽어보겠습니다.

"거기 푸르른 라인 강에서 티베르 강에 이르기까지
저지할 수 없는 수년간의 전투가
엉성한 질서 가운데 사방에서 일어났다.
강력한 운명이 이 시절에 모든 필멸의 자들과
대담한 유희를 펼쳤다.
또한 밝고 귀여운 별들처럼 황금빛 열매들이
이탈리아의 등자나무 숲의 시원한 밤을 뚫고
그대에게 다시 반짝이고 있다"(291~292).

숱한 관념과 현실의 전투가 일어났다 사라졌다 하는 것이 인생이기도 합니다. 그런데도 우리는 삶의 놀이를 멈추지 않습니다. 전쟁터라고 해서 죽음만 있는 것이 아닙니다. 웃음이 있고 해학이 있으며 생명이 있고 낮밤이 있고 밤하늘의 별들도 존재합니다. 애오라지 그 가운데서도 여전히 우리는 예수에게로 다가가려고 하는가, 하나님의 자리에 가까이 나아가 그분과 함께 생명의 놀이를 하자고 하는 것인가, 하는 물음을 던져보아야 합니다. 어디로 우리가 가고 있는지, 어느 자리에 서 있는지도 알아야 합니다. 그 좌표를 모르면서 아무런 놀이를 할 수가 없는 노릇입니다. 그 놀이가 우리를 살리는 놀이인지, 아니면 영원히 죽이는 놀이인지 따져봐야 합니다. 그러려면 다시 내 마음에 각인이 되어 있는 예수의 말씀, 하나님의 말씀이 존재하여 그것이 진정으로 내 삶의 놀이가 되고 있는지를 물어야 합니다. 새겨져 있지 않고, 마음에 기입되어 있지 않은 말씀이 나를 삶의 전쟁터에서 구해줄 리는 만무한 일입니다. 우리가 어려울 때에 하나님의 자비와 은총인 말에 다가가야 하고, 하나님의 문자가 나의 삶의 놀이터에 씌어질 수 있도록 그 소리 가까이에 다가가야 합니다. 그럴 때 하나님의 말씀은 세계의 수많은 저항과 삶의 온갖 두터운 지층들을 뚫고 나의 가슴으로 들어와 위험한 나의 실존을 구해주실 것입니다.

하나님의 말은 때로는 음유시인처럼 아름답게, 때로는 연설가처럼 특유의 직설어법으로 자신의 단어를 현실화시킵니다. 그러나 많은 경우에는 늘 낮은 어조로 분명한 로고스를 전달한다는 사실을, 이 소음의 시대에 잊지 말아야 합니다. 빌렘 플루서는 이렇게 말합니다. "침묵 속에서 말은 말하고 빛난다. ... 사람이 말을 하는 것은 '뭔가 할 말이 있어서'이기보다는 말이 침묵의 벽을 뚫기 때문이다." 우리가 기다리는 하나님의 말씀도 늘 이와 같지 않을까요? (히브 4,12~16)

———

섬김의 아득한 거리, 현존의 부재

섬긴다는 것의 의미, 섬김에 대한 이야기는 종교에서 매우 많이 듣는 신앙행위 중에 하나입니다. 섬긴다는 것은 공경한다는 의미도 있고, 받들어 모신다는 의미도 있습니다. 사람에 대한 예우에서도 통용되는 말이기도 하고, 신에게도 적용되는 신앙행위이기도 합니다. 그런데 본질적으로 섬긴다는 것은 사랑의 행위입니다.

사랑이 선행되지 않고 단지 신분상의 의무나 당위에 의해서 섬김이 발생할 수가 없습니다. 만일 사랑이 없이 사람을 섬기고 신을 받들어 모신다면, 이는 단지 형식적이고 빈 마음에 지나지 않습니다. 아르투어 쇼펜하우어(A. Schopenhauer)는 "세상사람들에게 칭찬받는 것을 훌륭한 일이다. 그러나 더 중요한 것은 사람들에게 사랑받는 일이다"라고 말합니다. 그만큼 사랑을 하는 것도 받는 것도 쉬운 일이 아니라는 뜻을 암시하고 있습니다. 하나님을 섬긴다고 할 때, 그분을 높여 드리는 것은 말로도 충분하지 않거니와 그분을 사랑하여 자신을 낮추는 것은 더더욱 아득한 거리가 있습니다. 자신을 낮춰야 하나님이 높아지고 인간의 사랑이 그 높이에 다다를 수 있게 됩니다. 휠덜린은 〈평화의 축제〉에서 이러한 말로서 인간의 정신을 섬깁니다.

> "어른거리는 눈길로 나는 벌써
> 진지한 한낮의 역사(役事)로부터 미소 짓는
> 그 사람, 축제의 영주를 보는 듯하다."(232)

의례 혹은 예배를 관장하는 사람은 성스러운 노동자입니다. 성스러운 노동자는 사랑으로서 하나님을 섬기고 사람들에게 봉사하는 사람입니다. 그가 대표성을 띠는 것은 섬김을 통해서 하나님과 인간의 거리를 아득하지 않도록 하는 능력이 있기 때문입니다. 그 성스러운 노동은 인간에게 신을 드러내는 역할을 하기 때문에 그것으로써만 만족을 얻고 기쁨을 얻는 존재입니다. 물론 신은 항상 현존합니다. 다시 말해서 하나님은 늘 나타나 있습니다. 이미 나타나 있는 그 존재를 더욱 잘 나타내 보여 주려는 사람이 성스러운 노동자, 즉 대사제(대제사장)라고 볼 수 있습니다.

하나님과 인간 사이의 그 아득한 거리를 사랑으로 좁혀주는 존재를 대사제라고 할 때, 그 대표적인 표상이 바로 예수 그리스도입니다. 그리스도는 자신의 신앙행위를 통해서 하나님의 나타나심, 하나님의 나타나 있음을 오롯이 보여준 사람입니다. 그분은 자신의 연약함에도 불구하고 하나님 앞에서 또 다른 연약한 사람들이 미소를 지을 수 있도록 만드는 분이십니다. 하나님과 인간을 위한 자신의 섬김을 통해서 예배가 온전한 예배가 될 수 있도록 하고 사랑이 가 닿을 수 있도록 해주신 분입니다. 그런 의미에서 섬김은 사랑이고 미소지음입니다. 성스러운 노동, 성스러운 일, 즉 섬김을 통해서 나타나는 것은 그 행위로 인한 미소지음입니다. 그렇게 섬김 안에서 하나님의 미소지음과 인간의 미소지음이 자연스럽게 나타납니다. 그것이 하나님의 현존, 곧 하나님의 자기 나타나심의 증거입니다. 진지하고 진중한 신앙행위나 성스러운 노동도 있을 수 있습니다. 그렇다고 미소지음이 그에 비해 낮은 신앙적 반응이라는 것이 아닙니다. 오히려 (대)사제가 자신의 연약함과 신자들, 인간들의 연약함을 위해서 제물을 바친다는 것의 궁극적인 목적은 신의 미소지음을 보기 위함입니다.

그 직무는 그냥 생기는 것이 아닙니다. 하나님의 부르심이 있어야 합니다. 부름에 응답하는 존재는 새로운 이름으로 호명되기도 합니다. 동시에 새로운 관계로 인한 미소지음의 신앙 감성의 깨달음에 가 닿았기 때문입니다. 부름에 응답하는 대제사장(대사제)은 자신의 호명뿐만 아니라 인간의 호명에도 관심을 기울입니다. 그 호명으로 하나님께 마음이 가 닿을 수 있도록 하기 위함입니다. 대제사장은 하나님과의 직접대면 자격을 얻은 사람입니다. 직접 대면을 통해서 연약한 인간에게 알려주는 것은 각 개인의 마음과 영혼에 가 닿도록 하는 것입니다. 자기가 그 신분을 얻기 위해서 몸부림 친 것도 아닙니다. 다만 하나님께서 주셨을 뿐입니다. 섬김은 그렇게 내가 주기도 전에 받게 되는 선물입니다. 하나님의 인간 섬김, 그리스도의 인간 섬김이 위대한 이유는 하나님의 현존을 통해서 나타내고 또한 나타나도록 하기 때문입니다. 앞에서 섬김은 사랑이 없으면 안 된다고 했습니다. 이는 섬김의 행위 자체가 사랑을 전제로 하지 않으면 어렵기에 그렇습니다. 하나님에 대한 사랑, 인간에 대한 사랑이 없이 섬김의 행위는 불가능합니다. 사랑이 없이 섬기는 노동행위는 듬성듬성 이가 빠진 듯이 인간에 대해서, 하나님에 대해서 성기는 몸짓에 지나지 않습니다. 횔덜린은 또 이렇게 읊고 있습니다.

> "그러나 그대, 그대의 낯선 곳을 기꺼이 거부하고
> 길고 긴 행군으로 지친
> 눈길 떨구고, 잊으며, 가볍게 그늘 덮이여,
> 친구의 모습을 띨 때, 그대 두루 알려진 자여,
> 그 드높음이 무릎을 꿇게 한다. 그대 앞에서 내 오직 한 가지,
> 그대 유한한 자 아니라는 것 외에 아는 바 없다.
> 현명한 자 나에게 많은 것을 해명할지라도
> 이제 하나의 신 또한 모습을 나타내니
> 다른 광채 있으리라." (232~233)

낯섦의 거리, 그 낯선 맘이 하나님과의 거리가 멀다는 것을 의미할 때, 그 아득한 거리를 좁히는 것도 섬김입니다. 섬김의 거리는 아득합니다. 하나님의 이름도 아득합니다. 사람과 사람의 이름 사이도 아득합니다. 하지만 섬김이 있는 곳에는 그 아득한 거리가

사라집니다. '제발 하나님과 인간의 아득한 거리가 사라지게 해주십시오'라고 간구했던 그리스도가 섬김의 사제, 섬김의 대제사가 되었던 이유가 여기에 있습니다. 바로 아득하고 낯선 하나님과의 거리를 거부하고, 섬김의 도리로 인간과 하나님의 아득한 거리를 좁혀서 우정 어린 관계로 만들어 주셨다는 것입니다. 섬김은 드높은 하늘, 드높은 하나님에게 가 닿을 수 있는 신앙행위입니다. 인간으로 하여금 하나님을 섬기고, 인간을 섬기고, 자연을 섬기라고 한 것은 그 드높음이 인간의 마음에 존재하기를 바라서입니다.

섬김의 최고의 극치는 고통과 고난의 무릎을 자발적으로 꿇는데 있습니다. 예수가 하나님과 인간의 아득한 거리를 좁히고 두 존재를 섬기기 위해서 자신의 고난과 복종, 고통과 죽음을 감내하였습니다. 그럼으로써 고통과 고난, 굴종과 죽음이 더 이상 인간의 문제가 아닌 듯이 섬김의 행위 저편으로 사라지는 것을 경험하게 됩니다. 그것들이 없어지는 것이 아니라 섬김의 행위로 서로 짐을 나누어지게 되니 모든 인간의 한계상황이 더는 한계가 아니게 된 것입니다. 섬김의 위력은 도저히 견뎌내기 어려운 상황도 타개해 나가는 인간의 실존이 닿게 되니, 한계상황이라는 말은 의미가 약화될 수밖에 없습니다. 그만큼 공경하고 받들고 모신다는 것의 사전적인 정의가 가볍지 않다는 말입니다. 횔덜린이 다음과 같이 말하는 것도 그러한 맥락에서 이해할 수가 있습니다.

> "그러나 오늘부터가 아니라, 그는 먼저 예고되어 있었다.
> 또한 홍수도 불길도 겁내지 않았던 한 사람
> 놀라움을 자아내니, 예전 같지 않게 고요해지고
> 신들과 인간들 사이 어디에서도 지배를 찾을 수 없기 때문이다."(233)

섬김이라는 이름은 공허하거나 껍데기와 같은 것이 아닙니다. 그런데 오늘날 종교가 섬김이라는 말을 난발하는 대신에 비어-있는[공-허] 이름으로 전락하고 있습니다. 오래전 섬김은 예수의 고난과 복종을 통해서 예고되어 있었습니다. 섬김의 모범과 내용, 그리고 결과가 그의 삶을 통해서 나타났습니다.

이제 인간들이 섬김을 살아야 합니다. 하나님과의 관계에서 섬김의 행위도 그 심연이 깊어가고 있습니다. 인간과 인간 사이의 섬김은 성기고 형식적입니다. 섬김의 상실이고 사라짐입니다. 섬김의 좌표가 사라지고 섬김이 예수의 행위 수준에서 이루어지려고 노력하지 않는 이상, 섬김은 무화되고 맙니다. 섬김이라는 이름이 사회적인 용어가 아닌 신앙적인 특별한 언어로 자비를 잡으려면 하나님을 향한 복종을 연습해야 합니다. 하나님께 고개 숙이지 않은 사람이 인간에게 고개를 숙일 리 만무합니다. 물론 전략적 관계에서 고개를 숙이는 사람이 있을 것입니다. 그것은 복종적 행위가 나타난 섬김이 아닙니다. 섬김이 의미가 가득 찬 말이 되려면 하나님을 향한 완전한 복종, 인간의 비굴한 맘짓과 몸짓이 아닌 자발적이고 평등한 복종이 되어야 합니다. 그렇게 할 때 하나님에 의한 상호간의 구원이 이루어집니다. 섬김은 신앙적 행위임에도 불구하고 가녁이나 껍데기로 퇴락하고 아첨에 물든 무감각으로 인해 예수의 신앙감정도 실리지 않은 행위가 될 수 있습니다. 그것은 상호간의 구원을 가져올 수 없습니다.

섬김의 궁극적인 목적이 구원이라면, 그 구원은 형식적인 예의나 차리는 행위가 아닌 예수와 같은 고난과 복종을 감내해야 합니다. 그와 같은 우리의 신앙적 몸짓이 그리스도에게, 하나님에게 복종하는 표지가 됩니다. 그렇게 될 때 자연스럽게 인간의 구원이 찾아오게 됩니다. 섬김이라는 말에 우리가 닿지 못한 아득한 자리에 있는 것은 아닌지, 섬김이 타자를 향한 나의 섬김이 아니라 나를 향한 타자의 섬김만을 바라고 있는 것은 아닌지 그 마음을 살펴야 할 때가 아닌가 싶습니다. 과거 예수의 겸손한 복종(humble submission, The New English Bible)이 우리로 하여금 다시 하나님을 섬기는 것은 물론 우리가 서로 섬기는 삶을 살도록 서로 아래에 있기를 요청하는 목소리, 그래서 그 보냄(sub+mittere)을 완성하라는 목소리가 들리는 듯합니다. 이제 우리가 그 목소리에 귀를 기울여야(ob+ey; 듣다, obedience: 복종) 할 시간입니다. 섬김이 신의 현존이 되도록 말입니다. 그것을 통해서 성긴 곳이 없이 곳곳에 '신이-나타나-있다는 것'을 사람들로부터 승인받을 수 있기 위해서 말입니다.   (히브 5,1~10)

삶의 세계에서 유한한 인간의 신앙적 생존법

사람들은 예나 이제나 치열하게 살아갑니다. 아니 점점 시대가 변할수록 그 치열함을 넘어서서 정말 내가 살고 타자가 죽느냐, 반대로 타자가 살고 내가 죽느냐 하는 삶의 전쟁 속에서 살고 있다고 해도 과언이 아닙니다. 그래서 사람들은 저마다 살아내기 위한 갖가지 생존법을 터득하려고 각고의 노력을 다합니다. 아부형 인간이 되든지, 스파이형 인간이 되든지, 독심술형 체질을 연마하여 눈치가 빠른 인간이 되든지, 카멜레온 인간형이 되든지 간에 살아남으면 되는 것입니다. 그러다보니 꼿꼿하게 자신의 소신을 지키면서 사는 사람을 찾기 어려운 현실이 되어버렸습니다. 소신형, 신념형 인간은 사회에서 도태되거나 유연성이 없는 사람으로 비춰져서 빠른 속도시대에 걸맞지 않다고 판단이 될 수도 있기 때문입니다. 다시 말해서 인간이 소모용, 소비용, 일회용, 부속품용 등으로 전락하고 있다는 말입니다. 설령 그렇다고 하더라도 인간의 생존법은 한계가 있을 수밖에 없습니다. 그 한계란 바로 죽음입니다. 아무리 발버둥을 쳐도 인간은 결국 죽음이라는 한계상황을 피할 수가 없습니다.

생계를 위한 생존법은 그렇다 치더라도 신앙적 생존법은 좀 달라야 하지 않을까요? 사람의 생물학적 생몰 주기는 거의 같습니다. 사람들은 어떻게든 이 생물학적 유한성을 탈피해보고 싶어 하는 욕망이 매우 강합니다. 종교학자 정진홍 교수님의 말대로, "사람들은 죽음을 두려워합니다." 그래서 그는 우리에게 이렇게 조언합니다. "죽음을 어떻게 맞아 어떻게 죽느냐 하는 것은 죽음과 관련된 일만이 아닙니다... 그것은 삶을 어떻게 맞아 어떻게 살아가느냐 하는 것과 조금도 다르지 않습니다." 따라서 인간은 죽음을 물으며 삶을 물을 수밖에 없다는 말입니다. 삶의 유한성이 곧 죽음이라는 현실인데, 우리는 그 유한성을 어떻게든 회피하고자 합니다. 다시 영원히 살고 싶어 하는 욕망이 계속 꿈틀거리고 있기 때문입니다. 현대인들의 고민에 응답이라도 하듯이 히브리인들에게 편지를 써 보낸 사람은 영원히 사는 생존법을 슬며시 알려줍니다. 예수가 영원히 살고 있기 때문에, 그 범형으로 우리도 영원히 살 수 있는 길이 열려 있다는 것입니다. 이와 연관해서 횔덜린은 〈그리고 삶을 함께 느끼고자…〉에서 우리의 측은한 마음을 달랩니다.

"그리고 반신들 또는 족장의

삶을 함께 느끼고자, 심판대에

앉아서. 그러나 이를 에워싸고

사방 모두가 그들에게 같은 것은 아니고, 그러나 삶은, 윙윙

거리는 뜨거운 것, 또한 그림자의 메아리로부터

한 초점으로

한데 모인다."(368)

횔덜린이 우리에게 제시하는 신앙적 생존법은 '신의-삶을-함께-느끼는 것'입니다. 히브리인들에게 편지를 쓴 저자에 의하면 예수는 항상 살아 있다고 말합니다. 이것은 횔덜린의 논법과 같은 것입니다. 항상-살아-있음과 신의-삶을-함께-느끼는 것은 다르지 않습니다. 그나마 삶의 치열한 현실인 이 세계에서 그리스도인이 살아남을 수 있는 방법은 예수가 항상-살아-있음을 느끼면서 동시에 그와-삶을-함께-느끼는 것입니다. 삶의 현실에 여실히 나타나는 그분을 느낀다는 것은 늘 깨어있는 신앙 감각을 가지고 사는 것입니다. 내가 이 현실과 삶의 어려움과 때에 따라서 신앙의 난관과 곤란을 혼자만 느끼는 것이 아니라 그와 더불어 느낀다는 인식을 가질 때 삶이 죽어 있는 것이 아니라 살아 있는 것입니다. 감각이 살았다 혹은 죽었다는 표현을 많이 씁니다. 세포가 죽기 시작하면 생명체가 생을 다했다는 말입니다. 세포의 재생속도가 느려지기 시작하면 생을 마감해야 하는 날이 다가오고 있다는 신호입니다. 감각이 둔해진다는 것도 이와 다르지 않습니다. 신앙이 살아 있느냐 죽어 있느냐는 그리스도인들에게 삶의 생존법만큼이나 중요하고 절실한 문제입니다. 신앙이 살고 죽고

하는 것에 따라서 삶을 대하는 태도가 달라지기 때문입니다. 다른 사람들이 살기 위해서 몸부림치고 온갖 치사한 꼼수와 전략을 짜 내서 나를 죽이고 타자를 해치면서까지 생존하려고 합니다. 하지 만 그리스도인의 생존법은 더 근원적으로 나의 신앙의 감각이 깨 어 있느냐 그렇지 않느냐에서 출발을 해야 합니다.

영원히 살고 있는 그리스도 혹은 지금 나와 함께 삶을 살고 있 는 그리스도를 느낀다면 동일한 세계에 살고 있는 다른 사람들 의 생존법과는 다를 수밖에 없습니다. 그 생존법은 '다른 사람과- 더불어-삶을-느낌'입니다. '다른 사람들과-더불어-삶을-나누는 것'입니다. '다른 사람들과-더불어-삶을-사는 것'입니다. 그게 삶 을 대하는 느낌이고, 예수가 그리스도인의 삶을 함께 느끼고 있다 는 신앙적 태도요 감각입니다. 그렇기 때문에 성서의 작가가 말 하고 있다시피 '하나님께 나아오는 사람들을 언제나 구원해 주실 수 있으'신 것입니다. 구원을 최종적인 인간의 목표로 삼는다면, 세계에서 자행되고 있는 경쟁생존법으로는 안 됩니다. 구원은 나 만의 구원이 아니고 너만의 구원도 아닌 '전체의 구원'이어야 합 니다. 괜히 그리스도를 대사제 혹은 대제사장이라고 하는 것이 아 닙니다. 그가 영원히 살고 있는 존재요 그분 때문에 우리도 곧 구 원을 받고 영원한 삶을 누릴 것이라고 믿는다면, 우리에게 구원을 중재하고 베푸는 그리스도와-함께-삶을-사는-감각을 키워야 합 니다. 이는 그리스도의-삶을-닮음과 크게 다르지 않습니다. 비록 우리가 사는 세계가 심판대와 같은 두려움과 공포의 감정을 유발 하는 곳이라고 할지라도, 바로 이곳과 거기에서 그리스도는 우리 와-함께-삶을-느끼고-있음을 잊지 말아야 합니다. 성서의 작가 가 "언제나 구원"하신다는 표현을 사용한 것을 달리 그리스도는 인간의 '삶이 구차하든지 즐겁든지, 삶이 살만하든지 살만한 가치를 느끼지 못하는 상황이든지간에 상관없이 그래도 늘 함께 우리와 감각함'이라는 긴 문장으로 풀을 수 있습니다.

그러면 왜 우리는 이러한 확신을 가져야 할까요? 횔덜린의 시에서 일러주듯이, 삶은 태양과도 같이 뜨거움, 혹은 열정을 내포하고 있기 때문입니다. 작열하는 태양빛에 존재자는 숨을 곳이 없습니다. 백일하에 자신의 삶의 모습이 공개될 수밖에 없는데, 삶의 거짓과 가식과 이율배반과 손익계산과 추잡함으로 감출 곳이 있을 수 없습니다. 그리스도인이 자신의 삶을-함께-느끼고 있는 예수를 닮으려고 한다면, 그와 같은 삶의 생존법과 계산법은 생각조차 하지 말아야 합니다. 예수는 그리스도인이 신앙 감각을 가지고 있으면서 동시에 영악해지는 것을 원하지 않습니다. 왜냐하면 그는 '거룩하고 순결하고 흠도 죄도 없는' 존재이기 때문입니다. 존재의 빛 앞에서 추한 생존법은 그리스도인의 신앙적 생존법과 짝할 수가 없습니다. 세계 내에서의 그리스도인의 생존법도 마찬가지입니다. 가능한 한 거룩해야 하고, 가능한 한 순결해야 하고, 가능한 한 흠이 없어야 하고, 가능한 한 죄를 짓지 말아야 합니다. 그러기가 어렵다고 말할 수 있습니다. 하지만 그리스도를 생각한다면 이야기가 달라집니다. 만일 우리가 진정한 그리스도인이고 그를 닮아나가려는 존재자라면, 그가 우리를 위해서 구원하신 행위와 목적에 부합하지 않으면 안 됩니다.

인류를 위해서 스스로 제물이 되었다는 것은 세계에 자신의 생명을 양도하고 버렸다는 것을 뜻합니다. 그에 따른 그리스도인의 신앙적 삶의 생존법은 타자의-삶을-위해서-나의-생명을(삶을)-기꺼이-양도하는 것입니다. 혹은 타자의-삶을-위해서-나의-생명을(삶을)-기꺼이-내어줄-용의가-있는 것 혹은 타자의-삶을-위해서-나의-생명을(삶을)-기꺼이-양보를-해줄-용기가-있는 것이 삶을 삶답게 살아가기 위한 생존법이라고 볼 수 있습니다. 그래야 모든 사람들이 함께 살 수 있습니다. 그리스도의 모범은 인류를 더불어 살게 하기 위한 것이고, 삶은 나누는 데 있다는 것, 삶은 개인의 삶만이 아니라 공통적인 것이고 공동의 것이라는 것을 깨우치기 위한 몸짓이었습니다. 그렇다면 그리스도인의 삶의 생존법도 달라야 합니다. 다른 사람들의 생존법이 폭력적이고 이기적인 몸짓이라 할지라도, 연약한 인간을 심판대에서 구원하신 예수를 본받아서 끝까지 그리스도의 자녀답게, 그리고 영원을 지금 사는 것처럼 살 수 있어야 합니다. 횔덜린은 마지막에 삶의 일면을 이렇게 묘사합니다.

"바다를 향해서
사냥의 날카로운 총소리 울린다. 그러나 이집트 여인, 앞
가슴을 연 채
통풍에 걸린 관절의 고통 때문에 항상 노래하면서
숲 속에, 불 곁에 앉아 있다. 구름의 그리고
천체 바다의 바른 양심을 의미하면서
스코틀랜드에서 롬바르디아의 호수 곁에서인 양
냇물 하나가 소리 내며 지나간다. 소년들이
진주처럼 생생한 삶에 익숙해서 거장들의
모습 주위에서, 또는 주검의 모습 주위에서 놀고 있다, (...)
아니다. 참으로 한낮은
어떤 인간의 형태를

만들어내지 않는다. 그러나 처음으로

어떤 옛 사상, 학문

이상향."(368~369)

인간의 삶은 온갖 위협과 고통이 펼쳐져 있습니다. 연약한 우리로서는 매번 굴복하다시피 합니다. 그래도 가만히 쳐다보면 그러한 삶 곁으로 희망의 냇물이 흐르고 있음을 보게 됩니다. 그뿐만이 아닙니다. 생명과 죽음의 양면성을 초월해서 마냥 초연하게 삶의 놀이의 연장으로 알고 살고 있는 사람들을 만나기도 합니다. 희망이 있을 것 같아 온갖 세속적인 생존법을 만들어보지만, 그렇다고 해서 참된 인간의 삶이 아닌 것을 너무나도 잘 압니다. 그럼에도 그 속에서 바로 그곳에서 순수한 유토피아, 즉 하나님의 나라를 꿈꾸게 됩니다. 예수가 꿈꾸었던 세계 그리고 삶.

그러므로 하늘 뜻의 주재자, 하늘 뜻을 현실화하였던 예수를 좇아서 현실의 구차한 생존법보다 대범한 신앙적 생존법을 택해야 할 것입니다. 그리스도인이라면 신앙적 연륜이 많은(presby; presbyter; high priest) 그리스도, 신앙적 노숙함과 노련함의 대명사인 그리스도를 본받아 오늘날의 신앙적 생존법의 전형(혹은 삶을 살아나가는 보편적인 전형)으로 삼아야 합니다. 사람들은 지금 그것을 그리스도인에게 요구하고 있고, 그와 같은 방법으로, 그러한 삶의 세계가 이 땅에서 구현되기를 열망하고 있습니다. 가능성이 아니라 현실로 나타나기를 바라고 있습니다. 그러기 위해서 먼저 그리스도인은 '그분과-삶을-함께-느끼는-신앙'을 다져야 할 것입니다. (히브 7,23~28)

구원의 물음, 신의 순수함을 보존하는 일

오늘날 구원이라 하면 종교적 구원을 말하는 것으로 알아듣기 십상일 것입니다. 하지만 구원이 종교를 넘어서서 보편적 개념처럼 들리는 것은 매우 역설적인 현상입니다. 그만큼 지구 전체나 국가, 그리고 사회와 개인이 누군가에 의한 구원이나 아니면 체제적인 구원이라는 것을 바라고 있을 정도로 힘들어 한다는 것입니다. 그것을 임계점에 다다랐다고 말하곤 합니다. 그래서 마치 종교적인 구원의 문제라고만 생각했던 구원의 물음이 스스로에게 던져집니다. 도대체 구원은 무엇일까요? 인간이 모두 죄인이니 하나님 앞에서 마음을 깨끗이 하고 그분에게만 시선을 맞추라는 의미일까요? 그리스도교는 마땅히 그래야 한다는 교리적 가르침에는 잘 부합할 수 있습니다. 그러나 좀 더 보편적인 의미로는 마음이 '공통된 거룩한 집'[성전]을 발견하고 그 거룩한 집을 잘 쌓아올리는 것이 아닐까 하는 생각을 갖게 합니다. 이를 종교적인 언어로는 '성전'이라고 하고, 풀어 밝히면 '거룩한 집'입니다. 누구나 외부적인 선의 가치에 있어 최고로 여기는 '집'(house)이 있습니다. 그것이 없는 사람들은 외부적 선의 최고 가치를 소유하려고 평생을 받칩니다. 하지만 그보다 더 중요한 것은 마음의 거룩한 집을 짓는 일입니다. 구원은 마음 바탕을 들여다보는 데서 시작되고, 그 바탕에다 견고하고 튼튼한 마음의 집, 마음의 거룩한 집을 완성하는 것임을 잊고 사는 듯합니다. 이것이 오늘날의 심각한 사회적, 인간적 문제입니다.

그리스도는 이미 존재하는 모든 것을 다 좋게 하기 위해서, 그것을 다스리러 오셨다고 하는데, 그리스도인은 그것을 외부적 선으로만 착각을 하는 것 같습니다. 마음의 집, 마음의 거룩한 집을 지으면 이미 존재했던 모든 좋은 것들을 향유하고 안 하고는 차후의 문제가 될 텐도 말입니다. 히브리인들에게 간곡하게 편지를 썼던 저자는 외부적 선이 아니라 내면의 선, 즉 거룩한 집에 초점을 맞추며 살라고 당부합니다. 누군가 인간의 내면적 가치가 더 소중하다고 믿고 그 신념을 위해서 외치다가 목숨을 잃은 사람이 있다면, 우리는 한 번쯤 그가 왜 그랬는지, 그것이 무엇인지 생각해볼 필요가 있습니다. 내면의 거룩한 집을 짓지 않으면 죄를 지어도 죄를 짓지 않은 듯, 죄가 무엇인지도 모릅니다. 인간관계의 죄, 신앙의 죄, 환경의 죄, 외부적 선으로 인해서 스스로 자신에게 상처를 준 죄 등 무수히 많은 메커니즘, 즉 전체를 바라보지 못하면서 발생한 죄를 생각할 능력이 없기 때문입니다. 미국의 법철학자이자 정치철학자 마사 너스바움(Martha C. Nussbaum)은 그것을 '공적인 이성'이라고 하면서, 이성의 공적 원천 혹은 공적 이성의 교환을 강조합니다. 동양의 고전 대학(『大學』)에서는 달리 명덕(明德)이라고 합니다. 같은 맥락에서 한비자(韓非子)는 덕(德)이란 내면적인 것이고 득(得)은 외향적인 것이라 했습니다. 또한 덕은 도(道)의 효과요 인은 덕의 빛이라고 하면서 덕은 궁극적으로 정신이 외부 사물에 더럽혀지지 않음으로써 그 몸을 완전하게 한다고 주장했습니다. 그러기 위해서는 욕심이 없는 상태[無欲]여야 한다고 실천적 지침도 덧붙였습니다. 횔덜린도 〈…바티칸…〉에서 비슷한 말을 합니다.

"바티칸,

여기 우리들 있다

고독 가운데

그리고 그 아래에 형제가 간다, 당나귀도 또한 갈색의 베일을 따라

그러나 한낮, 조롱 때문에 모든 것을 긍정하면서

운명을 짓고 있을 때, 왜냐면 자연의

여신의 분노로부터, 기사가 로마에 대해서 말했듯이, 그러한

궁정들 안에서, 지금 많은 방황이 일어나기 때문에, 또한 비

밀의 모든 열쇠를 알면서

사악한 양심을 묻는다

그리고 달력을 모든 율리우스의 정령이

그 사이에, 그리고 위쪽, 베스트팔렌에서,

나의 존경하는 거장이.

순수하게 그리고 구분하며 보존하는 일, 우리에게 맡겨진 일,

이렇게 해서, 이것에 많은 것이

달려 있기 때문에, 참회를 통해서, 신의

기호의 결함을 통해

심판이 일어나지 않도록,

아! 그대들은 더 이상

숲의 거장을 알지 못하고, 꿀과 메뚜기를

양식 삼는 광야 가운데의 젊은이를 알지 못한다.〞(372~373)

마사 너스바움이 철학적 언어로 말한 공적 이성의 깨우침은 곧 내면의 거룩한 마음, 마음의 거룩한 집을 발견하는 것과 다르지 않습니다. 더군다나 가시적 건물로서의 바티칸의 성전에서 보는 사람들의 고독, 베일, 그리고 수많은 조각상들은 신앙의 가상

(Schein)에 지나지 않습니다. 가시적 성전의 우쭐한 표상인 바티칸에 간들 거기에서 거룩한 마음의 집을 완성한다고 보기 어렵습니다. 오히려 휠덜린이 말하듯이, 사악한 양심을 묻고 동시에 다시 자문하는 것이 더 온당한 일일 것입니다. 다시 말해서 가시적 성전에서 진정으로 찾아야 할 것은 사악한 양심에 물들어 버린 자기 자신에 대한 성찰입니다. 사악한 양심을 구원해달라고 하는 목소리, 소리 없는 목소리의 절규가 필요합니다. 사악한 양심들에 의해서 지구의 자연환경을 비롯해서 세계 곳곳에서 전쟁과 기근, 그리고 자본의 횡포, 빈부의 격차, 노동자의 탄압, 여성과 어린이의 인권유린, 심지어 종교 스스로 모순에 빠져버리는 종교 간 갈등이 존재하는 것입니다. 2천 년 전에 그리스도가 인간존재는 그렇게 살면 안 된다고 말하면서 속죄의 길을 열어준 그의 뜻을 전혀 생각하지 못하고 있습니다. 그러므로 우리가 되찾아야 할 구원의 두 번째 목표는 바로 '사악한 양심의 회복'입니다.

그 다음으로 생각해야 하는 구원의 의미론적 행위는 "죽음의 행실을 버리고 살아 계신 하나님을 섬기는 것"입니다. 죽음이란 생명과 반대되는 말이라고 볼 수 있습니다. 하지만 죽음도 생명의 한 차원이고 연속선상에 있습니다. 생명의 마지막이 죽음이 아니고, 생명의 사라짐도 죽음이 아닙니다. 생명의 완성이 죽음입니다. 만일 죽음으로써 생명이 완성되는 것이라면, 죽음도 잘 죽어야 합니다. 잘 죽는다는 것은 하나님 섬김의 최종적인 도리, 즉 하나님을 드러내는 수많은 기호들과 표상들이 단지 허상으로 보이지 않도록 하는 것입니다. 인간의 죽음과 살아계신 하나님과의 간극은 엄청나게 큰 것이 사실입니다. 유한성과 무한성의 차이입니다. 유한성을 지닌 인간이 무한성을 속성으로 가진 하나님을 어떻게 섬길 것인가 하는 것은 결국 하나님의 순수성을 어떻게 보존할 것인가 하는 질문에 대한 답을 신앙과 삶으로 구현하는 일입니다. 신의 순수성은 말대로 깨끗함일진대, 그 깨끗함을 드러내는 일은 세례자 요한이 외친 회개, 즉 마음 바꿈입니다. 인간의 마음 바꿈은 인간 내면의 거룩한 집을 짓는 시작이요 과정이요 마지막입니다. 그 마음 바꿈을 통해서 순수해진 인간이 하나님의 궁극적인 순수성을 보여줄 수 있고 보존할 수 있습니다.

죽는 그 순간까지도 하나님의 순수성을 고백하는 일, 하나님은 순수하시다, 인간은 그 순수성을 찾아가는 존재에 지나지 않는다고 겸손하게 고백하는 일은 지난한 일입니다. 그 순수성 때문에 내가 오염이 되어 물들지 않기 위해서 부득불 타자를 배제하고 심지어 혐오를 할 수 있기 때문입니다. 과거 유대인들은 율법을 제정하고 하나님의 순수성과 자신들의 순수성을 지키기 위해서 민족의 약자를 죄인 취급하고 타자를 배제하고 이방민족을 폄하하였습니다. 순수성이 구원의 필수불가결한 요소라는 것은 부인할 수 없습니다. 그러나 그 순수성은 유한성의 자기 고백과 자기 한계를 인식하고 하나님의 순수성에 다다르기 위해서 상정한 신앙의 이상이어야 하지, 타자에 대한 폭력이 되면 곤란합니다. 횔덜린이 가시적 신의 기호보다 인간의 순수성을 위한 마음 바꿈을 강조한 것도 그 이유입니다. 자신의 마음 바꿈이 우선이어야 하지, 타자의 마음 바꿈과 외부적 선에 대한 비판이 아닙니다. 세례자 요한은 하나님의 기호나 상징보다 마음을 더 우선으로 생각했습니다. 마음이 바뀌면 우리의 구원 물음에 대한 해답이 자연스럽게 해결되기 때문입니다.

지금 사람들이 힘들어 하고 있습니다. 그럼에도 종교는 진정한 구원을 위해서 마음을 바꾸고 마음에다 거룩한 집을 지으라고 말하기보다 여전히 외부적 선에 더 치중하는 듯합니다. 우리가 명심해야 할 것은, 구원이 대제사장 이름 안에 있는 것이 아니라는 점입니다. 목사나 신부나 스님, 이맘의 이름에 구원이 있는 듯이 매달립니다. 하지만 그 사람들이 진정한 구원을 이루었다면 자신들의 이름에 걸맞게 마음의 거룩한 집을 짓고 있는지를 눈살펴야 합니다. 그렇지 않다면 한갓 하나님의 기호나 상징을 팔고 있는 존재에 지나지 않습니다. 신의 순수성을 보존하기는커녕 오히려 상실하게 하고 황폐하게 만들고 있는 것입니다. 우리의 대사제이신 그리스도는 아리스토텔레스와 같이 신앙적 미덕의 내면화를 강조한 듯합니다. 이른바 관용, 자비, 사랑입니다. 이처럼 신의 기호는 사랑으로 나타나는 법입니다. 신을 기호로 머물게 하지 말고 신을 지금 현재화하는 일이 필요합니다. 순수한 사람은 순수한 신을 표상합니다. 순수한 신이 순수한 사람을 품고 있기 때문입니다. 피천득의 〈꽃씨와 도둑〉이라는 시는 구원의 신앙적 단초를 찾게 해줍니다.

"마당에 꽃이
많이 피었구나.
방에는 책들만 있구나.
가을에 와서
꽃씨나 가져가야지."

안타깝게도 사람들은 둘 다 관심 밖의 일이 된 듯합니다. 자연이 아파하는지, 나의 정신이 빈곤해지는지 알지 못한 채 자신의 어디가 병이 들고 있는지도 모르는 것입니다. 이럴 때 존재(가을)

안으로 성큼 발을 들여 놓으면 됩니다. 존재가 수단이 되지 않도록, 나의 향유(주이상스)의 수단이 되지 않도록 주의하면 내게 구원의 씨앗이 떨어질 것이고, 그 씨앗이 내 맘속에서 발아하게 될 것입니다. 지금, 지금이 아니라도 나중에, 그러나 영원히 시들지 않는 꽃으로 말입니다. 그것을 갖는 게 바로 구원이 아닐까요?

(히브 9,11~14)

구원, 하나님의 웃음

유대인의 관념에 의하면 구원을 위해서는 거룩한 장소에서 행해지는 제물 바침이라는 성대한 의식이 있어야 합니다. 그들은 수많은 인간의 죄를 씻기 위해서 구별된 장소와 특정한 제물이 있어야 인간을 대신하는 희생적 구원이 이루어진다고 믿습니다. 구원이란 희생을 통하지 않고서는 안 된다는 생각은 자신의 죽음과 똑같은 가치로서 대신할 수 있는 대상이 선행되지 않으면 안됩니다. 구원은 그렇게 어떤 존재의 희생을 담보로 이루어집니다. 애초에 유대인의 생각은 그랬던 것 같습니다. 신에게 사람을 바쳐서까지 신의 노여운 심기와 뒤틀린 심사를 달래는 것은 언제부터인가 불편했던 것입니다. 유대인은 사람대신 똑같은 가치를 지닌 동물의 피를 거룩한 장소에서 희생함으로써 신의 마음을 만족시키기를 원했습니다. 인간을 대신하는 피의 가격은 해마다 늘어났을 것이고, 감당할 수 없는 피가 특정한 장소에 차고 넘쳤을지도 모릅니다. 희생제사를 통한 구원이란 그렇게 피비린내가 진동하는 사건과 장소 그리고 제물이라는 조건들을 충족시켜야만 합니다. 지금도 구원과 보속(보상)은 그렇게 이루어지는 경우가 허다합니다. 자신을 대신한다는 것은 대부분의 경우 누군가의 희생을 통하지 않으면 내가 온전해질 수가 없습니다. 그만큼 대신한다는 것은 똑같은 등가물이 있어야 타자의 욕구를 만족시킬 수 있습니다.

나의 경솔함, 나의 실수, 나의 욕심과 욕망, 나의 불순한 생각, 나의 오염된 마음, 다른 사람(타자)에게 위해를 가한 나의 행위, 부지불식간에 저지른 타자에 대한 상처와 심지어 미필적 고의의 죽음에 이르기까지 우리는 수많은 죄의 속성과 죄책, 어쩔 수 없는 정결치 못한 사건을 저지르고 맙니다. 그럴 때마다 양심은 그러한 사건과 마음, 행위를 조금이라도 덜어내도록 당사자를 괴롭힙니다. 양심이 작동하지 않을 때는 또 다른 익명의 존재자의 행위를 통해서 자신이 불편해짐을 느끼기도 합니다. 물론 단지 불편함이 양심이라는 말은 아닙니다. 불편함을 편함으로 바꾸기 위해서라도 상황을 개선하고 싶은 마음이 생기기 마련입니다. 그럴 때는 나를 대신할 사물, 나를 대신할 시간, 나를 대신할 공간이라도 있었으면 하는 간절한 마음이 들기도 합니다. 마음의 위로라도 받아야 삶을 살아나가는 힘을 얻고 그 추동력을 통해서 겨우, 가까스로라도 살아갈 수 있을 것 같습니다. 유대인들은 고도의 정교한 율법과 그에 기반한 제사법의 형식을 만들어서 어떻게든 자신들의 삶을 거룩하고 정결하게 하고 싶었습니다. 주기적으로 시간과 공간 그리고 제물을 정해놓고 신을 향한 신앙심을 표현하고 싶었습니다. 히브리인들에게 편지를 썼던 저자가 "번번이"라고 말했던 그 번거로움이 그들의 심정을 드러냅니다. 바로 그 모든 종합적인 행위가 이루어지는 곳이 성소(sanctuary; sanctum)입니다.

과거의 구원은 번거로움 그 자체였습니다. 복잡하기 짝이 없었습니다. 따져야 할 것이 많았습니다. 그것은 새로운 시간, 새로운 공간, 새로운 제물을 통해서 다시 인간을 위한 새로운 시간, 새로운 공간, 새로운 삶을 마련하려는 몸짓의례였습니다. 횔덜린은 〈봄〉에서 "먼 고원으로부터 새로운 날이 내려온다"고 말하면서 이렇게 이어갑니다.

"아침, 그가 여명에서 깨어났다,
그는 인간들에게 웃음을 던진다. 치장하고 경쾌하게,
인간들 기쁨으로 부드럽게 젖어든다."(453)

봄은 긴 겨울을 지나온 새로운 시간들이 도래하는 계절입니다. 사람들은 또 한 번 생명의 단꿈에 빠져들면서 안도의 미소를 짓고는 한 해의 희망과 사랑을 품고 살아갑니다. 구원도 똑같습니다. 구원은 인간을 대신해서 죽은 시간으로 인해서 하늘로부터 새로운 시간이, 새로운 나날들이 내려옵니다. 그래서 구원은 희망이기도 합니다. 새로운 날이 인간을 향해서, 인간을 위해서 내려온다는 것은 내려온 그 시간이 새롭게 펼쳐진다는 의미입니다. 날이 펼쳐진다는 것처럼 신기한 게 없습니다. 접혀지고 구겨지고 망가지고 쓸모없는 삶의 나날들이 새로운 모습으로 탈바꿈될 때 삶에 생기가 돋습니다. 다시 말해서 삶에 생명이 부여된다는 말입니다. 날이 새롭게 하늘로부터 도래한다는 것을 횔덜린은 여명이 깨어나 그가 웃음을 던진다고 은유적으로 표현합니다. 그렇다면 하늘에서 새로운 날을 선사하면서 동시에 웃음을 인간에게 보여준 하나님은 구원의 화신입니다. 이를 한마디로 말하면, '구원은 하나님의 웃음'입니다. 인간의 질곡들, 인간의 왜곡들, 인간의 한계들, 인간의 죄와 죄책들에 대해서 이제는 안도하라는 웃음과 미소는 인간을 한없이 용서하는 초월자의 마음의 외적 표현입니다. 그 웃음을 바라보는 인간은 비로소 기쁨을 얻습니다. 신을 만족시켜야 하는 시공간과 나의 희생이 뒤따르지 않아도 하나님의 웃음을 볼 수 있는 것은 절로 나오는 기쁨과 감사일 수밖에 없습니다. 그래서 구원은 하나님의 웃음이요 그에 따른 나의 미소와 기쁨의 반응입니다.

더 나아가 '구원은 기대는 것'입니다. 특정한 공간이 하늘에 기대고, 특정한 시간이 하늘에 기대고, 특정한 제물이 하늘에 기대면, 인간들의 모든 삶이 하늘에 기댈 수 있다는 소망이 유대인들에게 있었습니다. 그런데 그리스도인은 인간을 위한 제물이 되어 골고다라는 거룩한 공간, 살생의 공간에서 하나님의 마음을 달래었기 때문에, 비로소 인간은 하나님께 스스럼없이 기댈 수 있게 되었습니다. 기댄다는 것은 몸과 마음, 시간과 공간을 기대한다는 말이 되기도 하지만, 내가 늘 새로운 몸과 마음, 시간과 공간을 기다린다는 말도 됩니다. 그래서 구원은 늘 새로워야 합니다. 새로움에 대한 기대가 없는데, 구원을 구원이라고 받아들일 수가 없습니다. 구원을 받은 사람, 구원받았다고 느끼는 사람은 지금 여기에서 그렇게 몸도 마음도 생각도 시간도 공간도 다 새롭다는 인식을 갖고 살아가야 합니다. 아니 그렇게 인식하는 사람이 구원받은 사람입니다. 그렇지 않으면 구원이라는 말과 사건이 의미가 없습니다. 단지 먼 미래의 피안적 안전장치 정도로 여기는 것밖에는 되지 않습니다. 인간은 시간이 지나고 나이가 먹을수록 삶이란 지루하고 보잘 것 없다는 생각, 허무하고 허망하다는 생각, 별로 의미가 없다는 생각이 강해집니다. 구원은 그렇게 습관적인 삶과 사건을 늘 새롭게 바꾸도록 강제합니다. 아니 그러한 자연스런 강박을 갖도록 만드는 것이 구원입니다. 눈을 뜨면 새로운 시공간과 삶에다 자신을 바치게 되는 것이 하늘에 기대는 것이고 하늘을 기다리는 것이고 하늘을 향해 머리를 주억거리는 것입니다.

그리스도가 자신을 하늘에 바쳤다는 것은 그런 의미입니다. 그리스도는 인간을 위해서 하늘에다 자신의 시간과 공간, 그리고 자신의 생명과 자신의 기다림을 통해서 인간의 삶이 새롭게 바쳐진다는 믿음을 갖도록 했습니다. 나의 삶이 새롭게 바쳐진다는 것, 또는 새롭게 들려 올려진다는 믿음을 마음에 품도록 자신의 생명을 대신할 수 있는 사람이 많지 않습니다. 전혀 없다는 말이 맞을 것입니다. 다른 사람이 그렇게 해주기를 바라는 사람은 많을지언정 자신이 그렇게 하기는 쉽지 않습니다. 하지만 그리스도는 인간의 삶이 하나님에게 온전히 바쳐지고 들려 올려질 수 있도록 자신을 바쳤습니다. 그 바침이 인간에게 단지 위로로만 느껴져서는 안 됩니다. 그것은 구원의 이기성에 지나지 않습니다. 인간은 그것을 통해서 나날이 새로운 삶이 되도록 지금 여기에서 삶을 살되 자신을 위해서가 아니라 하나님을 위한 삶을 산다는 각오와 신념을 가지고 살아야 합니다. 그렇게 될 때 인간의 삶을 위해서 대신 죽어 준 그리스도의 구원이 의미가 있습니다. 인간의 삶이 하늘에 바쳐지고 하늘의 빛이 인간의 삶에 비춰지고 다시 인간의 삶이 하늘에 올려지지 않는다면, 구원은 희미해집니다. 그냥 이기적이고 욕망적인 삶으로 끝나고 맙니다. 이에 횔덜린은 말합니다.

"새로운 생명이 미래에게 자신을 드러내야 한다,

즐거운 말의 표지, 활짝 핀 꽃들로

큰 계곡, 대지는 가득 채워진 듯하다,

한편 봄철 무렵 비탄은 멀리 떨어져 있다."

충성심을 다해서 소생

1648(1848?)년 3월 3일 스카르다넬리."(453)

그리스도는 인간의 구원을 위해서 하늘의 특정한 장소, 즉 성소로 들어갔습니다. 그것은 숨겨지고 감춰진 하나님을 드러내기 위한 것입니다. 또 다른 한편 들어가고 바쳐진 것은 그리스도의 사라짐과 동시에 하나님의 드러남의 다른 표현입니다. 결국 특정한 시간과 장소에서 바쳐진 것은 나오기 위함입니다. 인간들의 삶과 생명이 곧 새롭게 나오게 하기 위함입니다. 이제는 인간의 삶이 새롭게 하늘을 향해, 하나님을 위해 새롭게 채워질 때가 되었습니다. 인간 자신의 삶은 더 이상 그만입니다. 인간의 결핍은 채워질 길이 없어서 특정한 시공간과 제물이 필요했던 것인데, 다시 그 결핍으로 되돌아갈 수는 없습니다. 자칫하면 심판을 면할 길이 없습니다. 한 번 죽는 것으로 족합니다. 그것이 인간에게 주어진 생명의 유한성이지만, 우리의 삶이 나날이 내려오는 선물을 통해서 하나님께 드려지고 하나님을 드러내는 삶이 아니라면, 남는 것이라고는 영원한 심판과 헤어 나올 수 없는 하나님의 시선에서 영원히 잊혀짐(심판)입니다.

그러므로 만일 인간이 영원한 구원을 갈망한다면, 하늘에서 내려오는 새로운 날들을 허투루 살아야 할 일이 아닙니다. 자신의 삶을 하나님의 삶으로 펼쳐야 하고, 깊이 숙고된 하나님의 고백과 성숙한 하나님의 언어로 나날이 그분을 드러내는 삶을 살아야합니다. 그것이 구원받은 시간을 사는 인간의 삶의 자세로서, 그구원을 드러내는 인간의 삶이기도 합니다.　　　　　(히브 9,24~28)

몰락으로부터의 자유와 가능한 인간이 되기 위한 신앙의 날개짓

　마더 데레사는 "예수님은 내가 살고 싶은 생명이요, 비추고 싶은 빛이요, 하나님께 이르는 길이요, 내가 표현하고 싶은 사랑이요, 내가 나누고 싶은 기쁨이요, 내 주위에 퍼뜨리고 싶은 평화입니다. 예수님은 나의 전부입니다"라고 고백했습니다. 인간의 실존은 언제든지 죄를 지을 가능성, 몰락의 길로 접어들 가능성, 타자에게 고통을 줄 가능성, 죄라고 의식하든 의식하지 못하든-설령 그것이 정신적이든 물리적이든-관계없이 타자를 해칠 가능성을 가지고 있습니다. 이러한 가능성들은 인간이란 진정한 인간됨이라는 현존재 의식을 가지고 산다는 것이 그만큼 어렵다는 것을 의미합니다. 자고로 인간을 인간이라고 규정한 까닭은 우주에서 다른 생명적 존재와는 다른 그 무엇이 있을 것이라는 생각 때문이었을 것입니다. 인간이라는 말의 무게는 그래서 무겁습니다. 그럼에도 인간이 아닌 채로 혹은 인간이 인간으로서의 삶이 무엇인지도 잘 모르면서 살다가 죽는 게 허다합니다. 마더 데레사의 '예수는 내가 살고 싶은 생명'이라는 말 한마디에는 바로 예수가 지닌 역사적 존재 의미가 들어 있다고 해도 과언은 아닙니다. 신학에서는 그것을 '대속'이라고 하여 인류의 생명을 위해서 자신의 생명을 내놓았다고 말합니다. 자신의 죽음과 인류의 생명을 맞바꾼 것입니다. 그와 같은 일은 흔하지 않은 사건입니다.

인류의 역사는 예수에 의한 희귀한 사건 때문에 다양한 해석을 하며 삶의 부담을 안고 살아왔습니다. 아마도 인간은 자신의 불가항력적인 죄성에 대해서 뼈저리게 인식하고 힘들어 하였던 것 같습니다. 인간 자신의 삶을 삶답게 살려면 적어도 인간이 인간으로서의 규정을 좀 더 명확하게 해 줄 그 무엇이 필요합니다. 그게 바로 다른 그 무엇으로도 환원될 수 없는 '생명'이라는 것입니다. 생명이라는 공통성은 모든 존재자가 다 가지고 있습니다. 인간은 그것을 하찮게 여겨서는 안 된다는 것이 지배적인데, 이해할 수 없는 것은 그 생명을 간단하게 여기고 인류에게 내어준 사람이 생겼다는 점입니다. 그가 바로 예수 그리스도라는 인물이고, 그 인물의 생각과 삶을 추종하는 종교가 그리스도교입니다. 자신을 희생제물로 바침으로써 신의 진노를 달래주었다는 것은 매우 역설적입니다. 아니 어쩌면 더 근원적으로 인간이 지닌 태생적인 몰락의 가능성으로부터 자유롭게 해주었다는 것이 맞을지도 모릅니다. 몰락하고 싶지 않은 인간, 그래서 좀 더 인간답게 살고 싶은 인간의 욕구는 "완전하게"(perfected, KJV) 되고 싶은 욕구와 다르지 않습니다. 인간으로서 흠이 없게 살고 싶고, 인간으로서의 자부심을 갖고 살고 싶고, 인간으로서의 차별성을 갖고 싶은 그 생래적 욕구들을 만족시키기는 쉽지 않습니다. 자칫 순간적으로 생각을 잘못하고, 행동을 올바르게 하지 못하는 찰나에 인간 아닌 존재로 전락하고 말기 때문입니다. 그러나 예수는 그것을 너무나도 잘 알기에 자신의 깨달음을 통하여 인간의 삶을 새로운 방향으로 틀지어 주었습니다. 몰락의 길로 접어들어 헤어 나오지 못하는 무개념적인 인간이 아니라, 마더 데레사의 표현처럼 '하나님께 이르는 길'을 알려주었다는 것입니다. 아마도 히브리인들에게 편지를 썼던 저자는 완전한 인간이 된다는 의미가 하나님께 이르는 것, 하나님과 일치되는 것과 동일하다는 것을 깨우쳐 주고 싶었는지 모릅니다.

인간의 생각에 하나님의 생각을 심어주고 인간이 인간답게 산다는 것은 하나님의 생각을 갖고 그 토대 위에서 살아야 한다는 것입니다. 휠덜린은 〈새들이 천천히 이동하는 것처럼〉에서 말합니다

"새들이 천천히 이동하는 것처럼

영주는

앞을 바라본다. 또한 시원하게

그의 가슴으로 만남들이 불어온다."(307)

인간의 삶은 바람이 불어오듯이 숱한 만남들이 존재하는 것이 사실입니다. 휠덜린은 "가슴으로 만남들이 불어온다"고 묘사하고 있습니다만, 만남들은 일어나고 다가오고 부딪힙니다. 앞을 바라보면서 나아가는 인간은 죽을 때까지 무수한 만남들과 맞닥뜨릴 때마다 인간임을 증명해내야 합니다. 만남이 상승을 가지고 올 수 있고, 추락 혹은 몰락을 가지고 올 수도 있습니다. 만남이라는 바람을 잘 타려면, 바람의 속성을 잘 알아야 합니다. 그것이 쉽지 않기 때문에 그때그때 생각을 잘 해야 합니다. 그렇지 않으면 몰락의 길을 걷게 되고 추락하여 곤두박질치게 됩니다. 그 생각 안에 인간으로서의 생각을 품게 하고 인간답게 살도록 만드는 것이

하나님의 생각입니다. 조금 더 명확하게 말한다면, 하나님을 향한 생각, 하나님께 이르려고 하는 생각, 하나님의 생각에 미치도록 해보려고 하는 생각입니다. 그 생각을 죽을 때까지 견지하라고 추동하는 존재가 예수입니다.

인간의 삶에 어떤 만남들이 있을 수 있는지 모르는데, 생각을 잘못하면 사물만 도구로 생각하는 것이 아니라 사람까지도 도구나 수단으로 생각합니다. 만남은 사건입니다. 일어남이고 불어오는 것입니다. 그렇게 다가오면 단순하게 맞아들이면 됩니다. 맞아들이려면 만남을 잘 생각해야 합니다. 잘 생각하지 않으면 만남을 적을 조우한듯 생각하고 잘못된 마음을 가지고 대하게 됩니다. 그러므로 만남이 일어날 때마다, 그것이 사물이든 삶의 도구이든 사람이든 하나님의 생각으로 맞아들이고 접근해야 합니다. 그래야 가능한 한 죄를 짓지 않을 수 있습니다. 죄를 지을 가능성, 타자를 정신적으로 혹은 물리적으로 해칠 가능성을 줄일 수 있습니다. 예수는 그 하나님의 생각을 가져야 한다고 설파하면서 스스로 자신의 죽음이라는 몸짓으로 하나님의 생각, 즉 사랑과 용서를 보여준 것입니다. 그는 인간이 삶에서 만나는 모든 생의 과제들에 대해서 하나님의 생각이 아닌 것은 결단코 하지 않도록, 그 마음에 새로운 생각을 불어넣어주었습니다. 그 새로운 생각을 신학적인 말로 푼다면, 정제되지 않은 폭력적인 생각을 없이 함, 곧 '죄 사함'입니다. 오염된 생각을 정화하고 하나님의 생각으로 충일하도록 만들어 준 것입니다. 횔덜린은 또 이렇게 말합니다.

"그의 주위가 침묵하고, 드높이

공중에는, 그러나 반짝이면서

그의 영역들의 장원이 아래로 놓여 있고, 그와 더불어

처음으로 승리를 찾으면서 젊은이들 함께 있을 때.

그러나 날개짓으로

그는 분수를 지킨다."(307)

인간의 삶에서 맞닥뜨리는 사건들과 만남들을 제대로 바라보고 잘 판단하려면 주변의 소리와 조건들로부터 자유로워야 합니다. 집중 혹은 몰입, 몰두를 통한 초월, 휘둘리지 않는 오롯함이 있어야 만남의 바람을 잘 맞이할 수 있습니다. 한눈을 팔고 만남을 간과하게 되면 그 만남의 사건을 살 길로 인식하지 않고 죽음의 길로 인식하거나 아예 타자를 죽음의 길로 몰아갈 수도 있습니다. 예수는 만남의 사건이 일어날 때마다 하나님에게 이르는 길을 생각하라고 가르쳤습니다. 스스로 날개짓을 해서 하나님을 향해 나아가도록 만들어 주었습니다. 그럼에도 우리가 하나님을 향한 생각, 하나님과 함께 동일한 생각을 품으려고 노력하지 않는다면, 인간이 인간 아닌 불가능성으로 퇴락하고 맙니다. 인간이 인간 아닌 영원한 불가능성으로 빠져드는 것이 죄입니다.

그러면 어떻게 해야 영원한 불가능성으로부터 자유로울 수 있을까요? 그리스도에 대한 깨어 있는 의식을 통하여 나쁜 마음씨는 없애고 진실한 마음을 가지고 하나님께 나아가는 것입니다. 자신의 내면을 성찰함은 물론 삶을 관조하면서 자신의 날개짓뿐만 아니라 타자의 날개짓까지도 잘 할 수 있도록 도와줘야 합니다. 격려하고 사랑하고 좋은 일을 한다는 의미가 그렇습니다. 만남의 바람이 일면 자신의 날개짓만 힘차게 해서는 안 됩니다.

그 만남의 바람은 자신에게만 일어나고 있다면 착각입니다. 인생을 살아나가는 많은 인간들이 만남의 바람을 맞이하면서 날개짓을 하고 있습니다. 그럴 때마다 지치지 않도록 도와줘야 하고 서로 사랑하고 서로 좋을 일을 해야 합니다. 교회는 그렇기 때문에 더불어 날개짓을 하는 공동체이고 더불어 살자고 힘을 보태는 만남의 공동체이기도 합니다. 그러므로 그리스도인은 인간이 아닌 영원한 불가능성으로 전락할 것이 아니라 구원의 가능성, 인간이 인간답게 살 수 있는 가능성으로 나아가야 합니다. 교회 공동체의 모임의 목적은 바로 날개짓의 자기 몫(분수)을 잘 해나면서 다른 사람들과 그 몫을 나누기 위한 것입니다. 예배와 기도와 친교와 교제, 말씀과 성찬이 다 그러기 위한 신앙의 날개짓입니다. 그와 같은 신앙의 날개짓을 해야 하는 분명한 이유를 마더 데레사는 다음과 같이 말하고 있습니다. "사랑은 가장 위대한 선물입니다. 예수님께서는 죽음을 통하여 그 사랑을 보여 주셨습니다."

(히브 10,11~14(15~18)19~25)

구원, 존재 이전의 존재인 그리스도의 만족?

종교는 내가 나로서 존재하기 이전에 내가 존재하도록 만든 존재를 상정합니다. 그 존재를 '신'이라고 하기도 하고, '각자'(覺者)라고도 합니다. 저마다 표현방식은 다를지라도 그들을 통해서 내가 나로서 존재하도록 한다는 점에서는 큰 차이가 없을 것입니다. 다시 말해서 내가 나로서 존재한다는 것은 내가 스스로 생각하고 판단하며 행동할 수 있는 주체적인 존재, 즉 참인간으로 살아가도록 깨우친 상태를 일컫습니다. 스스로 그것을 가능하게 하고 지금 여기에서 그렇게 살아가는 자기 깨우침을 이루어 낸다면 인생은 완성된다고 볼 수 있습니다. 그런데 현실은 그렇지 않습니다. 인간의 유약성, 한계성 그리고 욕망에 지배당하는 어리석음과 같은 것도 사람이 지닌 일면이라면, 굳이 더 할 말은 없겠지만 그것을 극복하자고 하는 것이 참인간의 현실태가 아닌가 하는 생각을 하게 됩니다. 만일 그럴 수 없다면 나를 나로서 존재하게 하는 힘과 초월적 존재 혹은 선각자의 혜안을 빌릴 수밖에 없습니다.

사람들은 지금 내가 살아있다면 내가 나로서 존재하는 것이 아니겠느냐고 반문할 수도 있습니다. 그러나 단순히 먹고 싶고, 자고 싶고, 입고 싶은 본능적인 욕구를 지녔다고 해서 그것을 존재한다고 말할 수 있는 것은 아닙니다. 인간이 지닌 유한성에도 불구하고, 적어도 우주에서 인간이라는 존재가 특별하다고 느끼는 삶이 되도록 만드는 의식의 상태는 단순한 의식주의 욕구충족이나 그 이상의 욕망적 상태를 넘어서는 것을 말합니다. 욕망이 지나치면 죄가 됩니다. 욕망이 무슨 죄가 될까 싶지만, 욕망은 자신뿐만 아니라 타자와 자연에게 상처를 주고 영원히 치유될 수 없는 결과를 초래하기 때문입니다. 트라피스트 엄률 수도회의 토마스 머튼(Thomas Merton)은 이렇게 말합니다. "이 세상에서 문화적이며 윤택한 생활을 하고자 하는 정당한 욕구는 결코 죄가 되지 않는다. 하나님은 사람들이 이 세상에서 안정되고 행복한 생활을 누리기를 바라신다. 그러나 구약의 예언자들이나 신약의 복음과 서간경들은 일부 사람들의 안락하고 즐거운 생활은 다른 사람들의 불행과 고통 위에 이루어지는 것임을 항상 깨우쳐 준다. 실제로 오늘날의 풍요롭고 밝은 사회 이면에는 어두운 면이 있음을 우리는 경험하고 있다. 그러므로 종교인들인 우리는 사회의 낙관적인 면모에만 관심을 가져 사회 이면에 있는 악의 실재를 망각하여서는 안 된다." 따라서 예수는 이와 같은 욕망을 올바로 인식하게 할 뿐만 아니라 그로인한 죄로부터 해방을 시켜줍니다. 그럼으로써 인간은 비로소 인간의 본래성을 회복하고 자기의 궁극적인 존재를 확인하게 됩니다. 더욱이 그리스도인은 그리스도가 그 본래적인 처음의 자리에 있었다고 하는 것과 다시 그 본래적인 자리로 돌아온다는 것을 고백합니다. 이것은 처음의 존재가 끊임없이 처음을 인식시키기 위해서 유한적인 인간의 의식에 파고들고 또 파고 든다는 것을 의미합니다. 언제 그가 우리의 의식의 세계와 삶의 세계에 영향을 끼칠지 아무도 모릅니다. 다만 그를 삶속에서 내내 인식하고자 하는 사람에게는, 그는 항상 자신을 향해 오고 있는 존재입니다. 존재 이전의 존재로서, 현존재를 가능하게 하는 존재로서 그는 오는 것을 멈추지 않습니다. 물리적 세계로 침투하여 인류의 삶과 역사적 사건을 변혁하는 것만이 예수의 도래 사건으로 해석해서는 곤란합니다. 횔덜린은 자신의 〈이스터강〉에서 이렇게 외칩니다.

"이제 오너라, 불길이여!
우리는 한낮을 보기를
갈망하고 있도다,
또한 시험이
무릎을 뚫고 갈 때
누군가 숲의 외침을 알아차려도 좋다."(273).

태양 아래에 있는 모든 존재자는 빛을 통해서 사물을 바라보게 됩니다. 캄캄한 밤하늘에서는 사물을 제대로 인식하기가 어렵습니다. 인간 자신의 의식이 깨어나는 것도 한낮의 밝음입니다. 종교적 깨달음도 한낮의 밝음과도 같습니다. 종교적 깨달음은 다른 말로 '계몽'(啓蒙, enlightenment)이라고 말할 수도 있습니다. 계몽이 된 존재는 해방이 됩니다. 밝은 대낮에 자신의 의식을 노출시켜서 솔직함과 순수함의 상태로 있고자 하는 노력은 미몽에서 깨어남과 같기 때문입니다. 이것은 앞에서 말한 자기 존재의 본래성을 깨닫는 일입니다. 미몽의 상태에서는 아무것도 보이지 않습니다. 한낮이라고 할지라도 눈에 들어오지 않습니다. 시각의 감각은 욕망으로 둔해지고 예민하지 않은 감각으로 인해서 죄를 짓게 됩니다. 내가 나로서 존재하지 못하는 상태에 빠짐으로써 인간의 해방을 가능하게 해 줄 존재를 갈망하게 마련입니다. 횔덜린이 '시험이 무릎을 뚫고' 지나간다고 말을 할 때, 무릎은 구부림과 펴짐의 연속적인 운동이자 생명인데 그것의 도구성과 사용성이 모두 파괴된 것을 의미합니다. 구부림과 펴짐의 연속적인 동작의 상실을 경고하듯이 생명의 근원성으로서의 숲에서 목소리가 울립니다. 숲에서의 목소리는 구부림과 펴짐의 생명성의 무릎을 보존하는 상징성입니다. 지금의 존재를 알아차리라는 목소리는 구원의 목소리입니다.

그렇듯이 인간을 향한 구원의 목소리는 지금도 울립니다. 지금도 인간을 위한 구원의 목소리가 도시의 소음을 뚫고 끊임없이 울리고 있습니다. 목소리로 오고 있는 그리스도, 목소리는 오고 있는 그리스도를 소리로 보게 해주는 청각적인 기호입니다. 생명의 숲에서 흘러나오는 목소리를 보아야 합니다. 그가 어떻게 오고 있고 어떻게 말하고 있는지 보아야 합니다. 생명의 근원지, 저 초월적인 곳에서부터 그리스도는 구원을 말하고 있고, 그 구원을 통하여 진정한 자기다움을 회복하라고 말하고 있습니다. 존재 이전의 존재, 존재 이후의 존재를 식별하는 것은 단순한 말이 아니라 목소리로 오는 존재를 소음과 소음 사이를 뚫고, 전파와 전파 사이를 뚫고, 파장과 파장 사이를 뚫고 들을 수 있는지 없는지, 볼 수 있는지 없는지에 달려 있습니다. 구원을 들을 수 있고, 구원을 볼 수 있고 구원이 도래한다고 믿을 수 있는 근거는 나의 존재의 근원으로서의 그리스도를 항상 처음과 항상 마지막으로 인식하는 데서 시작합니다. 횔덜린은 그것을 이렇게 묘사하는 듯합니다.

> "그 강이 자라기
> 시작하는 청년시절 한낮은
> 시작하는 것이고, 다른 강은
> 이미 드높이 휘황찬란함을 몰아가고, 망아지처럼 그 강은
> 몸을 비벼 울타리를 무너뜨리며, 그리하여
> 대기는 멀리서부터 그 분망의 소리를 들으며,
> 그 강은 만족해한다. 그러나 바위는 씨름을 필요로 하고
> 대지는 쟁기질을 필요로 한다.
> 지체함 없이는 깃들만한 것이 못 되리라.
> 그러나 그 강이 무엇을 하는지
> 아무도 알지 못한다."(276)

시작이라는 근원성이 자칫 멈추게 된다면(영원히 움직이지 않는다면) 존재자를 자라게 하지 못합니다. 처음은 그냥 처음으로 머

물러 있는 것이 아니라 무한히 자랍니다. 운동으로 자신의 처음을 드러내고 만천하에 소리가 들리게 함으로써 처음은 모든 것들이 마지막이라고 하는 그 시간까지도 처음으로 존재합니다. 그래야만 처음은 처음이 되고 늘 작별을 고하는 모든 존재자보다 우선하기 때문입니다. 그래서 존재는 늘 지금 존재자와 함께 그리고 현존재에 함께 존재할 수밖에 없습니다. 묵시록의 저자는 그리스도는 지금 계시고 전에도 계셨다는 말을 합니다. 이 말은 그리스도가 항상 처음으로 존재했다는 말로 풀이할 수 있습니다. 만일 그가 항상 처음이 아니라면 모든 존재자는 자기의 존재를 드러낼 수가 없습니다. 자기가 존재하기 위해서는 늘 처음이라는 순수성과 전제 없는 최초의 근원에 의해서 작용을 해야 하기 때문입니다.

따라서 그가 오고 있다는 종말은 이미 그가 왔다는 것과 다르지 않습니다. 그가 이미 와 있다는 것은 달리 항상 오고 있고 새롭게 처음으로 오고 있다는 말로 표현할 수 있습니다. 항상 오고 있는 존재를 자신의 처음으로 받아들인 존재자와 현존재는 궁극적인 구원을 성취하기에 마지막이 됩니다. 하지만 그렇다고 해서 항상 처음인 근원적인 존재는 사라지지 않습니다. 와야 할 근원이 사라지지 않는 이상 그 존재는 영원히 처음으로 남아서 모든 존재자의 구원이 성취될 때까지 처음으로서 마지막으로 우리들에게 그리고 그들에게 다가와야 하기에 그렇습니다. 맨 처음의 존재의 만족은 그렇게 생성되는 듯하고 변화하는 듯하지만 종국에는 늘 그 지점, 맨 처음 자리를 지키는 것도 그 구원을 위해서라는 것을 알 수 있습니다. 내가 존재하기 위한 맨 처음이요, 나에게 있어 마지막이 되도록 작용하고 힘을 가하는 초월적인 존재인 그리스도는 모든 존재자가 구원을 받는 순간에 '만족'하는 것이요, 그 구원을 필요로 하는 존재자가 있는 한 그리스도의 맨 처음과 그 자리는 여전히 필요하다는 것을 깨달아야 합니다. 따라서 '구원은 우리의 만족이 아니라 그리스도의 만족'이어야 하고, 그러기 위해서 구원의 필요는 (그리스도인인) 나의 절대적인 필요여야 합니다. (묵시 1,4b~8)

믿음과 사랑의 종교적 선율

종교가 빚어내는 내면적 선율은 믿음이고, 외형적 선율은 사랑이라고 말할 수 있습니다. 그런 의미에서 그리스도교는 발생 초기부터 지금까지 믿음과 사랑을 쌍두마차로 여기면서 신앙적 삶을 이어왔습니다. 물론 믿음과 사랑이란 굳이 종교적 삶이 아니어도 일반적인 사회적 삶의 관계에서도 반드시 필요한 인간의 덕목이라고도 말할 수 있습니다. 만일 그것들이 인간의 보편적인 덕목이라면 그리스도교에서는 더욱더 잘 가다듬고 잘 벼려야 할 신앙적 삶이 분명합니다. 그런데 종교가 그러지 못하고 있습니다. 신에 대한 믿음은 고사하고 인간에 대한 신뢰조차도 갖기 힘들다는 평을 들어야 하고, 사랑은 고사하고 인간에 대한 연민조차도 갖지 못하는 종교처럼 치부되는 현실이니 말입니다. 교회 공동체가 유지되고 신앙인의 삶이 남다르다고 말할 수 있으려면 믿음의 내면성과 사랑의 외형성은 같이 가야 합니다. 어느 하나만 강조를 하거나 한쪽으로 치우친다면 그것은 건강한 종교적 삶이라고 말할 수 없습니다. 아니 그럴 수도 없습니다. 믿음의 힘이 삶으로 투영

되어 나타나지 않을 수 없고, 사랑의 실천이 믿음이 없다고 단정 지을 수가 없기 때문입니다. 그러므로 믿음이 있다고 말잔치를 늘어놓는 사람에게 행위로 표출되는 사랑이 없다면 결국 믿음은 자기 최면이나 다름이 없습니다. 한시적인 최면에 걸려 있는 사람이든, 아니면 아예 최면에 빠져서 깨어날 줄 모르는 사람이든 간에 위험하기 짝이 없습니다. 결국 깨어나지 못하면 자신이 어떤 사람인지 현실파악을 못하는 사람으로 전락하면서 손가락질만 받게 빤합니다.

사도 바울로는 데살로니카에 있는 신자공동체를 자랑스럽게 여기며 기뻐했습니다. 그는 교회 공동체가 신앙생활의 열심과 성실성만 있어도 가능성이 있고 성장의 잠재력이 있다고 본 듯합니다. 하지만 진정한 신앙공동체로 인정을 받으려면 역시 믿음과 사랑이라는 종교적 삶이 절대적으로 필요합니다. 사도 바울로의 흥미로운 표현은 "믿음에 부족한 것을 채워줄 수 있게 되기를"이라는 말입니다. 믿음의 완전한 수준에 도달하기 위한 것을 좀 더 강화시켜 줄 수 있는 방법이 도대체 무엇이기에 기도하면서 하루 속히 보기를 염원했던 것일까요? 혹 믿음이라는 것도 신앙생활을 하는 사람에게 격려와 위로로 북돋아주는 신념체계 같은 것은 아닐까요? 개인이든 공동체이든 믿음이 있다 없다라는 판단기준은 어느 누가 설정할 수 있는 것이 아닙니다. 믿음이 있다 혹은 믿음이 크다라고 말할 수 있는 보편적인 척도는 결국 공동체가 정하는 것이지만 사회적·타자적 시선으로부터도 자유롭지 못합니다. 이것은 신이라는 실체의 인정이 자신의 삶을 빚어내는 모습에서 볼 수 있는 것이기 때문입니다. 그리스도교의 믿음은 그와 같이 신의 실체를 인정하는 언어와 삶의 표현방식에 지나지 않습니다.

신의 실체가 있다, 혹은 없다의 유무에 따라서 삶은 확연하게 달라집니다. 존재(sein)가 존재한다는 말을 하려면 그 말의 책임이 뒤따르게 되는데, 그것의 긍정성(실재)은 신자로서의 삶의 다름이 보여줍니다. 말도 아니요 단순한 최면술도 아닙니다.

믿음은 삶이라는 장치가 다른 사람보다 더 나으냐라는 것을 토대로 판단할 수 있는 것입니다. 그래서 믿음이 부족한 사람에게 채워줄 수 있는(필요로 하는) 것은 믿음의 최면술이나 말로 인한 자극제가 아니라 바로 신앙적 삶, 더 나아가 보편적 삶의 감화력으로 인한 북돋아줌입니다. 믿음이 권력이나 위세가 될 수 없는 이유가 여기에 있습니다. 사람들이 믿음이 있다고 하면 무슨 계급장이라도 단 듯이 행세를 하고는 합니다. 그것을 말로서 다 치장해 보려고 합니다. 금방 탄로가 날 것을 애써 말로 부산을 떨고 심지어 행동도 말로 하면서 믿음이 있다고 자부합니다. 그러나 보편적인 삶으로 드러나지 않는 믿음은 가식에 불과합니다. 그것은 되레 다른 사람들의 삶의 아름다움을 보고 채워야 할 빈 공간이 많이 있다는 것을 뜻합니다. 횔덜린은 〈선함〉에서 말합니다.

> "내면이 선함을 알아볼 수 있음을 스스로 증명한다면,
> 그것은 가치를 인정받을 만하고, 인간이라 불릴 수 있다."(437)

무엇을 간직하고 있다는 것은 그것으로 인해서 그 사람의 가치나 존재가 달리 보이게 마련입니다. 어떤 실체에 대한 믿음을 크고 확실하게 갖고 있다면, 그것으로 인해서 신에게 인정받을 뿐만 아니라 수많은 사람들로부터도 그 가치를 승인(긍정)받을 것입니다. 횔덜린은 내면적 가치의 내용을 선함이라고 말하고 있습니다. 그것을 증명한다면 그 가치는 참되기 때문에 결국 그 선함

으로 인해서 인간이라는 결론에 도달하게 된다는 논리입니다.

　동일한 지평에서 종교적 삶에 있어 사랑도 그렇게 생각해볼 수 있습니다. 사랑의 내면적 가치는 종교적 삶에 있어 매우 독보적인 것처럼 여겨집니다. 그렇다면 사랑이 인간의 삶에서 그 무엇보다도 중요하다는 것을 그것이야말로 최고의 가치라는 것을 증명해낸다면 참 인간이자 참 그리스도인이라는 평가는 절로 따라 올 것입니다. 그러나 실상은 그렇지 못합니다. 지향성은 그것에 두고 있다 하더라도 내면의 믿음에 기반 하지 않는 사람에게서는 사랑이 절로 나오기가 어렵습니다. 믿음이 말이 될 수 없다는 이야기입니다. 그리스도교가 말의 종교에서 비롯된 것처럼, 말이 참 많습니다. 인류의 역사에서 그리스도교만큼 수많은 말과 글을 쏟아낸 종교도 흔하지 않을 것입니다. 그것은 믿음을 공개적으로 증명하고 사랑을 공적으로 인정받기 위함이었을 것입니다. 그러나 여전히 믿음은 부족하고 사랑은 결핍된 듯이 보입니다. 사도 바울로는 그리스도가 사랑을 키워주고 풍성하게 해준다고 말합니다. 사랑 또한 믿음과 똑같아서 인위적이거나 작위적일 수 없습니다. 사랑하고 싶다고 해서 사랑할 수 있는 것이 아니라 사랑하도록 하는 힘의 작용, 즉 그리스도의 욕망이 나에게 투사되어야만 사랑할 수 있다는 것입니다. 사랑이 만일 나의 욕망이 되어버린다면 무한한 신의 사랑이나 변함없는 신의 사랑을 하는 것이 아니라, 그저 감정에 따라서 언제든 변화 가능한 사랑을 하게 됩니다. 사랑은 그렇게 변할 수 있는 속성이 아니기에 신의 힘에 기댈 수밖에 없습니다. 그래서 사랑의 추동력은 근원적으로 신의 실체에 대한 인정과 더불어 변하지 않는 사랑의 존재 그 자체를 확신하는 힘에서 나옵니다. 그런데 그 변하지 않는 사랑의 힘이나 자극제, 근원적 바탕을 알아보는 방법이 하나가 있는데, 그것은 사랑하는 사람의 사랑 그 자체입니다. 사랑하는 사람의 그 본질적인 사랑을 살펴보면 그 사랑의 근원을 알 수가 있습니다. 아니 사랑하는 그 사람의 사랑을 받아보면 그 사랑을 할 수 있다는 말이 맞을 것입니다.

만일 우리가 사랑을 모르거나 사랑할 수 없다면 사랑하는 사람들을 보면 사랑할 수 있게 됩니다. 그 사랑의 근원성이 신으로부터 비롯되었다는 것을 알게 해주기 때문입니다. 그 사랑의 실제가 바로 신에 대한 믿음에서 기원한다는 것을 깨닫게 해주기 때문입니다. 따라서 사랑은 외사랑이 아니라 서로 사랑입니다. 처음에는 외사랑으로 시작할 수 있습니다. 그러나 사랑을 하고 사랑을 받다 보면 서로 사랑으로 이어집니다. 그게 사랑이 갖고 있는 속성입니다. 종국에 가서는 신의 사랑이 서로를 결속하고 유지하기에 모든 사람이 사랑하게 되는 것입니다. 횔덜린은 〈인간〉에서 다음과 같이 말합니다.

"선함을 공경하는 사람은 어떤 해도 끼치지 않는다.
그는 드높이 자신을 유지하고, 사람을 헛되지 않게 살린다.
그는 가치를 알며, 그러한 삶의 유익함을 알린다.
그는 보다 나은 것을 향할 자신이 있고, 축복의 길을 걷는다."(436)

내면의 믿음이 있고, 외형의 사랑이 있는 사람은 자신을 돌볼 줄 알고 다른 사람에게도 더불어 영향을 끼치게 되어 있습니다. 신앙이란 그래야 합니다. 믿음과 사랑이라는 두 가지 모습이 마치 하나의 근원에서 시작되는 듯이 사람들에게 보여주어야 하고 궁극에는 사람들을 살리는 일을 해야 합니다. 그리스도교의 믿음과 사랑이 가치가 있는 삶이라는 것을 알게 할 뿐만 아니라 그 삶이 참으로 유익하다는 것을 깨닫도록 해주어야 합니다. 그렇게 좋은 삶, 훌륭한 삶은 나누어야 하고 살아내야 합니다. 삶은 멈추는 것이 아니라 움직이도록 해야 하기 때문입니다.

사람들이 부산하게 움직이기는 합니다. 멈출 생각을 하지 않습니다. 눈도 귀도 입도 코도 다리도 팔도 목도 쉼 없이 움직입니다. 그게 삶이라고 생각하는 것 같습니다. 그러나 그렇게 움직이는 이유는 다른 데 있는 것이 아니라 사랑 때문에, 사랑하기 위해서, 사랑으로 움직인다는 것을 알아야 합니다. 아니 그것이 삶의 궁극적인 목적이라는 것을 마음에 새겨야 합니다. 신을 믿는다는 것은 사랑을 하기 위한 것이고, 신의 실체는 사랑이라는 것을 알지 않아도 우리가 서로 사랑하게 되면 신의 실체를 인정하는 것이고 그를 믿는 것이나 다름이 없다는 단순한 논리를 깨우칠 수 있도록 해야 합니다. 왜 그래야 할까요? 사도 바울로는 모든 인간이 거룩하고 흠이 없는 존재가 되기를 바라기 때문이라고 말합니다. 그리스도가 원하는 삶은, 횔덜린이 말하듯이 항상 지금보다 나은 삶입니다. 그렇게 자신 있게 살아가는 삶입니다. 믿음과 사랑이라는 두 가지의 신앙적인 모습을 체득하여서 거룩한 삶이 되고, 흠이 없는 삶이 되도록 하는 것이 그리스도가 바라는 삶의 모습이라는 것입니다. 항상 지금보다 더 나은 삶이 물질적 욕망, 가시적 욕망, 육체적 욕망의 실현이 아니라는 것은 확실합니다. 거룩하고 흠이 없다는 것은 내면적인 믿음과 외형적인 사랑의 실천을 통해서 완성될 수 있는 신앙의 인격이기 때문입니다. 만일 그것을 놓친다면 그리스도인의 종교적 삶은 번지수를 잘못 짚은 것입니다. 그러니 지금이라도 늦지 않았습니다. 다시 근원으로 돌아가 신앙의 삶, 종교적 삶, 신에게 지향을 두고 그를 유익하게 할 뿐만 아니라 모든 인간을 유익하게 하는 삶이 무엇인지를 묻고 또 물어야 합니다. 그러고 나서 믿음과 사랑의 아름다운 신앙의 선율로 조화로운 삶을 통해 항상 지금보다 더 나은 삶을 추구하려고 노력한다면, 그것이야말로 축복의 길을 걷는 것이 아닐까요?

(1데살 3,9~13)

사랑과 감사의 역설

스페인 출신의 문화인류학자이자 작가인 알베르트 산체스 피뇰(Albert Sanchez Pinol)의 소설 『차가운 피부』의 첫 문장은 이렇게 시작을 합니다. "우리는 증오하는 사람들과 결코 멀리 떨어질 수 없다. 그래서 사랑하는 사람들에게도 진정 가까이 다가가지 못한다." 이렇듯 사랑은 강한 저항이 발생합니다. 순수성과 사랑에 가까이 다가가려고 하면, 그만큼의 반작용과 상대적 증오가 커지는 것은 역설이 아닐 수 없습니다. 이것은 종교도 마찬가지입니다. 종교적 삶에 무게 중심을 두고, 하나님의 사랑에 더 가까이 다가가려고 하지만 그에 비례해서 비종교적 삶이나 비신앙적 삶의 힘도 커진다는 것을 잘 압니다. 종교에서 생각과 기도도 방향성이 있고 목적이 있습니다. 종교가 생각과 기도를 하려고 하면 할수록 그에 대한 방해 요소가 많아집니다. 신앙에는 역설, 아니 딜레마와 같은 것이 우리를 괴롭힙니다. 그래야 신앙이 신앙다워지는지 모르겠습니다. 신앙의 단련은 단순히 믿는다는 추상성에 안주하는 것만으로는 부족합니다. 그리스도인은 딜레마와 역설의 갈등을 끊임없이 겪으면서 자신의 신앙을 확인하게 됩니다. 신앙은 그와 같은 굴레를 어떻게 이겨낼 수 있는가에 따라서 성장과 퇴보 사이의 위험한 경계를 잘 넘어갈 수 있습니다.

생각(Denken)은 감사(Danken)라고 한 하이데거(M. Heidegger)의 말을 상기해보면, 생각은 결국 나의 생각이지만, 나의 생각은 일정한 방향성, 곧 지향성이 있습니다. 자연이나 약자, 혹은 소수자와 같은 타자 일반을 지향하게 됩니다. 그들에 대해서 생각을 하면 할수록 감사는 커집니다. 생각은 결코 나 홀로의 삶이나 신앙이 아니라는 것을 깨우쳐 줍니다. 타자가 있기 때문에 나는 생각합니다. 생각의 근원이 나로부터 시작된다는 것을 제일 처음 데카르트(R. Descartes)가 일깨워준 것 같지만, 생각은 내가 아니라 타자의 경험이 선행되지 않으면 생각은 생각이라고 말할 수가 없습니다. 생각이란 단순히 무지몽매하고 몰지각한 어떤 상태를 일컫지 않기 때문입니다. 그리스도인이 타자를 생각한다는 것은 공동체 구성원들이 함께 예배드리고, 결코 나 혼자가 아닌 공동체와 함께 신을 섬기고 신의 의지를 구현한다는 것 때문에 감사할 수밖에 없습니다. 감사의 감사를 곱씹게 되면 그것이 생각이 됩니다. 타자를 향해서 생각에 생각을 거듭하면 감사하지 않을 수가 없습니다. 왜냐하면 하나님의 품 안에서 그로 인해서, 그의 기도와 사랑과 관심과 배려로 인해서 내가 존재한다는 것을 깨닫게 되기 때문입니다. 그래서 곧장 생각은 그렇게 베풀어 준 타자에 대한 감사로 이어지게 마련입니다.

그리스도인이 괜히 기도하는 것이 아닙니다. 자신의 이익을 위해서 직장, 학업성취, 건강, 주택의 구입, 시험합격 등 일상의 온갖 번다한 문제들을 하나님께 맡기고, 그것을 이루게 해달라고 기도

하는 것은 진정한 기도가 아닙니다. 기도는 타자를 향하여(위하여) 기쁜 마음으로 간구할 수 있어야 합니다. 러셀의 제자 비트겐슈타인(L. Wittgenstein)은 이렇게 말합니다. "그리스도교는 기도를 많이 해서 이루어진 종교가 아니라, 사실상 우리는 정반대로 움직이도록 강요받고 있다는 걸 기억해야 하네. 자네와 내가 종교적인 삶을 살려 한다면, 종교에 대해 많이 떠들 게 아니라 어떻게든 삶이 달라져야 하지." 비트겐슈타인의 논지는 종교는 기도로 이루어진 것이 아니라 다른 삶의 모범을 보여주었기 때문에 존속되어 왔다는 것입니다. 이는 기도만 아니라, 기도의 양적 측면이 아니라 바로 그에 따른 삶의 유형이나 삶의 본질이 아예 통째로 변혁되는 종교인의 모습에서 세계가 해답을 찾고 삶의 그림을 상상할 수 있었다는 것으로 해석할 수 있습니다. 그래서 기도는 한편 그리워하는 것입니다. 기도가 지향하는 신에 대해서 그리고 그리워함, 사람에 형편을 그리고 그리워함으로써 그 마음에 부합하는 동일한 마음으로 사랑(의 언어)을 표현할 때 변화가 일어납니다. 횔덜린은 〈수줍음〉에서 이렇게 속삭입니다.

"많은 생명 있는 것들 그대에 알려져 있지 않은가?
그대의 발걸음 양탄 위를 걷듯 참된 것 위를 걷고 있지
않은가?
그 때문이다. 나의 정령이여! 오직 올바르게
삶 가운데 발길 내딛고, 근심하지 말라!

일어나는 모든 일 그대에게 모두 은혜 되나니!
기쁨으로 시구가 되도다. 아니면 무엇이

그대를 괴롭게 할 수 있는가. 마음이여

그대가 가야 할 길 무엇이 막아설 수 있는가?"(196)

사랑과 기도의 공통점은 둘 다 사변이 아니라 신앙실천이라는 점입니다. 걷는다는 것은 살아 있는 동물에게 주어진 특권이자 존재방식입니다. 물론 기어다니는 존재도 있지만, 그것은 삶을 위해서 내딛는 발걸음으로서 참을 위해서 걷는다는 명확한 인식이 없이는 아무런 의미가 없습니다. 본능과 욕망의 도가니, 경쟁과 생존을 위한 몸부림이라면 차라리 걷는 것이 아니라, 그것은 겨우 기어 다니는 것이나 다름이 없습니다. 횔덜린이 말하는 걷는다는 것은 그래서 참을 위한 발걸음입니다. 올바른 삶을 위한 발걸음입니다. 기쁨의 시구가 되는 것도 참된 삶, 올바른 삶을 위한 발걸음이기에 더욱 의미가 있습니다. 그렇듯이 사랑과 감사는 그리스도인의 발걸음, 올바른 삶을 위한 발걸음이라고 해도 과언은 아닐 것입니다. 사랑으로 세상을 밝히고 감사로 관계를 더욱 풍요롭게 한다면, 날마다 걷는 발걸음이 그리스도의 날이 될 것입니다. 사랑하는 마음과 감사하는 태도는 그리스도인의 나날을 그렇게 메워나가야 한다는 것이고, 그 또한 그리스도의 날을 사는 것이라 할 것입니다. 사람들은 자신이 나날을 산다고 하겠지만, 한시라도 사랑과 감사가 없으면 나날을 견뎌내지 못할 것입니다. 삶의 나날들 속에서 우리를 인내하게 하고 가장 올바른 것을 가려내는 기준은 사랑의 시간, 사랑의 마음이기에 그렇습니다. 돈만 있으면 잘살 것 같지만, 돈보다 우선하는 그리스도의 날, 사랑의 나날들이 인간 앞에서 이끌지 않는다면, 나날은 지옥이 될 것입니다. 횔덜린은 다음의 시구 속에서 인간이 어떤 삶을 살아야 하는가를 일깨워줍니다.

> "왜냐하면 신들 인간처럼 마치 고독한 야수 마냥 자랐고
> 또한 각자의 양식대로 노래와 영주의 합창
> 천국적인 형상화시켜 지상에
> 돌려보냈던 탓이니! 그렇기 때문에 우리 또한
>
> 민중의 혀, 인간들 곁에 어울려 살기를 기꺼워했노라.
> 많은 것들 한데 어울리고 모두에게 동등하며
> 모두에게 열려 기쁨에 차 있음이니 그처럼
> 우리의 아버지, 하늘의 신, 그러한 탓이다."(196)

　하나님은 인간에게 정결과 순결을 원한다고 하지만 야수처럼 낯선 존재자로 살아가는 것을 보게 됩니다. 그럼에도 인간은 자신이 야수가 되어 가고 있는 것조차도 잘 모릅니다. 우리가 현실에 매몰되어 살면서 천국의 심성과 초월의 마음을 잃어가고 있기 때문일 것입니다. 사람들의 입술은 증오와 분노, 불만과 불평, 폭력과 불안 등을 발언하는 목소리를 내지만, 하나님이 원하시는 것은 사랑과 분별력이 있는 믿음입니다. 사람들의 사랑도 퇴색되고 분별력은 흐려져서 신적인 삶에 기반을 두고 살지 않습니다. 사랑을 말하고 행위한다는 것은 말의 외형적인 현상이 꼭 그렇게 드러나야 한다는 것을 당위적으로 지시하고 있습니다. 사랑이 우리 자신에게서 흘러나오는 것이 아니라 신의 깊음에서 유출된 것이라면, 그 사랑의 궁극적인 목표는 가장 옳은 일을 하는 것이어야 합니다. 줄리아 크리스테바(J. Kristeva)는 "우리가 사랑해야만 하기도 전에 사랑의 신(Amour)은 하늘에서 우리에게 떨어진다(《

새로운 영혼의 병)... 사랑은 사랑, 그 자체만을 생각하고, 다른 모든 것은 흥미없고 그것만으로 만족한다"(『사랑의 역사』)라고 말합니다. 사랑의 감정이 가장 올바른 것을 실행하여 그 대상을 하나님의 규범에 의해서 해석되는 것임을 증명해내야 합니다. 그것이 식별이요 분별입니다. 하나님의 규범도식(schema)인 사랑이라는 범주는 올바른 삶이 과연 무엇인가를 발견하고 느끼도록 해줍니다. 사랑이 그리스도인의 삶을 해석하는 도식이 되지 않는다면, 하나님을 인식하고 사랑을 하고 영광과 찬양을 드릴 수가 없을 것입니다. 마지막에 횔덜린은 이렇게 말합니다.

"그 신 가난한 사람에게나 부유한 사람에게 사색의 날 허락
하시고,
시간의 전환점에서 우리 잠들어 있는 자들
그의 황금빛 끈으로, 마치 어린아이들 이끌 듯
바로 세워 이끌고 있도다.

우리 누구에겐가 어떤 식으로든 유용하도록 보내졌도다,
우리 예술과 함께 와서 천국적인 것으로부터
무엇인가 하나 가져다 줄 때면, 그러나 알맞고
재간 잇는 손길은 우리 스스로가 마련하는 법이다."(196~197)

앞에서 필자는 감사가 사유하고 연결이 된다고 말했습니다. 우리의 나날이 계속되는 것은 감사의 연장에 있는 것이고 잠을 자든 깨어 있든 모든 사람들에게 바로 나날의 주인을 생각하고 또 생각하도록 하기 위함입니다. 그런데 우리는 나날의 주인을 자기 자신이라고 생각하고 더불어 존재하는 자연이나 신에 대해서는

전혀 무관심합니다. 사랑하기 위해서 보내진 사람들, 신을 사랑하고 자연을 사랑하도록 보내진 사람들이건만, 가장 올바른 일들을 창조하는 기술과 지식과 분별력을 뒤로 한 채 오직 자기 자신에게만 유용한 사랑을 하고 있는 듯합니다. 사랑은 모두에게 유용해야 합니다. 우리가 받은 사랑이 모두에게 유용하고 통용되는 보편적인 감정이라면 나누어야 합니다. 감사한 사랑을 받아들이고, 사랑을 느낀 것을 사유하면서 다시 모든 사람들에게 사랑을 드리는 그것은 그야말로 하늘로부터 부여 받은 예술입니다. 에리히 프롬(E. Fromm)은 '사랑은 활동이다. 사랑하는 사람으로부터, 사랑에 의해 적극적인 관심의 상태에 놓인다... 사랑은 신앙의 작용이다. 신앙 없이는 사랑할 수가 없다. 사랑은 아무런 보증없이 자기 자신을 즐기고 사랑을 불러일으킬 것이라는 희망을 갖는다' 라고 말합니다. 프랑스 철학자 알랭 바디우(A. Badiou)는 "사랑은 진리의 구축"이라고 말하면서, '사랑은 차이의 관점에서 시련을 영위하는 것에 관여하고 있는 그대로의 차이의 진리로서 둘이 등장하는 무대'이자 "사랑은 삶의 재발명"이라고까지 말합니다.

하늘로부터 분여(分與) 받은 사랑, 그렇기에 감사는 사람과 사람을 이어가고, 자연과 인간을 영원한 나날로 묶어가며, 하나님의 사랑의 규범을 통하여 결국 당신을 높이고 드러내는 것이라고 봅니다. 사랑하면 감사하게 되고, 감사하게 된 것을 사색하면 더욱 사랑하게 되는 것은 나날이 우리의 날이 아니라 하나님의 날이기에 그렇습니다. 그날을 지키고 가볍게 여기지 않는 것이 그분에 대한 사랑이요 감사의 표현입니다.　　　　　　　(필립 1,3~11)

종말, 삶을 깨우기

우리는 흔히 종말을 떠올리면 세상이 조각이 난 후 선별된 소수의 사람만이 살아남아 새로운 세계를 일구는 것으로 생각합니다. 그것은 단순한 도식적인 상상력일 뿐입니다. 종말은 시간의 끝이자 공간의 새로운 재창출이라고 말할 수 있습니다. 삶은 시공간의 한계 안에서 이루어지는 것이나 그 삶의 기이한 변곡점에 다다르게 되면 시공간이 용납할 수 없는 한계를 드러내게 됩니다. 그러면 결국 누군가가 그 시공간 안에서 이루어지는 삶의 오염도가 심해지는 것을 막아주고 새로운 시공간 속에서 새로운 삶을 살아가도록 만들어 주어야 합니다. 그리스도교에서는 그것이 예수로 인한 종말이라고 봅니다. 하지만 예수에 의한 인식은 실존적 사건으로 다가옵니다. 시간과 공간은 바깥의 것이라고 단정 짓기 쉽지만, 그것은 내 안에서 작동되는 선천적인 감성의 형식(I. Kant)입니다. 내가(주체가) 달라지면 시공간에 대한 인식도 달라지고 삶도 달라집니다. 그것이 예수가 인간에게 일깨우는 종말입니다. 그는 삶을 일깨우는 존재입니다. 시간의 끝에서 새로운 공간을 창조하고 심판과 징벌, 구원을 말하는 것은 삶을 일깨우는 신앙적 상상력이요 신앙적 쇄신을 요청하는 자극입니다. 자극이라고 해서 그 사건이 지닌 실제를 무시하라는 말이 아닙니다. 실제는 인간의 신앙적 태도와 나날이 달라지려고 하는 각성된 삶 안에서는 비중이 크지 않습니다. 다만 종말은 실제를 마음으로 안고 그 상황에 맞닥뜨린 현실의 시공간 안에서 어떻게 결단할 것인가를 묻고 있는 이야기입니다.

종말은 누구에게나 올 것입니다. 그것이 생애의 종말이든 아니면 지구환경의 종말이든, 더 나아가서 우주적 파국으로서의 대변혁이든 피할 수 없는 현실이 될 것입니다. 신앙적인 도식으로는 현대적 사건이 갖는 현실이 예수의 재림의 현상이나 다름이 없다고 할지도 모릅니다. 과거의 신화적 도식으로는 다 기술하기 어렵지만, 정신을 깨어나게 하고 마음을 모아서 새로운 세상을 만들려고 하는 현재의 시공간 속에서 살아도 예수의 재림은 나의 안팎에서 일어난다고 말해도 좋을 듯합니다. 달리 예수는 오고 있고, 이미 와 있기 때문입니다. 그리스도인의 실존이 예수를 어떻게 바라보느냐에 따라서 재림의 상황들에 대한 신앙적 응답이 다를 수가 있습니다. 만일 예수의 재림의 상황을 현재화한다면, 그는 오늘의 시공간 안에서 우리를 끊임없이 일깨우는 존재이기에 기쁨으로 여길 수가 있을 것입니다. 새로운 시공간의 책임과 새로운 삶을 일깨우는 예수에 대한 인식이 우리를 기쁘게 하기 때문입니다. 그것은 종말에 대한 관념이 그렇듯이 두려움과 공포가 아닙니다. '주님과 함께 항상 기뻐하십시오'라는 말 속에는 예수의 현존으로 인한 기쁨이 있습니다. 신앙적 각성은 나 혼자가 아니라 예수에 의한, 예수와 더불어 일어나는 일이니, 그 순간 내가 책임을 져야 할 시공간과 삶의 새로운 변화들이 모색되기 마련입니다. 함께-있음은 그래서 기쁨이 됩니다.

중요한 것은 종말이 왔으니 허둥지둥 대고 서둘러 행동교정을 하라고 요청하는 것이 아닙니다. 오히려 관계를 잘 하라는 얘기, 즉 '너그러운 마음을 가져라'(Let your moderation be known unto all men, KJV) 하는 것입니다. 종말에는 오히려 더 이기적이고 더 계산적이고 더 가식적일 수도 있습니다. 그런 와중에 종말에 대한 실제를 인식하는 신앙인에게 너그러운 마음을 가지라는 것은 현실적이지 않습니다. 횔덜린은 〈인간〉에서 의미심장한 말을 합니다.

"인간이 스스로의 힘으로 살고 그의 나머지가 모습을 나타내면,
그것은 마치 어떤 날이 다른 날들과 구분되는 것 같다,
그렇게 마치 인간은 자연과 떨어져 시샘도 받지 않은 채
나머지로 빼어나게 기울어져 가는 것이다."(469)

인간이 위대하다고 하는 것은 다름 아닌 이성과 정신적 능력에 있습니다. 그러면 여분의 인간의 능력은 무엇일까요? 자연의 질투를 받지 않을 정도로 깊고도 넓은 인간의 고매함이라고 볼 수 있습니다. 일상적인 것 같지만 비범한 모습, 삶의 초연한 태도, 삶의 독특함, 연속적인 것 같지만 불연속적인 삶, 예측가능하지 않은 삶. 이러한 삶은 종말론적인 삶에 있어 나날의 시공간과 구별되는 삶입니다. 일상적이면서 반복적인 삶을 살아가려는 사람들에게는 종말이란 그저 허무적이거나 염세적인 징조에 지나지 않습니다. 그렇게 달라질 것도 없는 삶을 일깨워서 선회하도록 하는 것은 예수에 의한 인식, 오고 있는 예수, 이미 와 있는 예수에 대한 종말론적 인식입니다. 불연속성, 예측불허의 삶은 예수 인식을 통한 삶의 구분과 구별을 뜻합니다. 이와 같은 삶은 되레 마음을 여유롭게 가질 수 있는 속 깊은 마음씨에서 비롯됩니다. 시공간에서 주어진 삶의 한계와 그 정점에 도달했을 때, 사람들은 더 인색하고 옹졸하고 이기적으로 변할 것입니다. 하지만 그럴수록 아량이 있고 관대하라는 신앙적 권면은 오늘이든 내일이든 삶속에서 하나님과 함께 하면 일상적 나날들에서 특별한 나날들로 도약하는 시간을 맛보는 경험을 하도록 하기 위함입니다.

그런데 뜻하지 않은 삶은 횔덜린이 말하듯이, "말하자면 그는 다른 계속된 삶 가운데 홀로인 것과 같"(469)습니다.

삶은 흘러갈 것입니다. 온다는 표현도 맞을 것입니다. 내가 삶을 살지 않더라도 삶은 지속될 것입니다. 삶은 나의 삶만 있는 것이 아니라 너의 삶, 우리의 삶도 있기 때문입니다. 하지만 연속적인 삶을 만나게 되면 내가 홀로인 것 같은 느낌을 가질 때가 있습니다. 홀로는 늘 종말입니다. 홀로 사유하고 홀로 신앙하고 홀로 결단을 해야 하기 때문입니다. 외로움 때문에 종말을 기다리는지 모릅니다. 종말은 삶을 새롭게 축조하기에 더욱 그렇습니다. 종말의 현재화, 종말론적 시공간의 실제를 지금 여기에서 경험하는 사건은 기도와 간구입니다. 삶의 연속선상에 홀로 서 있을 때 하늘을 향한 마음이 더 간절해집니다. 이미 찌들어 버린 삶 한 가운데에 나를 세우면 기도는 절로 되는 듯합니다. 종말을 말하는 사도가 '아무 걱정도 하지 마십시오'(Be careful for nothing, KJV)라고 자신 있게 말하는 것도 그 이유일 듯싶습니다. 삶이 일깨워질 수 있도록, 깨어서 삶을 살아갈 수 있도록 하나님께 기도하는 것 이외에 홀로 종말을 맞이하고 있는 인간이 할 수 있는 일은 아무것도 없습니다.

그렇게 삶을 깨울 수 있는 방법은 하나님께 삶의 평화는 물론이거니와 지금까지와는 다른 평화를 간구하는 일입니다. 그 평화는 하나님의 현존과 더불어 오는 것이기에 시간과 공간, 공간과 시간의 특수한 현실이 폭력으로 가득하더라도 결코 무너질 수 없는 세계를 축조할 것입니다. 횔덜린은 말합니다.

"이때도 봄은 사방에 푸르고, 여름은 다정하게 머문다,

가을이 되어 세월이 아래로 서둘러 갈 때까지,

또한 여전히 구름들은 우리를 에워싸 떠돈다."(469)

마지막 날, 마지막 시간에 평화의 머무름은 계절과도 같습니다. 계절은 어차피 시간의 변화이지만, 공간의 변화에 따라서 시간이 흘러가는 것처럼 보이니, 평화는 머문 듯, 머물지 않은 듯 그렇게 우리 곁을 지나갈 것입니다. 평화가 정착되었더라면 인간의 세계는 달라졌을 것입니다. 인간의 세계가 하나님의 평화로 새로운 세계가 축조되었더라면 삶이 달라졌을 것입니다. 하지만 평화도 오염되고 도구처럼 이용이 될 수 있으니, 하나님의 평화는 있는 듯 없는 듯 그리 지나간 것입니다. 다만 과거에도, 현재에도, 미래에도 여전히 평화는 그리스도를 믿는 우리의 마음과 생각을 지키고 더 풍요롭게 할 것입니다. 평화는 그렇게 우리를 감싸듯이 옵니다. 평화야말로 종말론적 현상이고 마지막 종착지일지 모릅니다. 평화는 아무도 소유하지 않은 채 삶 자체가 평화여야 하기 때문입니다. 소유하려는 순간 평화는 아닐 것이고, 정착되면 평화는 고인 물처럼 썩어질 것이기에 그리스도를 믿는 사람들의 마음과 생각을 인도하는 마중물 역할만을 할 것입니다.

하나님의 평화는 늘 그렇듯이 하늘에 있어야 하는 이유도 평화는 시간과 공간을 넘은 이상적인 좌표를 제시할 수 있어야 하기 때문입니다. 그것은 마지막입니다. 하나님의 평화는 삶을 삶답게 하고 인간을 인간답게 하며 마음을 마음답게 하고 생각을 생각답게 하는 최후의 보루입니다. 하나님의 평화는 그렇게 인간의 삶을 총체적으로 깨어나게 만드는 힘이요 에너지요 실천적 영감입니다. 그러므로 전혀 생각하지 못했던 삶, 웅크리고 미몽상태에서 깨어 있는 삶, 한 번도 경험해 보지 못한 새로운 삶을 깨어나게 하고 싶거든 예수에 대한 각성된 인식, 현존의식을 단 한 순간도 놓치지 말아야 할 것입니다.   (필립 4,4~7)

—

사람됨의 부담, 그 거룩한 인간

살아간다는 것 자체도 힘들고 어려운데 사람이 사람으로서의 일정한 심급에 도달해야 한다는 것은 매우 귀찮은 일일 수 있습니다. 그냥 살면 되는 것을 사람으로 태어났으니 사람다워야 한다는 말을 들으면 그것이 도대체 무엇인가, 하는 고민을 하지 않을 수가 없습니다. 어쩌면 그것이 사람이기 때문에 그런지 모릅니다. 사람이란 원래가 그렇게 생겨 먹어서 그저 단순하게 살 수 없는 존재가 아니기 때문입니다. 생각하고 고민하고 그래서 끊임없이 사람다움의 궁극적인 목표지점에 다다르려고 하는 노력을 하지 않을 수가 없는 숙명이 인간이 지닌 고통입니다. 인간에 대한 독특한 교리체계를 가진 그리스도교의 경우, 인간의 숙명적 한계는 인간이란 죄인이라는 데 있습니다. 그것을 벗어나고 싶어도 자신의 노력으로는 도저히 안 된다고 말을 합니다. 그러니 어떤 초월적 존재나 은총에 기댈 수밖에 없다고 하면서 그 존재를 찾아 구원을 얻어야 한다는 논리적 구조를 가지고 있습니다. 더군다나 인간이 저지른 죄는 가치가 같은 대상에게 전이되어야만 그 죄가 없어진다는 보속의 논리는 마음의 짐이었을 것입니다. 똑같은 등가물은 아무리 찾아도 찾을 수가 없습니다. 누가 나의 죄를 대신해 주겠다고 자원을 할 수 있는 사람도 없을 게 분명합니다. 하나님은 더 이상의 피를 보기를 원하지 않으신다는 그리스도교의 획기적인 생각은 더 잔인한 방식의 등가물로서 마감을 할 수 있었습니다. 바로 인간 예수를 통해서 인간의 죄가 사라지도록 하셨다는 것입니다.

죄인인 인간이 완전한 인간으로서 인정을 받으려면 그와 똑같은 완전한 인간의 모습을 한 존재가 대신 죽지 않으면 죄가 없어질 수가 없습니다. 흠이 있어도 하자가 있어도 모자라서도 안 됩니다. 딱 그만한 가치를 지닌 존재여야만 인간의 죄를 없애기에 탁월한 조건을 통하여 하나님의 마음에 흡족한 제물이 될 수 있습니다. 그러고 보면 유한한 인간 대신 하나님에게 만족을 시켜 줄 제물이 되는 존재가 있다는 것은 심리적인 위안이 되기도 하지만 동시에 부담과 미안한 마음이 교차됩니다. 독일 신칸트학파의 철학자 에른스트 카시러(E. Cassirer)는 이런 말을 합니다. "모순이야말로 인간 실존의 진정한 요소이다. 인간에게는 "본성"이라고 할 수 있는 것이 없다. 즉 인간은 단순한 혹은 자기 동일적인 존재를 가지고 있지 않다. 그는 존재와 비존재의 이상한 혼합물이다." 인간이란 존재한다고 말할 수도, 그렇다고 존재하지 않는다고 말할 수도 있는 모호한 존재입니다. 모순을 극복하기 위해서는 그 모순을 깨닫게 만들어 주는 존재, 그러면서 존재의 상태에 있도록 구원해 줄 수 있는 존재가 있어야만 합니다. 그리스도인은 자신의 비존재, 즉 죄인의 상태를 벗어나기 위해서 완전한 인간인 예수에게 빚을 졌습니다. 그러나 성서는 말합니다. 예수의 죽음은 값 없이 인간에게 내어준 것이라고 말입니다. 그것도 선물로서 말입니다. 그것을 은총이라고 일컫습니다. 태생적 한계, 실존적으로 죄를 지을 수밖에 없는 연약한 이성을 지닌 인간의 모습은 모순 덩어리입니다. 자신의 본성마저도 제대로 구현하기 어려운 인간이 누군가에 의해서 자신의 본성을 회복하고 다시 인간으로서 떳떳하게 살아갈 수 있도록 만들어 주었다는 것을 깨닫게 되면, 인간으로서의 살아야 할 분명한 목표가 생깁니다. 카시러는 바로 그와 같은 인간성의 비밀로 나아가게 해주는 것이 "종교"라고 주장합니다.

이것을 달리 하나님의 뜻은 인간으로 하여금 참된 인간이 되게 하는 데 있다고 말할 수 있습니다. 그러기 위해서 그리스도라는 완전한 인간을 하나님 자신의 만족을 위해서 희생을 시킬 수밖에 없었으며, 그와 같은 신의 만족을 위해서 그리스도 자신의 자발적인 죽음을 통하여 삶의 의지를 버렸다는 것은 인간에게 이해불가의 사건입니다. 그래서 신은 신이고 인간은 인간이라는 심연이 있는 모양입니다. 신의 뜻을 다 깨달으면 유한한 인간이 무한한 존재가 될 수 있을 것입니다. 하지만 인간은 신의 뜻을 가늠하기만 할 뿐입니다. 그것을 위해서 한없이 머리를 조아리고 참 인간의 가능성으로 나아가려는 시도, 즉 신앙적 깨달음과 믿음을 가져보려고 부단히 신에게 지향성을 두는 길밖에 방법이 없습니다. 그것조차도 안 한다면 인간으로서의 부담감이 있다고 말할 수가 없습니다. 그리스도교는 해방과 자유의 종교입니다. 그것을 느끼고 깨달으려면 그리스도라는 존재가 나와 타자를 위한 존재, 세계의 해방을 위한 존재라는 것을 알아야 합니다. 그가 나를 위한 존재뿐만 아니라 모든 생명적 존재를 위한 존재라는 것을 알지 못하면, 그리스도의 죽음은 나와는 아무런 관계가 없습니다. 뜻이란 그렇습니다. 신앙적인 뜻이란 속절없는 뜻이거나 그냥 무의미한 뜻은 없습니다. 하나님의 뜻도 인간의 지성으로 다 헤아리기 어렵습니다. 뜻은 그만큼 깊고 깊은데 단 한 번도 그 뜻을 진지하게 생각해 본 적이 없는 인간이 하나님의 뜻을 생각하려니 난감하기 짝이 없습니다. 아니 우리가 흔히 하는 말로 하늘의 뜻을 말하곤 하는데, 그것은 인간의 이치로는 해명될 수 없을 때 하는 말이기도 합니다. 신앙은 그렇게 이치로 설명하기에는 벅찹니다. 신앙이 가볍지 않은 이유이기도 합니다. 횔덜린은 〈매일을 모두…〉에서 말합니다.

> "매일을 모두 가장 아름다운 날이라고 부르지 않는다 그는,
> 친구들이 그를 사랑해주었던 때,
> 사람들이 그 젊은이에게 호의를 가지고
> 머물렀던 때, 그때로 기쁨 중에 돌아가고 싶어 하는 그는"(447)

수많은 시간과 세월을 살아가는 인간으로서의 그날이 그날처럼 생각되기도 합니다. 매일 반복적으로 살아가는 날이 새로울 것도 없다고 생각할 것입니다. 특별한 때가 있고, 깊은 뜻이 있어야 살맛이 납니다. 그것 때문에 살기도 하고 죽기도 합니다. 그리스도는 인간에게 바로 그와 같은 특별한 때와 특수한 뜻이 있다는 것을 알려주려고 죽은 존재입니다. 사람들은 일상이 아름답고 사랑스럽고 기쁨이 있는 시간의 연속이라면 좋겠다고 생각합니다. 그래서 일상이 아닌 비일상을 통하여 연속적인 일상을 끊고 새로운 기분을 느끼려고 몸부림칩니다. 그러나 그럴 때마다 결핍은 더 심해집니다. 다시 일상으로 돌아오면 때와 뜻은 없어지는 것은 물론 별로 가치가 없고 의미가 없는 삶을 사는 것처럼 느껴지기 때문입니다. 그리스도는 인간에게 일상에서도 특별한 때와 깊은 뜻을 발견하라고 촉구합니다. 일상의 때가 아무리 평범한 듯

해도, 그때는 수많은 시간과 생명의 덕분에 이루어진 때이니 가볍게 살 수 없는 때입니다. 그럴수록 삶의 깊은 뜻을 일상의 때에서 메우면서 살아야 합니다. 뜻은 말을 걸어옵니다. 뜻은 나의 뜻이 아니라 하나님의 뜻이라고 말입니다. 뜻이라는 게 나의 뜻이 없습니다. 하나님의 뜻일 뿐입니다. 그렇다고 모든 것이 하나님의 뜻이라는 말은 아닙니다. 거룩한 것, 사랑스러운 것, 아름답게 머물만한 것, 그것이 하나님의 뜻입니다. 뜻이라고 다 같은 뜻이 아닙니다. 뜻이 내게 머물만하고 뜻이 나눌만 하고 뜻을 곱씹을수록 새로워야 하고 뜻이 웅숭깊어 우러러 볼 수 있는 것이어야 합니다.

뜻에도 상징이 있습니다. 카시러가 '상징의 철학'을 말하는 것도 당연합니다. 상징을 단순히 심볼(symbol)로만 생각할 수 있습니다. 그러나 상징은 심볼이라는 번역어를 넘어섭니다. 상징이 그것을 가리키는 대상을 넘어서지 못하면, 상징은 상징이 아닙니다. 상징은 항상 가리키는 그 이상의 것을 지시함으로써 인간으로 하여금 나아가야 할 방향타 역할을 합니다. 상징은 장황하게 말을 하지 않습니다. 가리키고 쳐다보게 하고 따라가게 합니다. 뜻이라는 것도 상징입니다. 하나님의 뜻은 명료하게 가리키는 지점이 있습니다. 굳이 말하자면 하나님이 자신의 만족을 위해서 그리스도를 제물로 받으셨다는 것도 상징이지만, 그 상징은 또 다른 상징을 위해서 필요했을 뿐입니다. 그것은 바로 인간이 그토록 부담스럽게 여기는 "거룩한 사람"이 되는 것입니다. 하나님의 뜻은 사람이 거룩한 존재가 되는 데 있습니다. 습관에 따라 살고 별 뜻 없이 사는 맹목적인 존재가 아니라, 하나님의 거룩하고 숭고한 뜻에 따라서 살아주기를 바라는 웅숭깊은 뜻을 알아야 합니다. 그것이 인간에게 머물만한 뜻입니다. 뜻을 아무데나 가져다 붙인다고 해서 다 뜻이 되는 것이 아닙니다. 뜻을 분명하게 알고 그 뜻에 따라 맞갖게 살아야 하는 것도, 하나님의 깊은 뜻 중에 하나일 것입니다. 그러기 위해서는 먼저 사람으로서의 가장 근본이 되는 바탕인 "거룩한 사람"이 되지 않으면 안 됩니다. 거룩한 사람이 된다는 것이 부담인 줄은 압니다. 하지만 그와 같은 존재가 되도록 하기 위해서 하나님의 가장 중요한 '뜻뿌리'를 희생하면서까지 그 뜻을 드러내셨다는 것을 알아야 합니다. 인간의 사적인 뜻 위에 하나님의 깊고 거룩한 뜻을 조금이라도 깨닫는다면, 인간의 궁극적인 목적인 사람됨, 참 사람됨의 목적은 반드시 이루어야 할 신앙의 목표(인류 공통의 목표)라 할 것입니다. 뜻 위의 뜻, 하나님의 뜻, 그것은 지금도 실현 중에 있습니다.   (히브 10,5~10)

신앙이란 신의 옷을 갖추어 입는 것

사람들은 왜 신을 믿지 않아도 되는데, 구태여 신을 믿으려 하는 것일까요? 믿지 않아도 사는 데는 지장이 없는 것 같은데, 그럼에도 사람들은 신이라고 할 만한 그 무엇인가를 믿습니다. 우리는 그것을 하느님 혹은 하나님(다른 종교에서는 한울님, 알라), 절대자, 철학적 용어로는 초월자, 무한존재(무한자), 세계영혼이라고 표현을 합니다. 사람들은 살면서 그러한 신의 현존을 경험했다고 말을 하곤 합니다. 그것이 어떤 경험의 내용인지는 다양한 사람들의 이야기들을 통해서 확인이 되기도 합니다만, 횔덜린의 표현을 빌린다면, 〈그리스-두 번째 착상〉에서 "운명의 목소리"를 들었다고 말할 수 있을 것입니다.

"신의 현존, (…)

기억들은 많기도 하다. (…)

그러나 지극히

구속받지 않는 것이 죽음을 동경하는 곳에서

천상적인 것은 잠든다, 또한 신의 충실도,

분별은 없다. (…)(377)

신앙인의 신비로운 체험은 운명처럼 다가온 존재에 의해서 압도되기도 하고 두려움을 느끼기도 합니다. 마치 종교학자 루돌프 오토(R. Otto)가 말한 것처럼 누미노제(the numinous)를 느꼈을 때의 특별한 경험을 말한다고 볼 수 있습니다. 그럴 때 사람들은 그와 같은 경험실재를 초월적 존재로 받아들이고 믿게 됩니다. 게다가 운명처럼 다가온 목소리를 거부할 수 없기 때문에 다른 존재자보다 특별한 선택이 있다는 의식을 갖게 되기 때문입니다.

성서는 그것을 "하나님의 성도들", "하나님의 사랑을 받는 백성들"이라고 말합니다. 하나님에 의해서 거룩한 자들이 된 사람들은 새로운 경험들, 새로운 신앙 기억들이 지배하게 됩니다. 횔덜린이 "기억들은 많기도 하다"라고 말하듯이 신앙인의 기억들은 비신앙인들보다 경험(실재)의 해석이 다르기 때문에 기억의 층위들이 다양할 수밖에 없습니다. 하늘의 현상이나 바람의 현상, 물과 나무의 현상들에서 신앙의 기억들은 삶을 촘촘하게 엮어갑니다. 횔덜린이 신의 현존이라고 보는 "구름의 공고한 기운"(377)이나 "뇌우"(377)도 기억의 반복과 반복적인 자연 현상의 기억이라 할지라도, 그 기억조차도 예사롭지 않다고 인식한 것입니다. 단순한 현상의 기억들이 인간의 신앙을 다르게 하고, 신의 현존이 인간의 삶을 늘 새롭게 이끌어간다는 인식을 갖는다면, 그것이야말로 신을 믿는 가장 기초적인 신심이라고 할 수 있습니다. 한때의 신앙심이 그렇게 인간의 일상적 경험에서 신의 현존의식을 통하여 형성될진대 하물며 그 현존의식을 표현하는 인간의 신앙원리는 말할 것도 없을 것입니다. "따뜻한 동정심", "친절한 마음", "온유와 인내", "용서", "사랑", "평화", "감사"라는 개념들은 그저 인간의 관계적 측면에서 발생하는 정서와 감정, 그리고 삶의 태도들만은 아닙니다. 인간의 보편적 삶의 요소들 속에만 이와 같은 것들이 있다는 말이 아닙니다. 성서에서 언급하고 있다는 것은 분명히 이와 같은 삶의 관계적 요소들조차도 신의 현존과 맞닿아 있다는 것을 의미합니다. 왜냐하면 신앙인들은 일반적인 비신앙인들보다 어쩌면 삶의 관계적 요소나 정서들에 대해서 특별한 체험들과 기억들을 더 많이 가지고 있을 수 있기 때문입니다.

"기억들은 많기도 하다"는 횔덜린의 말을 상기한다면, 신앙인의 기억들은 풍부하고 많으며, 특별한 감흥들과 정신을 지배하는 신의 현존에 대한 체험이 많다는 것을 시인해야만 합니다. 단순한 기억들이라 하더라도 그것조차도 신의 현존의 경험이 축적된 기억이라고 고백할 때, 신은 더 가까이 우리 곁에 와 있다고 느낄 수 있습니다. 여기서 중요한 것은 우리 곁에 와 있다고 느낄 수 있는 기억들은 지속적인 신앙의 기억들로 이어가야 하는데, 그 기억들은 결코 나만의 기억이 아니라는 사실입니다. 신앙인의 기억은 다른 사람들에게도 동일하거나 최소한 유사한 기억으로 자리 잡을 때 남다른 기억, 신비한 기억, 나아가 신의 현존에 대한 기억으로 인식될 수 있는 여지가 생길 수 있습니다. 달리 말하면 신앙인의 기억이 특별하고 신비하다는 것, 신의 현존에 대한 징후요 표상이라는 것을 다른 사람으로 하여금 알게 하려면 사랑해야 하고, 감사해야 하고, 용서해야 하고 따뜻한 동정심과 친절한 마음과 겸손한 마음을 가지고 생활을 해야 합니다. 횔덜린이 다시 말합니다.

> "위대한 시작도
> 하찮은 것으로 다가올 수 있다.
> 그러나 신은 매일
> 경이롭게 옷을 갖추어 입는다."(377~378)

신앙의 반전과 전화(轉化)는 하찮은 것을 위대한 것으로 바꾸는 것으로 생각되기 마련입니다. 맞는 말입니다. 하지만 항상 위대한 것으로 바뀌는 것만이 신앙이 아닙니다. 신앙은 우리가 하찮은 것이라고 간주되는 사건으로도 추락할 수 있으니 말입니다. 왜냐하면 신앙조차도 다양한 삶의 한 축을 형성하는 것이기 때문입니다. 만일 우리가 신앙을 삶의 전부라고 한다면 아무 일도 하지 못할 것입니다. 제약이 많이 따르기에 그렇습니다. 율법의 화근을 없애자고 예수가 시도했던 노력들이 무색할 정도로 오늘날 그리스도교는 더 많은 제약과 제한사항을 만들어 놓고 있습니다. 이것은 신앙을 옥죄고 삶을 더 불편하게 만드는 것이나 다름이 없습니다. 신앙을 통해서 삶을 더 자유롭게 하고 해방이 되도록 하자는 것이 더 마땅하다면, 신앙은 반전의 반전을 거듭해야 합니다. 이것을 다른 말로 바꾼다면, '신앙은 매일 신의 옷을 정갈하게 갖추어 입는 것이다'라고 정리할 수 있습니다.

굳이 우리가 신앙인으로 살아가야 하고 신앙생활이 중요한 삶의 일부분으로서 인식되는 것은 신의 옷을 갈아입었기 때문입니다. 아니 신의 옷을 갈아입기 위한 과정 중에 있기 때문입니다. 하나님이라는 존재, 신앙이라는 믿음 체계는 위대한 것입니다. 그런데 하찮게 만들지 않기 위해서는 매일 신의 옷으로 갈아입는 삶의 태도들로 변화되지 않으면 안 됩니다. 사랑, 용서, 감사, 인내, 온유, 연민 등 숱한 그리스도교적인 정서와 신앙 태도들, 원칙들이 바로 신의 옷이라고 본다면 틀리지 않을 것입니다. 외형적이고 형식적인 신의 옷은 소용이 없습니다. 입을 열고 눈빛을 보고 행동거지를 유심히 보면 금방 탄로가 날 가짜 옷들은 신의 현존을 가리키지도 못합니다. 신앙의 원칙과 본질에서 벗어난 그리스도인의 모습에서 신의 옷을 입었다고 느끼거나 말할 수 있는 사람은 거의 없습니다. 그것은 단순한 신분적 변화나 종교적 처신 혹은 개종을 뜻하지 않습니다. 오늘날 그리스도인의 모습에서 아우라(aura)를 볼 수 없다는 말을 종종 듣습니다. 신앙의 독특성, 신앙의 원본성, 신앙의 영적 기운들을 직관하기가 어려운 시대가 되었습니다. 횔덜린은 마지막에 이렇게 말합니다. "또한 그의 얼굴은 인식을 숨기며 기예로 바람을 덮는다. 또한 대기와 시간은 놀라워하는 자를 덮는다, 너무도 지극히 어떤 것이 기도하는 자들과 더불어 그를 사랑하거나 또는 영혼이 그러할 때." '신이 숨어 있다'(Deus Absconditus)는 신학적 표현은 불가지론처럼 들리거나 신의 인식불가능성, 신의 부재를 일컫는 개념이 된 적이 있습니다. 신은 자신을 감추기도 하고 자신을 보여주고 싶지 않을 때는 멀리서 인간을 지켜만 보는 방관자처럼 비춰진다는 것입니다.

기도할 때조차도 심지어 그를 사랑함에도 불구하고 자신을 보여주지 않을 때 그 신앙적 난감함이란 이루 말할 수가 없을 것입니다. 얼굴을 감추고 알지 못하게 하는 신, 그러나 여전히 피조세계에 대해서는 관여하는 듯 안 하는 듯하면서, 보일 듯 말 듯 하는 신이라면 도대체 무엇으로 신앙을 상승시킬 가능성을 찾을 수 있을까요? 성서는 그리스도의 평화가 마음을 다스려야 할 뿐만 아니라 그리스도의 말씀이 마음에 살아 있어야 한다고 간곡하게 조언합니다. 감추고 또 감추는 신의 딜레마를 극복할 수 있는 방법은 그리스도에 대한 인식, 그리스도의 옷을 갖추어 입는 일입니다. 그리스도의 옷은 사랑이고 평화이고 육화된 신의 거룩한 말씀입니다. 신의 옷을 매일 경이롭게 갖추어 입는 일은 진정한 신앙인이 되기 위한 자세입니다. 갖추어 입는다는 것은 그저 되는 대로 막 입는다거나 무개념적인 태도가 되어서는 안 된다는 것을 뜻합니다. 신앙인의 삶의 태도로 인해서 신이 있다는 것을 겉꾸림과 속꾸림을 통해서 보여주어야 하는데, 그것은 이 땅의 평화를 위한 사도가 되는 것이요 말의 사용이 경박하지 않음이요 말을 쓸 때(의사소통과 말씀을 나눔)나 몸을 쓸 때(노동)나 모두 예수의 이름으로 해야 합니다. 감사(eucharistia)가 끊이지 않아야 하는 것은 그리스도의 살과 피가 인류를 위한 사용존재, 즉 그의 살과 피는 은총의 선물이자 높은 가치(charis, carus)를 지닌 구원의 사용존재였기 때문입니다. 그러니 우리는 하나님의 좋은 선물을 받고 좋은 은총을 입은 사람들로서 거룩한 말의 음률과 높낮이로 하나님을 높여드리는 소리도구존재입니다. 다시 말해서 그리스도인은 "하나님께서 뽑아주신 사람들"입니다. 그러한 신앙인식을 갖고 있다면 비신앙인보다 삶이 달라야 하지 않을까요?   (골로 3,12~17)

교회 몰락의 시대에 신을 말한다
– 횔덜린을 통한 종교미학적 해석 –

이 도서는 한국출판문화산업진흥원의 '2020 우수콘텐츠 제작 지원'사업 선정작입니다.

초판인쇄 2020년 6월 15일/ 초판 1쇄 발행 2020년 6월 20일/ 저자 김대식/ 펴낸이 임용호/ 펴낸곳 도서출판 종문화사/ 편집디자인 디자인오감/ 인쇄 천일문화사/ 제본 우성제본/ 출판등록 1997년 4월1일 제22-392/주소 서울 은평구 연서로34 길2 3층/ 전화 (02)735-6891/ 팩스 (02)735-6892/ E-mail jongmhs@hanmail.net/ 값 18,000원/ © 2020, Jong Munhwasa printed in Korea/ ISBN 979-11-87141-60-0-(93200)